Methode

So wirst du ein BwR-Experte!
Um die Geheimnisse des Rechnungswesens zu lösen, musst du am Ball bleiben!

BwR ist unsere Geheimsprache
Ohne Fachbegriffe geht es nicht. Nach ein paar Wochen rätseln die Schüler aus anderen Wahlpflichtfächergruppen, in welcher Geheimsprache ihr euch unterhaltet.
Lerne den BwR-Stoff zuverlässig für jede Unterrichtsstunde – so bekommst du in den Übungsstunden viel mehr mit!
Führe dein Heft ordentlich, damit du den Aufbau der Inhalte besser verstehst.

So übst du Buchungssätze
Den Aufbau der Bilanz solltest du auswendig wissen, ebenso wie die Kontenarten (z. B. aktives Bestandskonto) funktionieren. Der Rest ist Übungssache:
- Verbessere deine Lösungen von Übungsaufgaben im Unterricht sorgfältig und sauber.
- Zu Hause an einem ruhigen Platz testest du dich selbst: Lies die Angaben noch mal durch, decke die Lösungen ab, bedenke die WAMS-Regeln und bilde konzentriert die Buchungssätze.
- Wenn du nicht auf die richtige Lösung kommst, markiere die Teilaufgabe mit einem Bleistift-Fragezeichen und frage sobald wie möglich einen fitten Mitschüler oder deine Lehrkraft!

Nutze dein BwR-Buch Conto 7!
Conto 7 bietet dir zahlreiche Hilfen beim Lernen und ggf. Nachholen des Stoffs:
- Wenn du Informationen zu einzelnen Begriffen suchst, nutze das Stichwortverzeichnis ab S. 161. Es zeigt dir, auf welcher Seite der Begriff eingeführt wird.
- Übe die Tandem-Aufgaben mit einem Mitschüler oder lass dich von deinen Eltern abfragen.
- Lerne die Zusammenfassungsseiten und kläre sofort alles, was dir unklar ist.
- Löse Aufgaben, die ihr ausgelassen habt – deine Lehrkraft korrigiert sie gern für dich!

Bleib am Ball!
Mach dir vor Schulaufgaben einen Lernplan: Fachbegriffe, Liste der Übungsaufgaben und Arbeitsblätter, Grundlagen ab Inventur/Inventar/Bilanz.

Lerne im Team mit jemandem aus deiner Klasse! So könnt ihr euch abfragen oder die Lösungen noch mal gegenseitig erklären. Nur Durchlesen bringt zu wenig auf dem Weg zum Experten ...

Toi toi toi, du schaffst das schon!

westermann

Conto

Betriebswirtschaftslehre | Rechnungswesen

Autoren
Manfred Jahreis
Elke Zahn

7 IIIa

REALSCHULE   BAYERN

Zum Schülerband erscheinen:

Conto 7 IIIa Arbeitsheft, ISBN 978-3-14-116486-2

BiBox – Digitale Unterrichtsmaterialien
Lehrer-Einzellizenz, WEB-14-116496-1
Lehrer-Einzellizenz (auf DVD-ROM), ISBN 978-3-14-116498-5
Lehrer-Kollegiumslizenz, WEB-14-116497-8
Schüler-Einzellizenz, WEB-14-116499-7
Nähere Informationen unter www.bibox.schule

westermann GRUPPE

© 2018 Bildungshaus Schulbuchverlage
Westermann Schroedel Diesterweg Schöningh Winklers GmbH, Braunschweig
www.westermann.de

Das Werk und seine Teile sind urheberrechtlich geschützt. Jede Nutzung in anderen als den gesetzlich zugelassenen Fällen bedarf der vorherigen schriftlichen Einwilligung des Verlages.

Druck A^1 / Jahr 2018
Alle Drucke der Serie A sind inhaltlich unverändert.

Redaktion: Marion Martens
Umschlaggestaltung/Layout: LIO Design GmbH, Braunschweig
Druck und Bindung: westermann druck GmbH, Braunschweig

ISBN 978-3-14-**116480**-0

Inhalt

Conto 7 IIIa – dein neues Buch   7

I Wirtschaftliches Handeln in der Familie

1 Familie Blauschneider   8

2 Wirtschaftliches Handeln in der Familie   10
2.1 „Mit dem Einkommen auskommen!"   10
2.2 Prozentrechnung   20
2.3 Anschaffungen im Bereich eines Familienhaushaltes   25
2.4 Zahlungsverkehr   32
Zusammenfassung   48

II Wirtschaftliches Handeln im Unternehmen

1 Wirtschaftliches Handeln im Unternehmen   50
1.1 Aufbau und Wandel unserer Wirtschaft   52
1.2 Fertigungsunternehmen   54
1.3 Dienstleistungsunternehmen   55
1.4 Unternehmensziele   57
1.5 Umweltschutz im Unternehmen   58
Methode: Vorbereitung der Betriebserkundung bei Blauschneider   64
1.6 Tims Referat über die Geschichte des Unternehmens Blauschneider   65
1.7 Chancen und Risiken einer Unternehmensgründung   68
1.8 Julia Blauschneider überprüft die Fakten   70
1.9 Die betrieblichen Produktionsfaktoren   78
Zusammenfassung   84

Inhalt

III Einführung in die Geschäftsbuchführung

1 Die Gründung eines Unternehmens — 86
1.1 Tim träumt — 86
1.2 Eine neue Unternehmensleitung — 87
1.3 Julia Blauschneider macht Inventur — 87
1.4 Die Inventur führt zum Inventar — 88

2 Die Bilanz des Unternehmens Blauschneider — 91
2.1 Aufbau der Bilanz — 91
2.2 Grundsätze ordnungsmäßiger Buchführung — 94

3 Julia Blauschneider startet ins erste Geschäftsjahr — 96
3.1 Geschäftsfälle verändern die Bilanz — 96
Methode: Geschäftsfälle auswerten — 97

4 Die Bilanz wird aufgelöst — 99
4.1 Eröffnung der Bestandskonten — 100
4.2 Zielgeschäfte im Unternehmen Blauschneider — 103
Methode: Belege auswerten — 104
4.3 Würfelspiel: Karriereleiter — 108

5 Julia Blauschneider bucht Geschäftsfälle — 110
5.1 Auswertung von Belegen — 110
5.2 Vorkontierung von Belegen — 112
5.3 Unsere Geheimsprache – der Buchungssatz — 113
5.4 Eintragen in die T-Konten — 115
Tandem-Quiz — 117
Methode: Buchungslesen — 119
5.5 Beim Kauf wird Vorsteuer fällig — 120
5.6 Zusammengesetzte Buchungssätze — 121
Tandem-Quiz — 122
Methode: Checke deine Fehler — 123
5.7 Beim Verkauf wird Umsatzsteuer fällig — 124
Zusammenfassung — 127

Inhalt

IV Buchhalterische Erfassung des betrieblichen Produktionsprozesses

1 Betrieblicher Produktionsprozess _____ 130
1.1 Werkstoffarten _____ 132
1.2 Angebote für Werkstoffe vergleichen _____ 133
1.3 Berücksichtigung weiterer wirtschaftlicher Gesichtspunkte _____ 138
Zusammenfassung _____ 139

2 Jetzt kannst du entscheiden _____ 140

3 Erfolgsvorgänge _____ 141
3.1 Buchhalterische Erfassung von Einkaufsvorgängen _____ 142
3.2 Einkauf von Werkstoffen _____ 143
Zusammenfassung _____ 151

4 Verkauf von Fertigerzeugnissen _____ 152
4.1 Umsatzerlöse als Erträge _____ 152
4.2 Buchen beim Verkauf von Fertigerzeugnissen _____ 153
Zusammenfassung _____ 158

Anhang
Hilfestellungen _____ 159
Stichwortverzeichnis _____ 161
Methode: Über die Darstellung von Zahlen in Infografiken _____ 162
Bildquellenverzeichnis _____ 164

Kontenliste _____ Umschlag hinten

Conto 7 IIIa – dein neues Buch

Conto 7 IIIa – dein neues Buch

Hier erfährst du, wie du mit deinem Buch Conto 7 IIIa arbeiten kannst:

 Auf der **Auftaktseite** erfährst du, welche Kompetenzen du nach der Bearbeitung des Kapitels erreichst.

Methode   Wichtige **Methoden** für das Fach Betriebswirtschaftslehre/Rechnungswesen werden Schritt für Schritt erklärt. Du kannst hier immer nachschlagen. Zwei davon findest du auf der hinteren Innenseite des Umschlages.

INFO   In diesen Kästen stehen zusätzliche **Informationen**.

DEFINITION   Wichtige **Begriffe** werden hier genau erklärt (definiert).

MERKE   Wichtige **Sachverhalte** werden auf den Punkt gebracht.

FORMEL   **Formeln** zur Berechnung werden hervorgehoben, damit du sie schnell wiederfindest.

AUFGABE 13 / **AUFGABE 15**   Im Buch findest du viele **Aufgaben**, die durchnummeriert sind. Blaue Aufgaben kannst du auch im Arbeitsheft lösen.

Außerdem sind die Aufgaben mit verschiedenen Symbolen gekennzeichnet:

🧩   Das Puzzleteil steht für Aufgaben, die in einem größeren Zusammenhang stehen. Du musst z. B. Informationen aus Belegen herauslesen.

👥   Diese Aufgabe sollst du in Partnerarbeit lösen.

👥👥   Diese Aufgabe sollst du mit mehreren Mitschülern bzw. Mitschülerinnen bearbeiten.

💡   Für Aufgaben mit dem Glühlampensymbol findest du Hilfestellungen im Anhang.

ARBEITSAUFTRAG   **Arbeitsaufträge** sollst du vornehmlich mündlich erledigen.

Zusammenfassung   Am Ende jedes Kapitels findest du übersichtliche **Zusammenfassungen** der Kapitelinhalte.

Im Anhang des Buches findest du den **Kontenplan**, **Hilfestellungen** für ausgewählte Aufgaben und ein **Stichwortverzeichnis**.

I
Wirtschaftliches Handeln in der Familie

In diesem Kapitel erfährst du etwas über ...

... das Familieneinkommen,

... Kriterien für Entscheidungen beim Einkauf,

... die Prozentrechnung,

... Belege und deren Bedeutung,

... aktuelle Arten des Zahlungsverkehrs.

Die neue Realschule in Bamberg

1 Familie Blauschneider

Tim Blauschneider

Tim Blauschneider ist 13 Jahre alt und besucht zurzeit die 7. Klasse einer Realschule in Bamberg. Dort hat er die Wahlpflichtfächergruppe IIIa gewählt, um Französisch zu lernen und wirtschaftliches Grundwissen zu erwerben. Sein Profilfach ist Französisch. In seiner Freizeit spielt er Fußball, fährt Skateboard und arbeitet einmal in der Woche als Prospektverteiler für einen nahe gelegenen Lebensmitteldiscounter. Er ist ein Computer-Fan und hat deshalb in der Schule beim Einrichten des neuen Informatikraumes geholfen und das Wahlfach Robotik gewählt. Außerdem surft er gerne im Internet oder chattet mit Freunden. Nebenbei betreut er die Homepage des Unternehmens seines Großvaters.

Lea Blauschneider

Lea Blauschneider (16 Jahre), die Schwester von Tim, besucht die 10. Klasse eines mathematisch-naturwissenschaftlichen Gymnasiums in Bamberg. Sie will später Physik studieren und interessiert sich vor allem für die Raumfahrt. Mit Begeisterung liest sie Bücher und Zeitschriftenartikel über die NASA (National Aeronautics and Space Administration) und dabei insbesondere über die Raumfahrtprogramme zur Erforschung des Planeten Mars. Sie spielt E-Gitarre und singt in der Schulband. Ihr Taschengeld bessert sie mit Nachhilfe in Mathematik und mit Babysitten auf.

Alexander Blauschneider

Alexander Blauschneider (46 Jahre), der Vater von Tim und Lea, ist Abteilungsleiter und seit 20 Jahren im Unternehmen SYSCOMP in Bamberg tätig. Er wurde in den Elternbeirat der Realschule gewählt und arbeitet auch im Arbeitskreis Schule-Wirtschaft mit. Seine Hobbys sind Basketball spielen und seine große Münzsammlung.

AUFGABE 1
1. Nimm deinen Atlas zur Hand und suche die Stadt Bamberg in Bayern.
2. Ordne ein, zu welchem der sieben Regierungsbezirke in Bayern Bamberg gehört.
3. Nenne den Fluss, der durch Bamberg fließt.

I Wirtschaftliches Handeln in der Familie

Julia Blauschneider (43 Jahre), die Mutter von Tim und Lea, besuchte nach dem Realschulabschluss die Fachoberschule und schloss die anschließende Fachhochschule als Betriebswirtin (FH) ab. Sie arbeitete vier Jahre als Leiterin der Personalabteilung in einem Fertigungsunternehmen. Seit 16 Jahren gibt sie zweimal wöchentlich VHS-Kurse zur Betriebswirtschaftslehre und arbeitet im Unternehmen ihres Vaters mit.

Julia Blauschneider

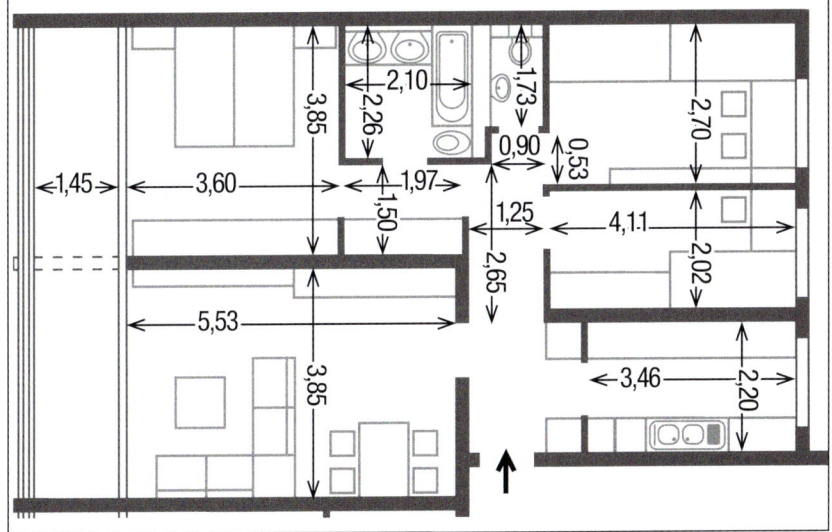

Grundriss der Wohnung

INFO

Volkshochschule (VHS)
Diese Bildungseinrichtung wird von den Städten, Gemeinden und Kreisen getragen. Das Lehrangebot richtet sich meistens an interessierte Erwachsene.

Familie Blauschneider wohnt in Bamberg zur Miete in einer 4-Zimmer-Wohnung mit 85 m² Wohnfläche. An den Wochenenden verbringt Familie Blauschneider einen Tag immer gemeinsam, z. B. mit Stadttouren, Ausflügen, Erkundungen oder Sport. In den Sommerferien verreist die Familie gerne ans Mittelmeer oder an die Ostsee. Sie haben engen Kontakt zu den Eltern von Frau Blauschneider.

Johann Blauschneider, der Opa von Tim und Lea, leitet seit mehr als 40 Jahren sein Unternehmen Blauschneider Oberbekleidung e. K. in Bamberg. Er möchte das Unternehmen im Laufe des Jahres an seine einzige Tochter Julia übergeben, um sich in seinem Ruhestand mehr dem Garten und dem Reisen widmen zu können.

Seine Frau Renate Blauschneider arbeitet im Betrieb als Sekretärin. Sie reist ebenfalls gerne und pflegt den Garten des nahe liegenden Hauses.

AUFGABE 2
Du sollst ein Kurzreferat über die Stadt Bamberg vorbereiten.
1. Recherchiere über die Geschichte, Sehenswürdigkeiten und berühmte Personen der Stadt Bamberg.
2. Erstelle einen kurzen Überblick zur Stadt Bamberg (ca. 100 Wörter).
3. An welchem Ort in Bamberg befindet sich das rechts abgebildete Reiterstandbild?

Bamberger Reiter

2 Wirtschaftliches Handeln in der Familie

2.1 „Mit dem Einkommen auskommen!"

Dieser Satz gilt auch für dein Taschengeld. Sicher hast du nicht immer so viel Geld in der Tasche, dass du dir alle Wünsche sofort erfüllen kannst. In einer Familie muss man sich auch Gedanken darüber machen, wie viel Einkommen man erzielt und wie dieses verwendet werden soll.

Einkommensarten und -quellen

Alexander Blauschneider arbeitet im Unternehmen SYSCOMP als Abteilungsleiter. Zusammen mit seinen sieben Kolleginnen und Kollegen hat er als Angestellter die Aufgabe, die Software dieses Unternehmens zu verkaufen. Unter Software versteht man Programme (Befehle an den Computer), die bestimmte Aufgaben zu lösen haben. Herr Blauschneider besucht viele Kunden, denen er Neuerungen und Änderungen erklärt. Er bezieht ein festes **Gehalt** und zusätzlich bekommt er **Provisionen**, die abhängig von den Verkäufen sind.

Julia Blauschneider gibt abends in der Volkshochschule Kurse zur Betriebswirtschaftslehre. Interessierte Erwachsene erhalten dort Informationen zur Weiterbildung oder um sich für andere Berufe fortzubilden. Frau Blauschneider erhält dafür ein **Honorar**.

Schließlich haben Alexander und Julia Blauschneider Ersparnisse. Diese haben sie bei einer Bank angelegt und erhalten dafür **Zinsen**. Das Familieneinkommen wird ergänzt durch das **Kindergeld**. Kindergeld erhält man für alle minderjährigen Kinder, die im eigenen Haushalt leben. Dazu zählen auch Stiefkinder, Enkelkinder oder Pflegekinder. Voraussetzung für einen Anspruch auf Kindergeld ist, dass man einen Wohnort in Deutschland, einem anderen Land der EU, in Norwegen, Liechtenstein, Island oder der Schweiz hat.

Herr Blauschneider an seinem Arbeitsplatz

Frau Blauschneider beim VHS-Kurs

> **INFO**
>
> **Einkommensquellen**
> Der größte Teil des Einkommens speist sich aus abhängiger Arbeit, aus selbstständiger Tätigkeit und dem Vermögenseinkommen. Dazu kommen noch Transferzahlungen des Staates (z. B. Kindergeld).
>
> **Einkommensarten** sind z. B. Gehalt, Provision, Honorar und Zinsen.

> **INFO**
>
> **Kindergeld**
> Wer in der Bundesrepublik Deutschland Kinder zu versorgen hat, bekommt Kindergeld als staatliche Leistung.

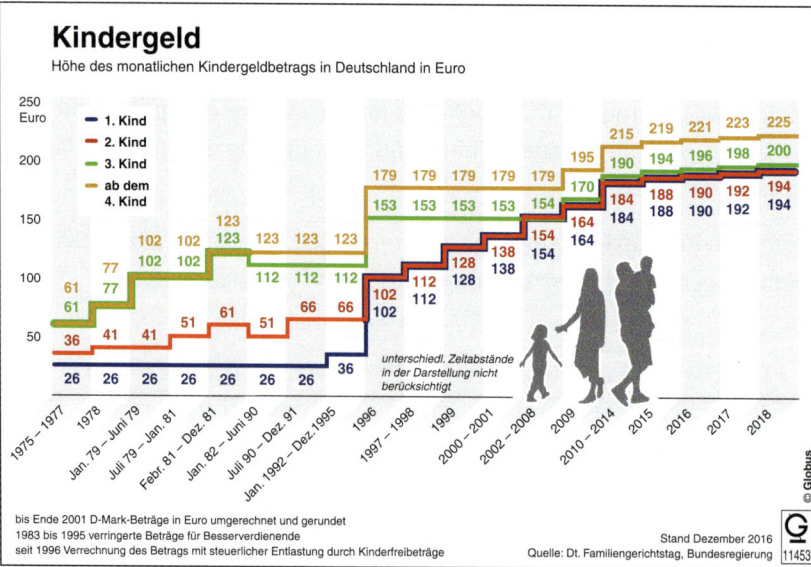

I Wirtschaftliches Handeln in der Familie

AUFGABE 3

Herr König verdient als Mechatroniker 2.500,00 € brutto. Davon gehen 1/5 an Steuern und 475,00 € an Sozialabgaben ab, die der Staat und die Sozialversicherung automatisch kassieren. Frau König gibt an der örtlichen Volkshochschule stundenweise Informatikkurse und bezieht ein monatliches Bruttogehalt von 800,00 €, abzüglich 312,00 € Steuern und Sozialabgaben. Für die beiden Kinder erhalten Frau und Herr König 408,00 € Kindergeld. Familie König hat einen Sparbrief zu 20.000,00 € gekauft. Hierauf erhalten sie jedes Jahr pro 100,00 € des Sparbriefes 6,00 € Zinsen. Hinzu kommen noch Einnahmen aus dem vermieteten zweiten Garagenstellplatz in Höhe von 50,00 € im Monat. Da die Großeltern ihr Haus abbezahlt haben, geben sie von ihrer Rente jeden Monat 600,00 € für die Haushaltskasse ab.

Lege eine Tabelle mit zwei Spalten an: Einkommensquellen und Einnahmen/Monat. Trage die Einkommensquellen und die entsprechenden Einnahmen der Familie König in die Tabelle ein. Lies dir dazu den oben stehenden Text noch einmal genau durch und rechne gegebenenfalls die Jahresbeträge in Monatsbeträge um.

> **INFO**
>
> Kontrolltipp:
> Wenn du die vier Ziffern des monatlichen Gesamteinkommens addierst, erhältst du die Zahl 12.
> Ansonsten: Nachrechnen!

AUFGABE 4

In unserem höchsten Gesetz, dem Grundgesetz, heißt es in Artikel 3 im Absatz 2: „Männer und Frauen sind gleichberechtigt. Der Staat fördert die tatsächliche Durchsetzung der Gleichberechtigung von Frauen und Männern und wirkt auf die Beseitigung bestehender Nachteile hin."

Analysiere die Infografik auf der rechten Seite und bewerte anhand von mindestens drei Daten, ob Artikel 3 des Grundgesetzes erfüllt wird.

Familie König

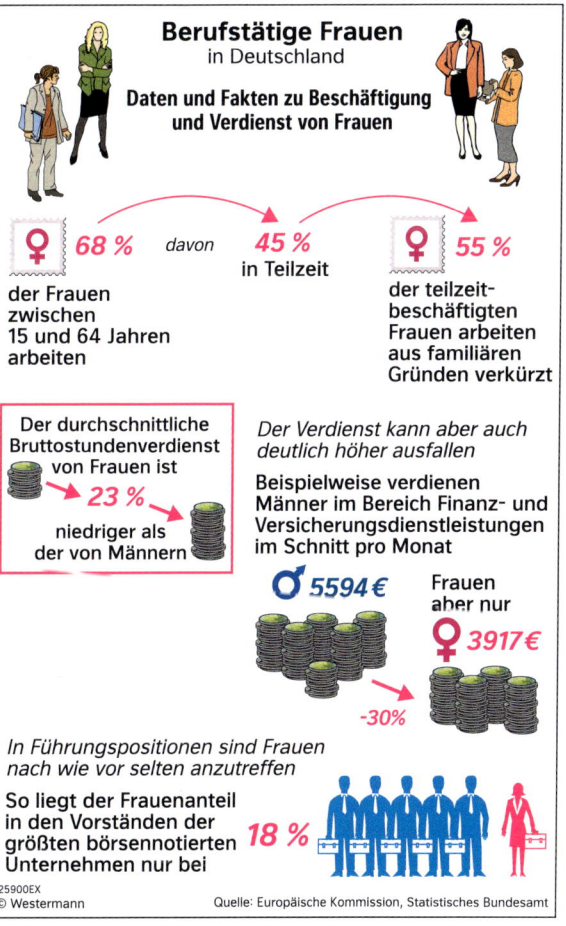

I Wirtschaftliches Handeln in der Familie

Im Supermarkt

Einkommensverwendung

Mit dem Einkommen kann die Familie z. B. die Miete für die Wohnung bezahlen und die Rechnung für das Telefon begleichen. Julia Blauschneider kann zur Bank gehen und sich Geld auszahlen lassen, damit sie einkaufen kann. Meistens holt sie sich das Geld von einem Bankautomaten. Jede Familie gibt unterschiedlich viel Geld aus und jeder Haushalt verwendet sein Einkommen anders (Konsumausgaben). In einer Familie sind die Wünsche vielfältig, das Einkommen aber begrenzt. Die Familie ist gezwungen mit dem Einkommen auszukommen. Das heißt, die Familie muss auch – wie ein Unternehmen – ihre Geldmittel sinnvoll einsetzen. Sind die Ausgaben größer als die Einnahmen, werden Schulden gemacht. Im umgekehrten Fall können Ersparnisse angelegt werden.

Man kann folgende Einteilung für die Verwendung des Einkommens treffen:

> **MERKE**
>
> Regelmäßige (fixe) Ausgaben – wechselnde (variable) Ausgaben – Sparen

> **INFO**
>
> Die Unterschiede bei der Verwendung des Einkommens hängen von verschiedenen Faktoren ab:
> - Höhe des Einkommens
> - Bildungsstand
> - Ausbildung
> - Anzahl der Personen
> - persönliche Wünsche
> - Umweltbewusstsein

Kriterien für Konsumentscheidungen

Im Jahr 2016 gaben die privaten Haushalte mehr als 1.575 Milliarden Euro für den Konsum aus. Täglich werden also Hundertausende von Konsumentscheidungen getroffen. Hier die Kriterien, nach denen Entscheidungen getroffen werden:

INFO

Sind teure Jeans wirklich besser?
Von Jens Maier

Die Preisspanne bei Jeans ist riesig: Die billigste Variante ist für unter 25, das edle Designer-Modell erst für mehr als 200 Euro zu haben.

Ob für die Cocktailparty, das Büro oder die Freizeit - Jeans werden inzwischen fast zu jedem Anlass getragen. In den meisten Kleiderschränken hängen gleich mehrere Modelle der blauen Hose. Die Preisspanne reicht von unter 40 bis weit über 200 Euro für ein echtes Designerstück. Wer kein Markenfreak ist, fühlt sich auch in einer No-Label-Jeans schick. Doch wie sieht's mit der Materialqualität und eventuell enthaltenen Schadstoffen in den billigen Blauhosen aus?

Das hat die Zeitschrift „Ökotest" vor einigen Jahren untersucht. 18 Jeans – vom 25-Euro-Modell bis zur 199-Euro-Variante – schickten die Tester ins Labor, um sie auf Schadstoffe überprüfen zu lassen. Insbesondere ob krebserregende oder Allergie auslösende Rückstände enthalten sind, wollten die Tester wissen. Auch die Materialeigenschaften wurden von den Prüfern untersucht. [...]

Das Ergebnis: Vier Hosen schnitten mit „sehr gut" ab, elf mit „gut" und nur drei mit „befriedigend" ab. Zur Testnote „ausreichend" oder „mangelhaft" mussten die Prüfer gar nicht greifen. Keine der getesteten Jeans enthielt bedenkliche krebsverdächtige Stoffe oder Schwermetalle in den Nieten, die Allergien auslösen können.

Bei vielen Modellen – sowohl den billigen als auch den teureren – wurde die Abriebfestigkeit kritisiert, was zum sogenannten Ausbluten der Jeans führen kann. Wer viel schwitzt, sollte deshalb lieber keine weiße Unterhose tragen, die könnte sich sonst in ein babyblaues Modell verwandeln. Außerdem empfehlen die Tester, was Großmutter schon wusste: Jeans nicht mit hellen Textilien waschen und nicht unbedingt aufs teure helle Ledersofa damit setzen. Das könnte unschöne blaue Flecken hinterlassen.

Fazit: Wer sparen möchte, spart bei Jeans an der richtigen Stelle. Die H&M-Jeans für 39,90 Euro erhielt beispielsweise das gleiche Testergebnis, nämlich „gut", wie die teure Diesel- oder Replay-Jeans. Und selbst die billigste Hose, von C&A, kann sich mit einem „befriedigend" sehen lassen.

Quelle: http://www.stern.de/lifestyle/mode/ratgeber-herrenmode/hosen--sind-teurejeans-wirklich-besser--3089144.html, 30.03.2017

AUFGABE 5

Lies oben stehenden Beitrag genau durch und nimm zur Ausgangsfrage „Sind teure Jeans wirklich besser?" Stellung.

Arbeiter an der Waschtrommel

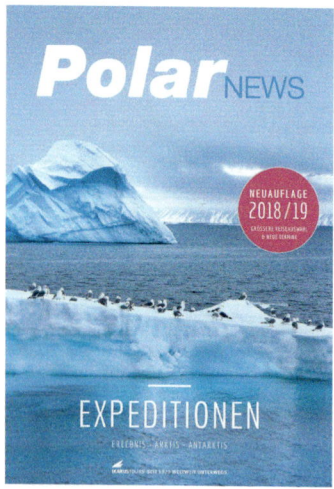

Reiseprospekt

INFO

Die Stadt am blauen Fluss
Von Bernhard Bartsch

China produziert jedes Jahr Hunderte Millionen Blue-Jeans – Mensch und Umwelt bezahlen dafür einen hohen Preis. Ein Besuch in Xintang, der Welthauptstadt der blauen Hosen.

Yu Li hat die Hände eines Außerirdischen. „Sieht aus wie ein blauer Alien", scherzt der Enddreißiger und macht Krallen. Die blaue Farbe reicht bis an die Unterarme und lässt sich schon lange nicht mehr abwaschen. Doch daran hat sich Yu Li ebenso gewöhnt wie an den Juckreiz, den die Chemikalien auf seiner aufgeweichten Haut auslösen. Zwölf Stunden steht er jeden Tag an einer großen Waschtrommel, in der Jeans mit Lavasteinen und Bleichmitteln geschleudert werden, um ihnen den modischen Stone-washed-Look zu verleihen. Pro Schicht gehen Tausende Jeans durch seine Hände. Am Monatsende bekommt er dafür 1800 Yuan, umgerechnet rund 200 Euro.

Nicht nur auf Yu Lis Haut hinterlassen die Blue-Jeans Spuren, sondern auch in der Umwelt. Aus einem Rohr in der Fabrikmauer fließt tiefblaues Abwasser in den Fluss. An dessen Ufern türmen sich blaugefärbte Müllberge, in denen sich dicke Ratten tummeln, deren Fell ebenfalls die Farbe von Jeans angenommen hat. Einzig der Himmel ist nicht blau, sondern hängt in schwerem Smoggrau über Xintang, einem Industrieort in der südchinesischen Provinz Guangdong, der in der Textilbranche den Spitznamen „Welthauptstadt der Blue-Jeans" trägt.

[...] Egal, wo auf der Welt man eine Jeans kauft – die Wahrscheinlichkeit, dass sie aus Xintang stammt, ist groß.

Damit besteht auch eine direkte Verbindung zwischen Millionen deutschen Jeansträgern und einer gewaltigen Umweltkatastrophe. [...]

Machen sich westliche Jeansträger – und Käufer anderer Made-in-China-Waren – also mitschuldig an Chinas ökologischer Tragödie und deren gesundheitlichen Auswirkungen auf Millionen Menschen? [...]

Quelle: http://www.badische-zeitung.de/ausland-1/die-stadt-am-blauen-fluss--42473976.html, 12.03.2011

AUFGABE 6

1. Lies den oben stehenden Text und beschreibe die dort angesprochenen negativen Folgen der Jeansproduktion für Mensch und Umwelt.
2. Recherchiere im Internet, welche weiteren negativen Argumente gegen die Produktion von Jeans genannt werden.

AUFGABE 7

1. Analysiere die Karikatur und den Reiseprospekt hinsichtlich der Notwendigkeit von Konsum.
2. Diskutiere mit deinem Banknachbarn, welche weiteren Kriterien bei euren Konsumentscheidungen eine wichtige Rolle spielen. Notiert eure Ergebnisse.

I Wirtschaftliches Handeln in der Familie

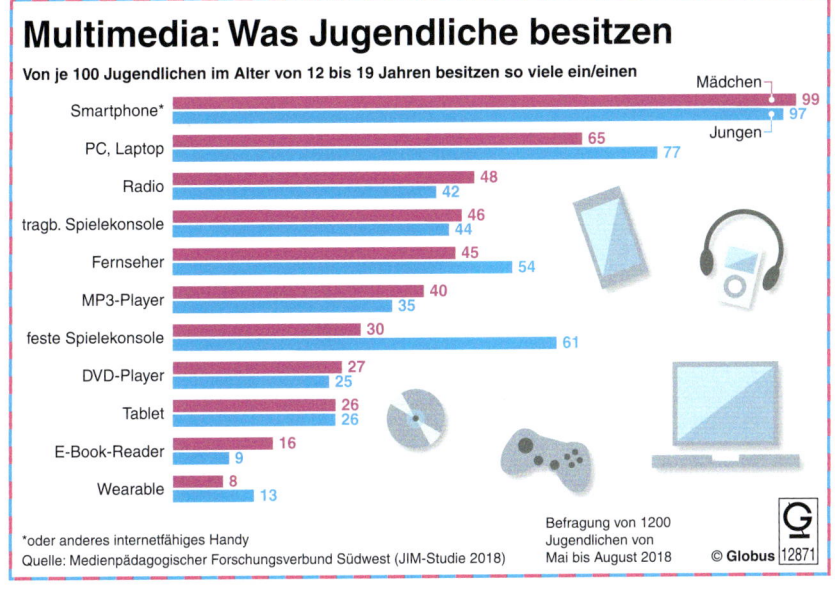

Bild 1: Babysitterin

Bild 2: Oma

AUFGABE 8
Analysiere obige Infografik anhand der sechs nötigen Schritte (siehe innere Umschlagseite).

AUFGABE 9
Betrachte die Bilder 1 bis 8 und ordne die folgenden Begriffe den entsprechenden Bildern zu: Gehalt, Gage, Honorar, Gewinn, Lohn, Nebenverdienst, Rente, Provision.

Bild 5: Autoverkäufer

Bild 6: Angestellter

Bild 3: Ärztin

Bild 7: Schauspieler

Bild 8: Unternehmer

Bild 4: Schreiner (Geselle)

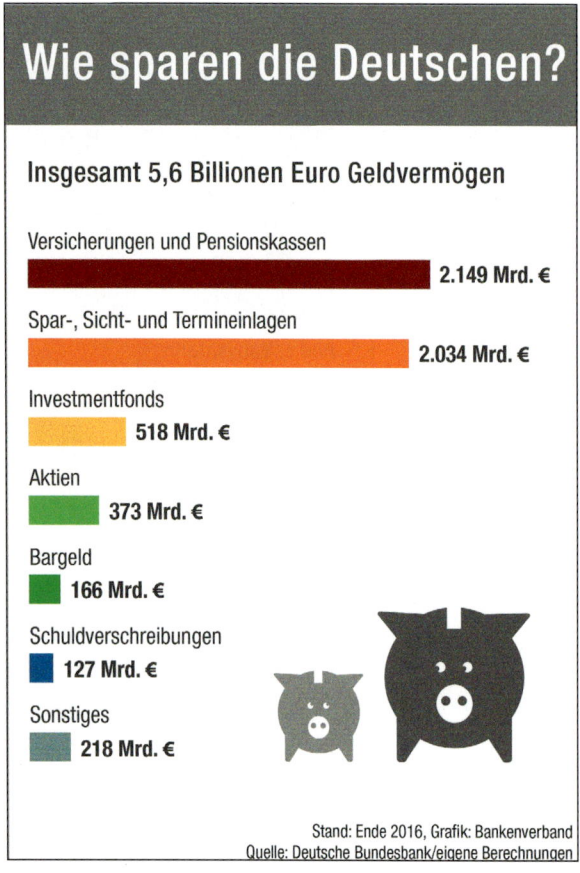

Infografik 1

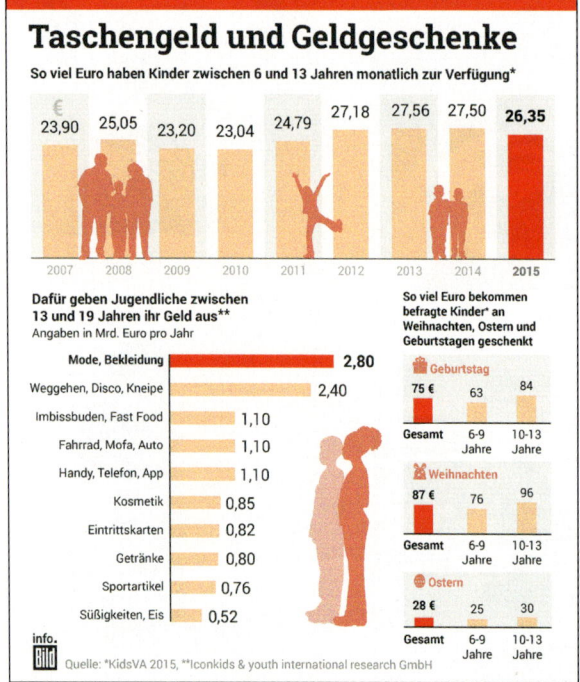

Infografik 2

AUFGABE 10
1. Nenne die Diagrammart, die in Infografik 1 verwendet wird.
2. Leite aus der Infografik ab, wie die Deutschen zu Geldanlagen an der Börse stehen.

AUFGABE 11
Familie Blauschneider möchte in fünf Jahren einen USA-Urlaub in Florida machen, der insgesamt 10.800,00 € kosten wird.
1. Berechne, wie viel Euro Familie Blauschneider hierfür monatlich jeweils sparen muss (gleich hohe Sparraten).
2. Nenne Beispiele, wie Tim und Lea zur Finanzierung des Urlaubes beitragen könnten.
3. Nenne zwei Möglichkeiten, welche Familie Blauschneider hätte, um einen Restbetrag von 1.000,00 € für die Reise aufzubringen.
4. Verwende eine Karte der USA und finde dort den US-Staat Florida.
5. Recherchiere im Internet, wer den Staat Florida entdeckt hat, welches das Emblemtier ist und wie die Hauptstadt Floridas heißt.

AUFGABE 12
1. Prüfe, wofür Jugendliche am meisten Taschengeld ausgeben (siehe Infografik 2).
2. Mache in deiner Klasse eine anonyme Umfrage nach der Höhe des monatlichen Taschengeldes und erstelle eine Grafik dazu.

Urlaub in Florida

I Wirtschaftliches Handeln in der Familie

AUFGABE 13

Herr Maurer wohnt zusammen mit seiner Frau in der Wohnung Nr. 29 in einem Hochhaus, in dem es insgesamt 50 Wohnungen gibt. Die Wohnung der Maurers hat eine Fläche von 76 m². Die Wohnfläche des gesamten Hauses beträgt 3.800 m². Ende Oktober bekommt die Familie von der Hausverwaltung die Betriebskostenabrechnung für den Zeitraum vom 01.07.18 – 30.06.19 (Material).

1. Die Abrechnung erfolgt auf verschiedene Weise (verschiedene Verteilerschlüssel). Gebt mögliche Gründe dafür an.
2. Vergleicht die Betriebskostenabrechnungen mit der Abrechnung des Vorjahres. Erklärt, warum sich aus eurer Sicht die einzelnen Gemeinschaftskosten verändert haben könnten.
3. In die Abrechnungen haben sich fünf Fehler eingeschlichen. Findet diese und schreibt einen Reklamationsbrief an die Haus- und Immobilienverwaltung.
4. Erläutert Möglichkeiten der Kostensenkung für die Anteile der Gemeinschaftskosten, welche ihr eventuell beeinflussen könnt. Begründet, warum dies nicht bei allen Anteilen möglich ist.

Herr und Frau Maurer

Haus- und Immobilienverwaltung
Hummele
Verwalter
Ritterweg 2
96047 Bamberg
Tel. 0951-85-0

Einzelnachweis des Mieteranteils an den Betriebskosten für die Wohnung Nr. 29 (2018/19)

Gemeinschaftskosten	Monate	Gesamtkosten	Verteilerschlüssel	Ihr Anteil
Wasserversorgung	12	20.257,68 €	Wohnungsablesung	1.185,82 €
Heizung	12	28.812,56 €	Wohnungsablesung	898,19 €
Hausmeister/Winterdienst	12	6.615,36 €	79 m²	132,31 €
Allgemeine Stromkosten	12	3.537,64 €	1/50	70,75 €
Treppenhausreinigung	12	4.400,00 €	1/50	880,00 €
Aufzugswartung	12	2.360,47 €	1/50	47,21 €
Müllgebühren 01.07.18-31.12.18	6	1.208,30 €	1/50	24,17 €
Müllgebühren 01.01.19-30.06.19	6	1.597,44 €	20,75 € p/P und Jahr	41,50 €
Wohngebäudeversicherung	12	5.472,20 €	79 m²	125,86 €
Haftpflichtversicherung	12	1.278,61 €	79 m²	29,41 €
Straßenreinigung	12	216,14 €	1/50	4,33 €
Mieteranteil an den Gemeinschaftskosten insgesamt:				**3.439,55 €**

Einzelnachweis des Mieteranteils an den Betriebskosten für die Wohnung Nr. 29 (2017/18)

Gemeinschaftskosten	Monate	Gesamtkosten	Verteilerschlüssel	Ihr Anteil
Wasserversorgung	12	19.540,99 €	Wohnungsablesung	1.142,98 €
Heizung	12	27.671,40 €	Wohnungsablesung	839,72 €
Hausmeister/Winterdienst	12	5.904,93 €	79 m²	118,10 €
Allgemeine Stromkosten	12	3.306,90 €	1/50	66,14 €
Treppenhausreinigung	12	4.800,00 €	1/50	96,00 €
Aufzugswartung	12	2.243,71 €	1/50	44,87 €
Müllgebühren 01.07.18-31.12.18	6	1.857,28 €	1/50	37,15 €
Wohngebäudeversicherung	12	4.927,17 €	79 m²	113,32 €
Haftpflichtversicherung	12	1.187,02 €	79 m²	27,30 €
Straßenreinigung	12	194,44 €	1/50	3,89 €
Mieteranteil an den Gemeinschaftskosten insgesamt:				**2.489,47 €**

Canaria-Sun ★★★

Spanien

**1.574,00 Euro
pro Person**

Bestellnummer 22345

AUFGABE 14

Zur Familie Mooseder gehören die Mutter Brigitte, der Vater Thomas sowie Tochter Alina (13) und Sohn Michael (16). Sie möchten in genau einem Jahr in den Sommerferien für drei Wochen zum Baden nach Gran Canaria fahren.

Die Kosten pro Person all-inclusive hat Mutter Brigitte bereits im Internet recherchiert. Hinzu kommen noch rund 700,00 Euro für Eintritte, Urlaubsgeschenke und Sonstiges. Mit so hohen Kosten hat zunächst kein Familienmitglied gerechnet.

Um sicher zu stellen, dass die Reise wirklich stattfinden kann und um eventuelle Einsparmöglichkeiten zu finden, beschließt man, im kommenden Monat Juli alle Ausgaben genau zu erfassen und anschließend ein Haushaltsbuch mithilfe einer Tabellenkalkulation zu entwickeln. Es soll die Einnahmen, die regelmäßigen (fixen) Ausgaben und die veränderlichen Ausgaben aufzeichnen und als Ergebnis die freien Geldmittel aufzeigen. Während der Urlaubsplanung ergibt sich auch noch eine Diskussion über die individuellen Wünsche der Familienmitglieder im nächsten Jahr.

Familie Mooseder hat folgende monatliche Einkommensarten:
- Gehalt Vater Mooseder: 2.700,00 € (in Vollzeit)
- Gehalt Mutter Mooseder: 900,00 € (in Teilzeit)
- Kindergeld: ??? €
- Weihnachtsgeld 2.700,00 € und Urlaubsgeld 1.000,00 € (jeweils einmal im Jahr)

I Wirtschaftliches Handeln in der Familie

Haushaltsbuch – Monat Juli 20..

Datum	Position	Betrag	Datum	Position	Betrag
1.7.	Lebensmittel	16,00 €	17.7.	Lebensmittel	112,21 €
	Miete	650,00 €		Schuhe	15,00 €
	Betriebskosten	150,00 €		Bäcker	4,00 €
	Taschengeld	150,00 €		Briefmarken	14,50 €
	Drogeriemarkt	15,60 €	20.7.	Lebensmittel	26,66 €
	Lebensmittel	48,20 €		Lebensmittel	43,98 €
2.7.	Busticket	13,50 €		Tanken	65,55 €
	BU-Versicherung	95,00 €		Telefon	49,00 €
	Kino	40,00 €		Hemden	40,00 €
	Lebensversicherung	40,00 €		Fernsehabo	39,00 €
	Lebensmittel	11,00 €		Drogeriemarkt	16,75 €
3.7.	Lebensmittel	52,98 €	21.7.	Bäcker	8,00 €
6.7.	Hobby	13,10 €		Metzgerei	10,95 €
	Lebensmittel	50,58 €	22.7.	Parkschein	8,00 €
	Drogeriemarkt	26,05 €		Lebensmittel	47,46 €
7.7.	Bäcker	2,60 €	24.7.	Bäcker	5,60 €
	Strom	110,00 €		Sparplan	100,00 €
8.7.	Mittagessen	13,50 €		Lebensmittel	100,81 €
	Restaurant	75,00 €		Friseur	35,00 €
	Lebensmittel	47,93 €	25.7.	Drogeriemarkt	7,90 €
	Apotheke	24,00 €		Apotheke	12,85 €
10.7.	Bäcker	6,00 €	26.7.	Spende	20,00 €
	Lebensmittel	54,49 €	27.7.	Getränke	10,00 €
13.7.	Getränke	15,00 €		Putzmittel	39,76 €
	Fernsehzeitung	4,80 €		Fernsehzeitung	4,80 €
	Drogeriemarkt	5,15 €		Drogeriemarkt	33,10 €
	Geschenk	4,78 €	28.7.	Drogeriemarkt	11,80 €
	Lebensmittel	56,00 €		Bäcker	1,90 €
15.7.	Busticket	13,50 €	29.7.	Bäcker	5,00 €
	Lebensmittel	14,05 €		Lebensmittel	18,34 €
	Bäcker	7,92 €		Lebensmittel	21,08 €
	Drogeriemarkt	14,00 €	30.7.	Getränke	33,00 €
	Geschenke	20,00 €		Lebensmittel	77,29 €

INFO

Kindergeld (Stand 01.07.2019)

1. Kind 204 €
2. Kind 204 €
3. Kind 210 €
4. und weitere Kinder 235 €

Feste Ausgaben
- Wohnen
- Telefon und TV
- Versicherungen
- Kredite und Raten
- weitere Ausgaben

Tägliche Ausgaben
- Essen und Trinken
- Fahren
- Familie
- Kleidung
- weitere Ausgaben

Bearbeite mit einem Partner oder einer Partnerin auf der Grundlage des Materials folgende Aufträge:

1. Ordnet in einer Übersicht die Ausgaben der Familie nach den rechts stehenden Positionen und übertragt diese dann in ein Rechenblatt einer Tabellenkalkulation.
2. Kennzeichnet feste und variable Ausgaben.
3. Begründet, bei welchen Ausgaben die Familie kurzfristig und bei welchen sie langfristig sparen kann. Stellt Sparvorschläge dar.
4. Gebt Ausgaben an, die in der Ausgabenübersicht der Familie für Juli fehlen, da sie meistens nur einmal im Jahr bezahlt werden.
5. Berechnet anhand der Angaben für Einnahmen und Ausgaben die monatlich noch zur Verfügung stehenden freien Mittel.
6. Berechnet, ob der Urlaub im nächsten Jahr finanziert werden kann, wenn die sonstigen Konsumwünsche auch erfüllt werden sollen.
7. Macht Vorschläge, wie mögliche Probleme gelöst werden könnten. Denkt dabei an Einsparmöglichkeiten oder neue Einkommensarten.

2.2 Prozentrechnung

Berechnung des Prozentsatzes

Vom Haushaltsplan weiß Tim, dass das Familieneinkommen 3.900,00 € beträgt und davon 420,00 € gespart werden. Tim möchte berechnen, ob seine Familie im prozentualen Vergleich zur Durchschnittsfamilie mehr oder weniger spart. Um diese Aufgabe lösen zu können, müssen die unterschiedlichen Einkommen mithilfe der Prozentrechnung (= Vergleichsrechnung) vergleichbar gemacht werden, indem sie in ein Verhältnis zu Hundert (Hundertstel) gebracht und in Prozent ausgedrückt werden.

Die deutsche Sparquote ist so niedrig wie schon lange nicht mehr, sie liegt bei ca. 10 %. Durchschnittlich hat eine deutsche Familie ein Einkommen von ca. 2.800,00 € und spart 280,00 €.

Lösung:

3.900,00 € ≙ 100 %

420,00 € ≙ x

$$x = \frac{100 \cdot 420{,}00}{3.900{,}00}; \quad x = 10{,}77$$

Familie Blauschneider spart 10,77 %. Das sind also 0,77 %-Punkte mehr als die deutsche Durchschnittsfamilie.

> **INFO**
>
> Bei der Prozentrechnung unterscheidet man drei Größen:
>
> Grundwert
>
> Prozentwert
>
> Prozentsatz

> **FORMEL**
>
> Für die Berechnung des Prozentsatzes lässt sich aus dem Beispiel folgende Formel ableiten:
>
> $$\text{Prozentsatz} = \frac{100 \cdot \text{Prozentwert}}{\text{Grundwert}}$$

Das Wort „Prozent" kommt aus dem Lateinischen „pro centum" und bedeutet „von Hundert, Hundertstel". Deshalb ist es auch möglich, für die Prozentrechnung die Dezimalschreibweise anzuwenden:

Prozentsatz	Dezimalbruch	Dezimalzahl
100 %	100/100	1,00
50 %	50/100	0,50
7 %	7/100	0,07

AUFGABE 15

Berechne jeweils den Prozentsatz und wandle ihn in die Dezimalzahl um.

Nr.	Grundwert	Prozentwert	Nr.	Grundwert	Prozentwert
1.	2.500,00 €	125,00 €	4.	280,00 €	42,00 €
2.	120,00 €	3,60 €	5.	760,00 €	152,00 €
3.	1.650,00 €	198,00 €	6.	75,00 €	3,75 €

I Wirtschaftliches Handeln in der Familie

Berechnung des Prozentwertes

Die durchschnittliche Sparquote der privaten Haushalte lag im Jahr 2017 in Deutschland bei ca. 10 % (siehe Schaubild). Tim möchte jetzt berechnen, wie hoch die Ersparnis seiner Familie in € demnach bei einem Einkommen von 3.900,00 € wäre.

Lösung:

100,00 % ≙ 3.900,00 €

10,00 % ≙ x $x = \dfrac{3.900,00 \cdot 10,00}{100}$; x = 390,00

Die monatliche Ersparnis wäre 390,00 €.

> **FORMEL**
>
> Formel für die Berechnung des Prozentwertes
>
> $$\text{Prozentwert} = \dfrac{\text{Grundwert} \cdot \text{Prozentsatz}}{100}$$

Berechnung des Grundwertes

Schließlich kann Tim noch berechnen, wie hoch das monatliche Einkommen seiner Familie sein müsste, wenn die durchschnittliche Sparquote von 10 % zugrunde liegt und er von 300,00 € Ersparnis ausgeht.

Lösung:

10,00 % ≙ 300,00 €

100,00 % ≙ x $x = \dfrac{300,00 \cdot 100}{10}$; x = 3.000,00

Das monatliche Einkommen müsste bei 3.000,00 € liegen.

> **FORMEL**
>
> Formel für die Berechnung des Grundwertes
>
> $$\text{Grundwert} = \dfrac{\text{Prozentwert} \cdot 100}{\text{Prozentsatz}}$$

> **INFO**
>
> Durch mathematische Umformung der Formel zur Berechnung des Prozentsatzes lassen sich die Formeln zur Berechnung des Prozentwertes und des Grundwertes ableiten.

AUFGABE 16

Berechne jeweils den Prozentwert bzw. den Grundwert.

Nr.	Prozentsatz	Grundwert	Nr.	Prozentsatz	Prozentwert
1.	1,50 %	600,00 €	5.	6,00 %	300,00 €
2.	80,00 %	800,00 €	6.	2,50 %	35,00 €
3.	4,00 %	2.600,00 €	7.	12,00 %	840,00 €
4.	10,00 %	9.400,00 €	8.	20,00 %	9.400,00 €

INFO

Ist der Prozentsatz ein bequemer Teiler von 100, so handelt es sich um einen bequemen Prozentsatz.

Die wichtigsten bequemen Prozentsätze mit entsprechendem Teiler:

Prozentsatz	Teiler
50 %	2
33 1/3 %	3
25 %	4
20 %	5
16 2/3 %	6
14 2/7 %	7
12,5 %	8
10 %	10
5 %	20
2 %	50
1 %	100

Bequeme Prozentsätze

Es gibt Prozentsätze, bei denen man den gesuchten Prozentwert auch ohne Verwendung des Dreisatzes berechnen kann. Dies sind Prozentsätze, die als Ergebnis eine ganze Zahl ergeben, wenn man 100 % durch den Prozentsatz teilt. 20 % passt z. B. genau fünfmal in den Wert 100, d. h. der Teiler ist 5. Solch einen Prozentsatz nennt man einen **bequemen Prozentsatz**. Will man z. B. 20 % von 3.500,00 € berechnen, so muss man nur den Grundwert 3.500,00 € durch den Teiler 5 dividieren und erhält bequem das Ergebnis:

$$x = \frac{3.500,00}{5} = 700,00 \qquad 20\text{ \% von } 3.500,00\text{ € sind } 700,00\text{ €}.$$

AUFGABE 17

Ergänze die fehlenden Werte.

	a	b	c	d	e
Prozentsatz	4 %	?	14 2/7 %	12,5 %	?
Teiler	?	3	?	?	5

AUFGABE 18

Ein Fahrradgeschäft hat im Rahmen seines 50-jährigen Firmenjubiläums Gutscheine in Höhe von 25 % verlost. Christian hat gewonnen und interessiert sich für ein Mountainbike, das mit einem Preis von 1.200,00 € ausgezeichnet ist. Berechne mithilfe des bequemen Teilers, wie hoch die Ersparnis durch den gewonnenen Gutschein ist.

AUFGABE 19

Blauschneider verkauft an eine Boutique hochwertige Damenjeans für 2.400,00 €. Es wird vereinbart, bei der Abnahme von mehreren Hosen Preisminderungen zu gewähren: zwei Hosen: 10 %, fünf Hosen: 25 %, zehn Hosen: 33 1/3 %, 20 Hosen: 50 %. Berechne den jeweiligen Verkaufspreis, indem du im Kopf rechnest und dabei bequeme Teiler verwendest.

Mountainbike

Damen-Jeans

AUFGABE 20
Ergänze die fehlenden Werte.

	a	b	c	d	e
Grundwert Gw	500 €	2.500 m	?	5.600 €	?
Prozentsatz Ps	5 %	?	10 %	12 %	25 %
Prozentwert Pw	?	100 m	40 km	?	45 ml

AUFGABE 21
Ergänze die fehlenden Werte.

	a	b	c	d	e	f	g	h
Prozentsatz %	135	?	?	75	?	?	25	?
Dezimalzahl	?	1,20	?	?	0,85	?	?	1,50
Dezimalbruch	?	?	$\frac{3}{100}$	?	?	$\frac{2}{100}$	?	?

AUFGABE 22

1. Ein Reisebüro bietet für einen All-inclusive-Urlaub folgendes Angebot:
   Zwei Wochen Gran Canaria für 1.200,00 €,
   10 % Aufschlag für die Hauptreisezeit von Juni bis August.
   Für eine Reise ab 15. Juli gibt es einen Last-minute-Nachlass von 25 % auf den Preis der Hauptreisezeit.
   Berechne den Preis für das Last-minute-Angebot.

2. Die Verbindungslehrer einer Realschule wurden gewählt. Herr Lustig erhielt 40 %, Frau Nett 35 % und Frau Wunsch 25 % der gültigen 960 Stimmen. Berechne, wie viele Stimmen jede/r Kandidat/in jeweils erhalten hat.

3. Julia Blauschneider erhält für einen vollautomatischen Kaffeeautomaten ein Messeangebot. Auf den regulären Nettopreis von 2.000,00 € werden 15 % Rabatt gewährt. Als Endverbraucherin muss sie noch 19 % Umsatzsteuer bezahlen. Berechne den Bruttopreis (inkl. USt).

4. Für einen Kredit über 50.000,00 € liegen Familie Blauschneider zwei Kreditangebote vor. Das günstigere Angebot verursacht Kosten von 4 % pro Jahr, das teurere Angebot 7,5 %. Berechne jeweils die Kosten pro Jahr und den Unterschiedsbetrag nach fünf Jahren Kreditlaufzeit.

5. Die Realschule in Bamberg hat 800 Schülerinnen und Schüler. Davon kommen 20 % zu Fuß, 25 % mit dem Fahrrad und der Rest mit dem Bus. Berechne, wie viele Schüler dies jeweils in absoluten Zahlen sind.

6. Die Realschule in Bamberg hat 60 Lehrkräfte. Davon sind 75 % weiblich. Berechne die Anzahl der weiblichen Lehrkräfte.

Wahlurne

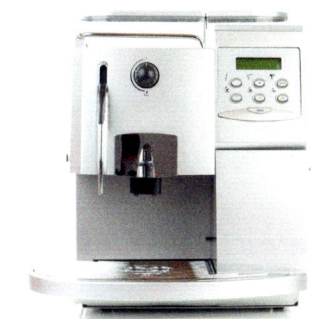

Kaffeeautomat

Im Jeansladen

Taschengeld

Sparbuch

AUFGABE 23
Verwende bequeme Prozentsätze, um die fehlenden Werte in folgender Tabelle zu berechnen.

	GW	PW	PS		GW	PW	PS
a	4.000,00	?	20 %	e	7.500,00	1.875,00	?
b	?	165,00	10 %	f	?	24,00	5 %
c	4.000,00	?	2 %	g	3.600,00	?	30 %
d	490,00	?	25 %	h	3.000,00	?	60 %

AUFGABE 24
1. Die Durchschnittspreise für Musik-CDs steigen um 15 %. Früher kostete eine CD 16,00 €. Berechne den neuen Preis für die CD.
2. Der Preis für eine Markenjeans beträgt 150,00 €. Berechne, wie viel die Markenjeans nach einer Preissenkung von 30 % kostet.
3. Tim kauft sich einen neuen Füller. Der Kaufpreis beträgt 12,00 €. Er erhält einen Schülerrabatt von 33 1/3 %. Berechne den Rabatt in Euro.
4. Im Rahmen einer Sonderaktion des Schulkiosks kostet ein „Realschulburger" statt 1,50 € nur noch 1,00 €. Berechne, um wie viel Prozent der Verkaufspreis gesenkt wurde.
5. Tims Freund Mark erhält 8,00 € Taschengelderhöhung. Berechne die Höhe des Taschengeldes, wenn seine Eltern dieses um 20 % erhöhen.
6. Tim braucht neue Sportschuhe. Er hat Glück, weil das Sportgeschäft gerade eine Rabattaktion durchführt. Die Schuhe, die er sich schon lange wünscht, kosten 90,00 €. Sie wurden um 15 % reduziert. Berechne den neuen Preis für die Sportschuhe.
7. Tims Schwester Lea hat 800,00 € auf einem Sparbuch mit einer Verzinsung von 1,1 % angelegt. Berechne das Guthaben nach einem Jahr.
8. Tim möchte für ein Handy sparen. Die Preise für ein Smartphone wurden jedes Jahr gesenkt. Im ersten Jahr betrug die Senkung 10 %, im zweiten Jahr 15 %. Berechne den heutigen Preis, wenn das Smartphone ursprünglich 200,00 € kostete.
9. Die Brose Arena Bamberg kann 8.000 Zuschauer bei Konzerten fassen. Durchschnittlich kommen 6.400 Zuschauer zu den Konzerten. Berechne, zu wie viel Prozent die Arena durchschnittlich ausgelastet ist.
10. Helin beobachtet wegen ihres Motorrollers die Benzinpreise. Der Preis ist im letzten halben Jahr von 1,20 € auf 1,56 € gestiegen. Berechne, um wie viel Prozent ein Liter Benzin in einem halben Jahr teurer geworden ist und erläutere kurz zwei Gründe für den Anstieg des Benzinpreises.

2.3 Anschaffungen im Bereich eines Familienhaushaltes

Tim und Lea Blauschneider wissen, dass ihr Vater auf dem Schreibtisch im häuslichen Arbeitszimmer große und kleine Zettel sowie Blätter im DIN-A4-Format sammelt. Einmal pro Woche sortiert Herr Blauschneider diese sogenannten Belege und heftet sie in einem Ordner ab. Sehen wir uns einen dieser Belege genauer an:

INFO

Die **Umsatzsteuer** wird auf alle Waren, Güter und Dienstleistungen aus dem In- und Ausland erhoben. Die Umsatzsteuer ist eine Verbrauchssteuer, d. h., der Endverbraucher muss sie bezahlen. Deshalb schlägt der Unternehmer diese Steuer auf den Nettowert seiner Waren bzw. Dienstleistungen auf und führt sie jeden Monat an das zuständige Finanzamt ab. Es gibt verschiedene Umsatzsteuersätze. Die wichtigsten Steuersätze sind der allgemeine USt-Satz (19 %) und der ermäßigte Steuersatz (7 %). Er gilt z. B. für Grundnahrungsmittel, Bücher und Zeitschriften.

Tim erinnert sich. Er fuhr mit seinem Vater zum Baumarkt. Dort haben sie für die Arbeiten im Garten den Rechen und die Gartenschere gekauft. An der Kasse hat Herr Blauschneider bar mit einem 20-Euro-Schein bezahlt. Da der Rechnungsbetrag 15,43 € ausmachte, bekam er 4,57 € wieder zurück. Von der Kassiererin erhielt er den Kassenzettel. Er steckte ihn in seine Brieftasche und legte ihn daheim auf den Schreibtisch. Dieser Kassenzettel stellt für den Baumarkt die Quittung an Herrn Blauschneider dar. In der Buchhaltung gilt diese Quittung als Beleg. Der Buchhalter weiß jetzt, dass einerseits eine Gartenschere und ein Besen samt Stiel verkauft und andererseits 15,43 € bar eingenommen wurden.

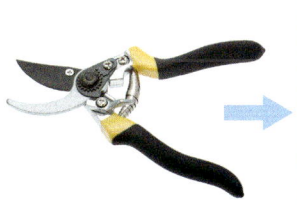  

Belege muss man für die Steuererklärung aufheben.

Für Herrn Blauschneider ist der Kassenzettel der **Beleg für die Ausgabe**. Er hebt ihn gut auf, denn notfalls (bei evtl. Umtausch) kann er hiermit nachweisen, dass die Geräte in diesem Baumarkt gekauft wurden. Kassenzettel sind im Rechtssinne keine Quittungen, weil die Unterschrift fehlt. Sie werden jedoch bei Reklamationen als **Kaufnachweis** anerkannt.

Herr Blauschneider hebt Rechnungen und andere Belege nicht nur auf, um ein Beweismittel für Reklamationen zu haben, sondern um auch zu wissen, wofür er Geld ausgegeben hat (Haushaltsbuch!). Das Sammeln der Belege hat noch einen anderen Grund: Bis spätestens zum 31. Mai eines jeden Jahres macht Herr Blauschneider seine **Steuererklärung**. Gegenüber dem Finanzamt müssen die gesamten Einnahmen angegeben werden. Von diesen Einnahmen können z. B. steuerwirksame Aufwendungen (Ausgaben) abgezogen werden, die unmittelbar mit der Ausübung des Berufes zu tun haben. Zum Beispiel kann der tägliche Weg von der Wohnung zur Arbeitsstätte geltend gemacht und damit Steuern gespart werden.

① Name und Anschrift des leistenden Unternehmens,
② Name und Anschrift des Leistungsempfängers,
③ Termin der Lieferung oder Leistung,
④ Menge und Bezeichnung der gelieferten Produkte bzw. Art und Umfang der Dienstleistung,
⑤ die nach Steuersätzen aufgeschlüsselten Netto-Beträge und
⑥ die jeweils darauf entfallenden Steuer-Beträge,
⑦ das Ausstellungsdatum (= Rechnungsdatum),
⑧ eine einmalig vergebene Rechnungsnummer sowie
⑨ die Steuernummer oder die Umsatzsteuer-Identifikationsnummer des Ausstellers.

① **Petra Beispiel e. K.**
Computer- und Internetservice
Bahnhofstraße 10
85609 München
Telefon: 089 3579-0
Telefax: 089 3579-10
⑨ USt-Id-Nr.: DE 123456789
HRA 48654

Mustermann GmbH
Max Mustermann
Ottostraße 123   ②
97070 Würzburg

München, 14.12.20..
⑦

Rechnung Nr.: 20..-0359 ⑧

Sehr geehrter Herr Mustermann,

für Ihren Auftrag bedanke ich mich und berechne für meine Leistungen:
⑤

Datum	Menge/Einheit	Leistung	Einzelpreis (Euro)	Gesamtpreis (Euro)
14.12.20..	3 Std.	Redesign Forenbereich „mustermann-online.de	75,00	225,00
11/20..	pauschal	Online-Support November	150,00	150,00
③	④		Rechnungsbetrag (netto)	375,00
			19% Umsatzsteuer ⑥	71,25
			Rechnungsbetrag (brutto)	446,25

Bitte überweisen Sie den Rechnungsbetrag auf das folgende Konto:
IBAN: DE14701500000123456789
BIC: SSICMDEMM

I Wirtschaftliches Handeln in der Familie

Eine **Quittung** stellt eine Empfangsbestätigung für den Erhalt einer Leistung dar. Sie ermöglicht es dem Schuldner zu beweisen, dass die dazugehörige Forderung, die aus einem gegenseitigen Schuldverhältnis resultiert, beglichen worden ist. Der Begriff geht auf das veraltete „quitt" (nicht mehr in Schuld gegenüber jemandem) zurück.

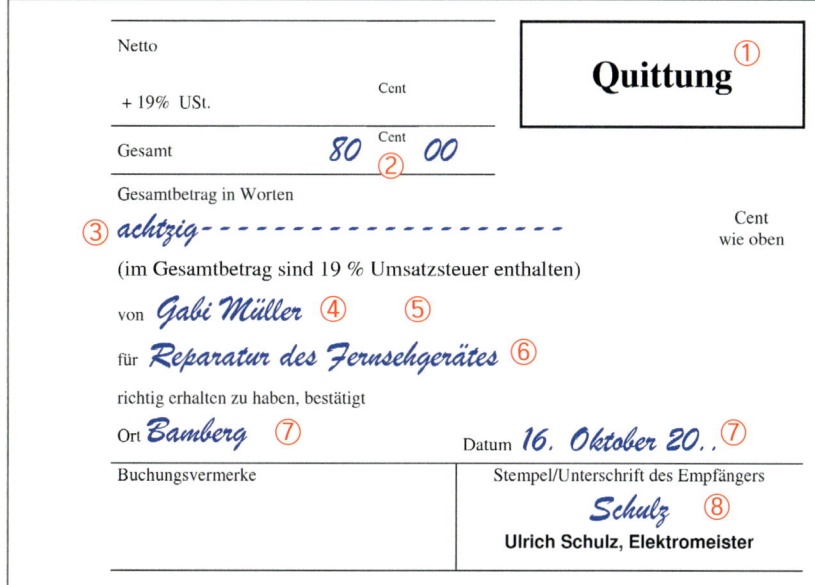

① Das Wort „Quittung"
② Betrag in Ziffern – evtl. USt.
③ Betrag in Worten
④ Name des Schuldners
⑤ evtl. Anschrift
⑥ Zweck, evtl. auch Rechnungsnummer
⑦ Ort und Datum der Zahlung
⑧ Adresse und Unterschrift des Zahlungsempfängers

Der **Kontoauszug** ist die schriftliche Darstellung aller Umsätze auf einem Konto: Sie enthalten alle Kontobewegungen sowie Anfangs- und Endbestand für den entsprechenden Zeitraum. Der Kunde hat die Pflicht, Bewegungen auf dem Girokonto, mittels Kontoauszug, zu kontrollieren. Die Kontoauszüge werden den Kunden von den Kreditinstituten per Postversand zugestellt zur oder zum Ausdruck im Kontoauszugsdrucker bzw. im Online-Postfach bereitgestellt.

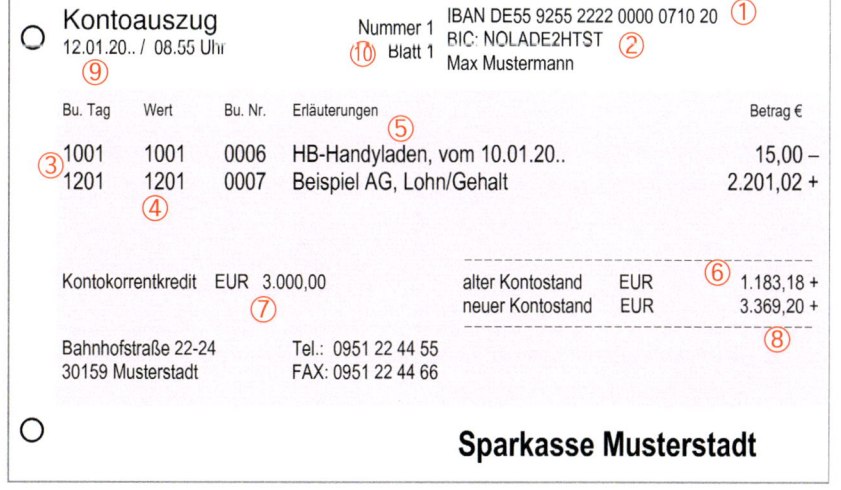

① IBAN
② BIC
③ Buchungstag
④ Tag der Wertstellung
⑤ Verwendungszweck
⑥ alter Kontostand
⑦ Kredit (vereinbarter Kreditrahmen)
⑧ neuer Kontostand
⑨ Datum des Auszugs
⑩ fortlaufende Nummer des Auszugs und Nummer des einzelnen Blatts

> **INFO**
>
> **Gesetzliche Aufbewahrungsfrist: Das gilt für Privatpersonen**
> Für Ihre Gehaltsabrechnungen und Sozialversicherungsnachweise sowie Bescheinigungen über Kranken- und Arbeitslosengeld gilt keine konkrete gesetzliche Aufbewahrungsfrist. Sie sollten diese jedoch immer aufbewahren, bis der jeweilige Rentenanspruch geklärt ist und Sie von der gesetzlichen Rentenversicherung darüber eine Mitteilung erhalten. Kontoauszüge sollten Sie mindestens drei Jahre lang aufbewahren, um Zahlungen nachweisen zu können. In engem Zusammenhang damit steht die gesetzliche Aufbewahrungsfrist für Handwerkerrechnungen über Arbeiten an Haus und Garten: Diese beträgt gemäß dem Gesetz zur Bekämpfung der Schwarzarbeit (SchwarzArbG) zwei Jahre. Als Haus- oder Wohnungseigentümer sollten Sie diese Rechnungen sicherheitshalber fünf Jahre lang aufbewahren. Dies ist üblicherweise die Gewährleistungsfrist, falls Mängel auftreten. Die gesetzliche Aufbewahrungsfrist beginnt erst, wenn das Kalenderjahr, aus dem das Dokument stammt, abgelaufen ist. Sie gilt vom 1. Januar des Folgejahres bis zum 31. Dezember des Jahres, in dem sie ausläuft.
>
> **Wichtige Dokumente für die Steuer**
> Sie sollten Dokumente grundsätzlich darauf überprüfen, ob Sie sie bei Ihrer nächsten Steuererklärung einreichen können oder sogar müssen. Wenn Sie Werbungskosten oder Sonderausgaben geltend machen, kann das Finanzamt diese Belege anfordern. Sie sollten sie also mindestens aufbewahren, bis Sie Ihren Steuerbescheid für das jeweilige Jahr erhalten haben. Auf Nummer sicher gehen Sie, wenn Sie die Festsetzungsfrist abwarten – diese beträgt vier Jahre.
>
> **Unbegrenzte Aufbewahrungsfrist:** Diese Dokumente müssen Sie behalten
> Niemals wegwerfen dürfen Sie Ihre Geburtsurkunde, Ihr Familienstammbuch und Sterbeurkunden von Angehörigen. Auch Heirats- und Scheidungsurkunden müssen Sie Ihr Leben lang aufbewahren. Sämtliche Schul- und Arbeitszeugnisse und Nachweise beruflicher Weiterbildung sollten Sie ebenfalls dauerhaft aufbewahren, wenn nicht auszuschließen ist, dass sie wieder für eine Bewerbung benötigt werden. Rechnungen verjähren in der Regel drei Jahre nach Ende des Jahres, in dem Sie den Kauf getätigt haben. Bei wertvollen Gegenständen und technischen Geräten ist es dennoch empfehlenswert, Quittung und Kassenbon dauerhaft aufzubewahren. So haben Sie zum Beispiel im Fall eines Einbruchs einen Beleg für Ihre Hausratversicherung.
> Quelle: https://www.advocard.de/streitlotse/internet-und-konsum/gesetzliche-aufbewahrungsfrist-fuerprivate-dokumente/, 19.08.2016

AUFGABE 25

1. Lies den oben stehenden Text genau durch und erstelle eine Übersicht der Aufbewahrungsfristen von Dokumenten und Belegen nach Jahren geordnet.
2. Eine Handwerkerrechnung über den Anstrich des Wohnhauses ist am 25. Juli 2019 fällig. Wann verjährt diese Rechnung?

AUTO SEDLMEIER

Auto Sedlmeier GmbH – Friedenstraße 28a – 96050 Bamberg

RECHNUNG Nr. 070345/20..
(Bei Zahlung bitte angeben)

Herrn
Alexander Blauschneider
Levistraße 2 – 4
96050 Bamberg

Kauf eines Vorführwagen
Kunden-Nr **12416**   Auftrags-Nr **6415**
Datum   **29.07.20..** Lieferdatum **29.07.20..**
Es bediente Sie Herr Franz Sedlmeier jun.
Steuernummer 143/805/13834
USt-IdNr. DE 453855621

Sie erhalten lt. Ihrem Auftrag vom 04.07.20.. mit Lieferung vom 29.07.20..

Fabrikat	PLAZDA	Modellnummer	31810074
Fahrgestell-Nr	JMZCR19F260101808	Modell	M5 5T 2.0 MZR SV
Wagentyp	Pkw	Fahrzeugtyp	M5 VAN
Farbcode	25ECC1	Karosserieaufbau	5T VAN
Polsterung	nevada/schwarz	Farbe	silber
Motor/ccm	Otto 1999	Bereifung	205/55R 16 91V
KFZ-Brief	CW724241	kw/PS	107/146
Schlüssel	8W 10720	pol. Kennzeichen	BA-AR 2034
HU-Datum	06.20..	Erstzulassung	16.06.20..
km-Stand	2500	AU-Datum	06.20..

GUTE FAHRT UND VIEL FREUDE MIT IHREM NEUERWORBENEN FAHRZEUG

Fahrzeugpreis	20.200,00 €
Sonderlackierung	2.400,00 €
Überführungskosten	250,00 €
Zulassung	150,00 €
19 % Umsatzsteuer	4.370,00 €
Gesamt	**27.370,00 €**

Gesamtbetrag sofort zahlbar ohne irgendeinen Abzug.

 GmbH

Auto Sedlmeier GmbH
Tel.: 0951 404058
Fax: 0951 404448

Handelsregister Bamberg HRB 80685
BIC: BYLADEM1KMS
IBAN: DE21 7703 0000 0110 6058 65
Sparkasse Franken

INFO

Am 1. Januar 2017 waren laut Kraftfahrtbundesamt 45,8 Millionen Pkw in Deutschland zugelassen.

Die Pkw sind durchschnittlich 9,3 Jahre alt. Insgesamt sind 62,6 Millionen Kraftfahrzeuge gemeldet.

Quelle: nach Kraftfahrt-Bundesamt

AUFGABE 26

1. Berechne den Nettowert.
2. Recherchiere, was man unter Überführungskosten und Zulassung versteht.
3. Bestimme, wann Herr Blauschneider diese Rechnung bezahlen muss.
4. Finde heraus, welche Versicherung man abgeschlossen haben muss, um ein Fahrzeug in Deutschland fahren zu dürfen.
5. Nenne die Anzahl der Pkw, die laut Kraftfahrtbundesamt im Jahr 2017 in Deutschland zugelassen waren.

DEFINITION

Unter einem **Rabatt** versteht man einen Preisnachlass. Der Nachlass wird z. B. wegen großer Bestellmenge, für langjährige Treue oder bei Sonderaktionen gewährt. Dabei wird meistens ein gewisser Prozentsatz auf den ursprünglich angebotenen Preis als Nachlass gewährt.

DEFINITION

Der **Skonto** ist ein Preisnachlass auf einen Rechnungsbetrag für den Fall, dass die Zahlung der Rechnung innerhalb einer bestimmten zeitlichen Frist (Skontofrist) erfolgt. Der Lieferant vergütet dem Kunden den Verzicht auf ein übliches Zahlungsziel (z. B. 30 Tage), indem er dem Kunden bei Einhaltung der Skontofrist (z. B. 10 Tage) einen Abzug in Höhe des Skontosatzes (z. B. 3 %) gewährt.

Leuchten Maier GmbH
Am Weiher 13
96148 Baunach

Familie Blauschneider
Levistraße 2 – 4
96050 Bamberg

Baunach, 17. Juli 20..

Rechnung

Rechnungsnummer: 3124/20..
Kundennummer: 123-77
Ihre Bestellung vom 12.07.20..,
geliefert am 16.07.20..

Telefon: 09544 1335500
Telefax: 09544 1335510
Amtsgericht Baunach HRB 4362
Geschäftsführung: Dr. Karl Ulli
USt-IdNr.: DE145559790
Steuernummer: 343/5672/2200

Pos.	Stück	Einzelpreis €	Gegenstand	Gesamtpreis €
1	2	124,00	Messingleuchten	248,00
			abzüglich 15 % Rabatt	37,20
			Warenwert	210,80
			Frachtkosten	9,20
				220,00
			19 % Umsatzsteuer	41,80
			Rechnungsbetrag	**261,80**

Betrag fällig am 17. August 20.. ohne Abzug.
Bei Bezahlung bis zum 24. Juli 20.. gewähren wir 3 % Skonto.
Die gelieferte Ware bleibt bis zur vollständigen Bezahlung unser Eigentum.
Bankverbindung:
Sparkasse Franken - (BIC BYLADEM1XXX) IBAN: DE80 7905 5000 1230 0045 67

AUFGABE 27

Analysiere den oben abgedruckten Beleg und beantworte folgende Fragen:

1. Wie nennt man den vorliegenden Beleg?
2. Welches Produkt hat Familie Blauschneider eingekauft?
3. Was versteht man unter einem Rabatt?
4. Wofür könnten Unternehmen ihren Kunden Rabatt gewähren?
5. Wie lange hat Familie Blauschneider Zeit, die Rechnung zu bezahlen?
6. Welche Möglichkeiten bei der Bezahlung bietet Leuchten-Maier an?
7. Berechne das Skonto vom Rechnungsbetrag in Euro und dann den zu zahlenden Betrag.
8. Wie viel Prozent beträgt die Umsatzsteuer?
9. Warum sollte Familie Blauschneider diesen Beleg aufbewahren?

I Wirtschaftliches Handeln in der Familie

AUFGABE 28

Herr Blauschneider hat am Auszugsdrucker der Frankenbank folgenden Kontoauszug ausgedruckt:

```
Kontoauszug                Nummer 105      IBAN DE80 7905 5000 0000 0587 34
15. Juni 20.. / 08:55 Uhr  Seite 1 / 1     BIC: REGBDE88XXX
                                           Julia und Alexander Blauschneider
```

Bu. Tag	Wert	Vorgang	Erläuterungen	Betrag €
31.03.	01.04.	Kartenzahlung	Baumarkt Bamberg	562,50 –
31.03.	01.04.	Zahlungseingang	Gehalt April	2.900,00 +
31.03.	01.04.	Basislastschrift	WorldDirect Risiko-Leben Beitrag	50,00 +
31.03.	01.04.	Überweisung	Bamberg Ticket Nr. 4556	120,00 –
31.03.	01.04.	GA-Verfügung	GA NR00001255 31.03. 14.33 Uhr	500,00 –
31.03.	01.04.	Kartenzahlung	PET-Tankstellen Deutschland	62,98 –

Kontokorrentkredit EUR 50.000,00

alter Kontostand EUR 6.811,55 +
neuer Kontostand EUR 6.249,05 +

Bahnhofstraße 22 – 24   Tel.: 0951 224455
96047 Bamberg   FAX: 0951 224466

Regnitzbank Bamberg

1. Erkläre deinem Banknachbarn die folgenden Begriffe auf dem Beleg:
   – IBAN
   – BIC
   – Dispositionskredit
2. Bestimme die Zahlungsarten.
3. Die Frankenbank erlaubt das Überziehen des Kontos. Nenne den Betrag, der von der Bank maximal erlaubt wird.
4. Überprüfe den Kontoauszug und finde drei Fehler. Erläutere, was Herr Blauschneider nun tun kann.
5. Stelle dar, für welche Versicherung Familie Blauschneider Beiträge zahlt.
6. Beschreibe den genauen Ablauf einer Auszahlung am Geldautomaten.
7. Erkläre den Ablauf einer Kartenzahlung am Baumarkt.
8. Beschreibe die Möglichkeiten, einen Kontoauszug zu erhalten.
9. Beschreibe, welche Arbeiten man nach Ausdruck eines Kontoauszuges unbedingt durchführen sollte.

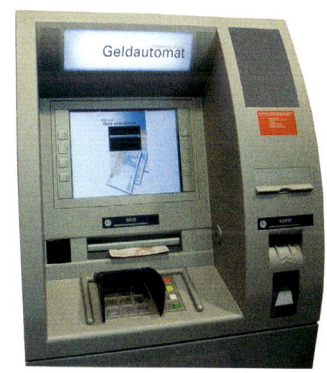

Geldautomat

2.4 Zahlungsverkehr

Als Zahlungsverkehr bezeichnet man die Gesamtheit aller Zahlungen, also Übertragungen von Zahlungsmitteln zwischen privaten Haushalten, Unternehmen, Banken, Verwaltungen etc. Er hat eine große Bedeutung im Wirtschaftsleben sowie im Alltag.

Auch heutzutage werden in Deutschland noch die meisten Einkäufe in Ladengeschäften abgewickelt. Wenn du also in der Bäckerei, im Supermarkt oder am Kiosk bezahlen möchtest, benötigst du ein Zahlungsmittel, das du dort problemlos verwenden kannst. In der Regel werden in Ladengeschäften in Deutschland die folgenden Zahlungsmittel akzeptiert:

- **Bargeld**
- **Girokarte**
- **Kreditkarte**

> **INFO**
>
>
>
> Die wichtigste Rolle spielt weiterhin das **Bargeld**, das in Deutschland in Ladengeschäften das wichtigste Zahlungsmittel ist. Mit nur sehr kurzem Abstand folgt danach die **Girokarte**. Das hat mehrere Gründe: zum einen ist Bargeld für viele Verbraucher das flexibelste Zahlungsmittel, da es überall eingesetzt werden kann. Zum anderen haben vermutlich viele andere Verbraucher mit großer Sicherheit eine Girocard im Geldbeutel. Insgesamt besitzen mehr als 90 Prozent der Verbraucher eine solche Karte. Die **Kreditkarte** ist dagegen das mit Abstand am seltensten verwendete der drei Zahlungsmittel. Das liegt auch daran, dass die Karte nicht überall akzeptiert wird.

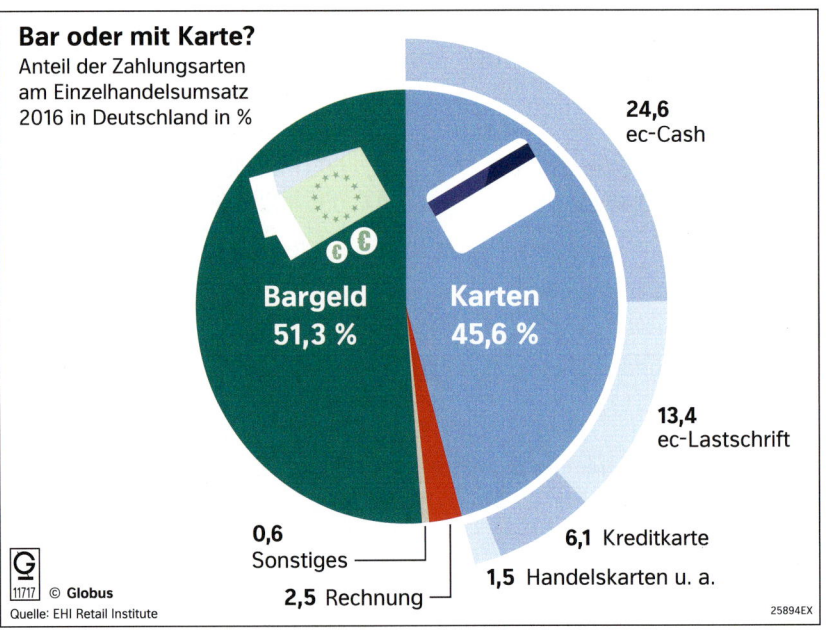

Jeder hat in seinem Geldbeutel Bargeld, da es das praktischste Zahlungsmittel darstellt. Eine Zahlung mit Bargeld macht in Ladengeschäften auch durchaus Sinn, denn durch die Gewohnheit geht eine Zahlung mit Bargeld vergleichsweise schnell. Außerdem wird Bargeld in Deutschland im Einzelhandel überall akzeptiert. Das gilt auch auf Märkten oder bei sogenannten Mikrotransaktionen (Beträge zwischen 0,01 und 5,00 Euro). Diesen Vorteil kann sonst kein anderes Zahlungsmittel bieten. In Ladengeschäften ist das Bargeld also ohne Zweifel auch weiterhin eines der besten Zahlungsmittel.

> **AUFGABE 29**
>
> Herr Blauschneider macht den Wochenendeinkauf im Supermarkt, will noch tanken und zum Friseur. Schätze ein, welche Zahlungsmittel er mitnehmen sollte.

Barzahlung

Bei der Barzahlung erfolgt die Zahlung in Banknoten und/oder Münzen. Als Nachweis für die geleistete Zahlung soll eine Quittung oder ein Kassenzettel verlangt werden. Wie bereits erklärt, stellt der Kassenzettel im rechtlichen Sinne keine Quittung dar, da eine Quittung vom Zahlungsempfänger unterschrieben werden muss. Allerdings wird der Kassenzettel bei Reklamationen als Kaufnachweis anerkannt.

Sondermünze Schleswig-Holstein

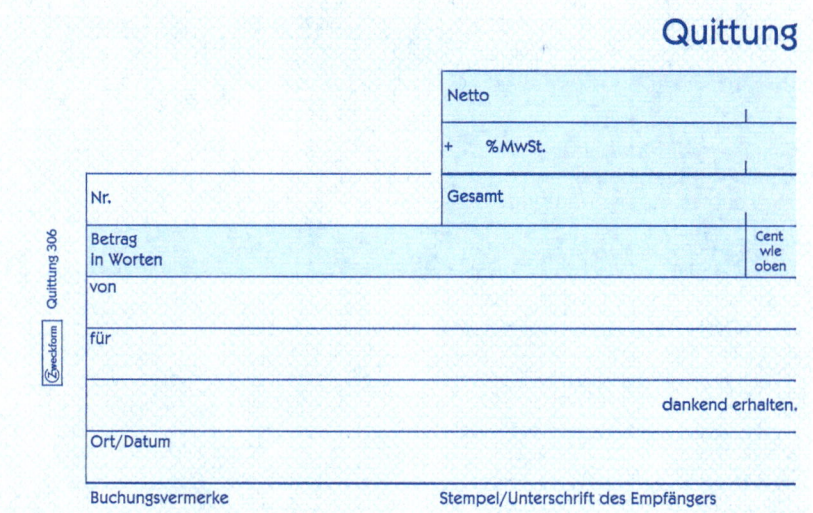

Sondermünze Bayern

Unser europäisches Bargeld

Es gibt acht **Euro-Münzen** im Wert von 2 und 1 Euro sowie 50, 20, 10, 5, 2 und 1 Cent. Jede Euro-Münze hat eine gemeinsame europäische Seite. Die Rückseite kann jeder Mitgliedsstaat nach Belieben gestalten. In Deutschland sind dies der Eichenzweig (1, 2 und 5 Cent), das Brandenburger Tor (10, 20 und 50 Cent) und das traditionelle Hoheitssymbol, der Bundesadler (1 und 2 Euro). Die gemeinsame Bildseite stellt immer die Karte der Europäischen Union dar, vor dem Hintergrund schräg laufender Linien, an denen die Sterne der europäischen Flagge hängen. Die Abbildungen auf den 1-, 2- und 5-Cent-Münzen symbolisieren die Stellung Europas in der Welt, die 10-, 20- und 50-Cent-Münzen die Union als Bund von Nationen. Die 1- und 2-Euro-Münzen stellen Europa ohne Grenzen dar. Darüber hinaus gibt es 2-Euro-Umlaufmünzen mit Gedenkcharakter.

Sondermünze Hamburg

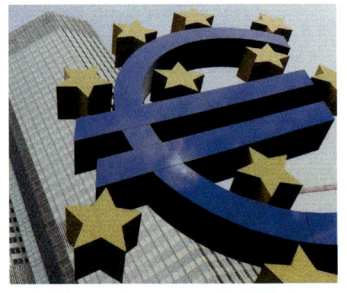

Der Euro ist die offizielle Währung in der Eurozone. Diese wird amtlich auch als Euro-Währungsgebiet oder Euroraum bezeichnet. Der Euro wurde am 1. Januar 1999 als Buchgeld, drei Jahre später, am 1. Januar 2002, als Bargeld eingeführt. Die Eurozone besteht derzeit aus 19 EU-Staaten und wird deswegen auch als Euro-19 bezeichnet.

Zuletzt übernahm Litauen zum 1. Januar 2015 als 19. EU-Land den Euro als offizielle Währung.

Die Euroländer

EU-Mitglieder, die den Euro als offizielle Währung eingeführt haben, und das Jahr der Euro-Einführung

Belgien	1999
Deutschland	1999
Finnland	1999
Frankreich	1999
Irland	1999
Italien	1999
Luxemburg	1999
Niederlande	1999
Österreich	1999
Portugal	1999
Spanien	1999
Griechenland	2001
Slowenien	2007
Malta	2008
Zypern	2008
Slowakei	2009
Estland	2011
Lettland	2014
Litauen	2015

EU-Mitglieder, die den Euro (noch) nicht eingeführt haben, und ihre derzeit gültige Währung

Bulgarien	Lew
Dänemark	Dänische Krone
Großbritannien	Pfund Sterling
Kroatien	Kuna
Polen	Złoty
Rumänien	Leu
Schweden	Schwed. Krone
Tschechien	Tschech. Krone
Ungarn	Forint

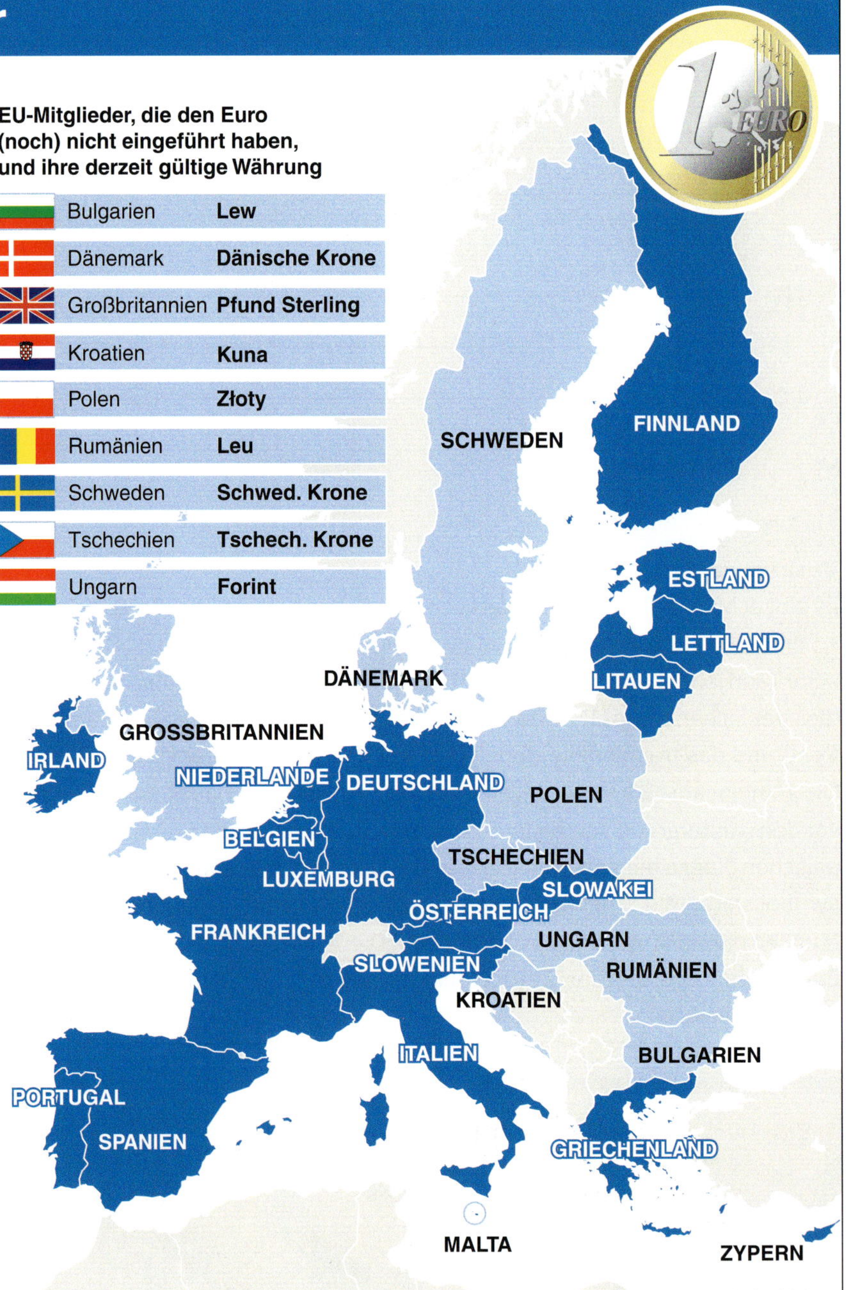

Euro-Länder

10045 © Globus Stand 2015 Quelle: Europäische Union

I Wirtschaftliches Handeln in der Familie

Es gibt sechs verschiedene **Euro-Scheine** mit den Werten von jeweils 5, 10, 20, 50, 100 und 200 Euro. Die Abbildungen symbolisieren keine realen Baudenkmäler, sondern zeigen Stilelemente von Epochen der europäischen Kulturgeschichte. Die Vorderseite jeder Banknote zeigt Fenster und Portale, die Rückseite jeder Banknote zeigt eine Brücke aus einer bestimmten Epoche als Symbol der Verbindung zwischen den Völkern Europas und zwischen Europa und dem Rest der Welt.

dargestellte Epoche:
Klassik
vor dem 11. Jahrhundert

dargestellte Epoche:
Romanik
11.–12. Jahrhundert

dargestellte Epoche:
Gotik
13.–14. Jahrhundert

dargestellte Epoche:
Renaissance
15.–16. Jahrhundert

dargestellte Epoche:
Barock und Rokoko
17.–18. Jahrhundert

dargestellte Epoche:
Industriezeitalter/
Eisen- und Glasarchitektur
19. Jahrhundert

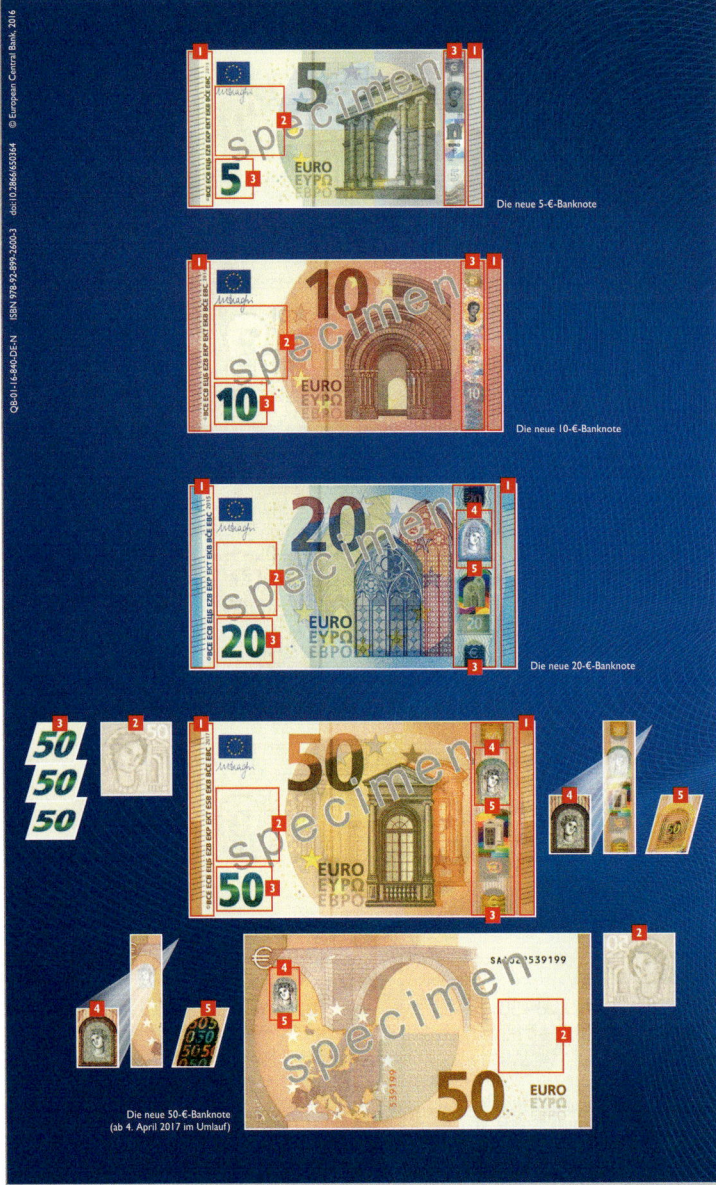

I Wirtschaftliches Handeln in der Familie

AUFGABE 30

Bestimme die fehlenden Fachbegriffe 1–5 der Sicherheitsmerkmale auf dem unten abgebildeten 50-Euroschein und ordne sie zu.

Stand 2017

Quelle: OeNB

AUFGABE 31

Analysiere die unten stehende Infografik und entwirf einen zweiminütigen Vortrag zur Beliebtheit des Bargeldes bei Zahlung in Deutschland.

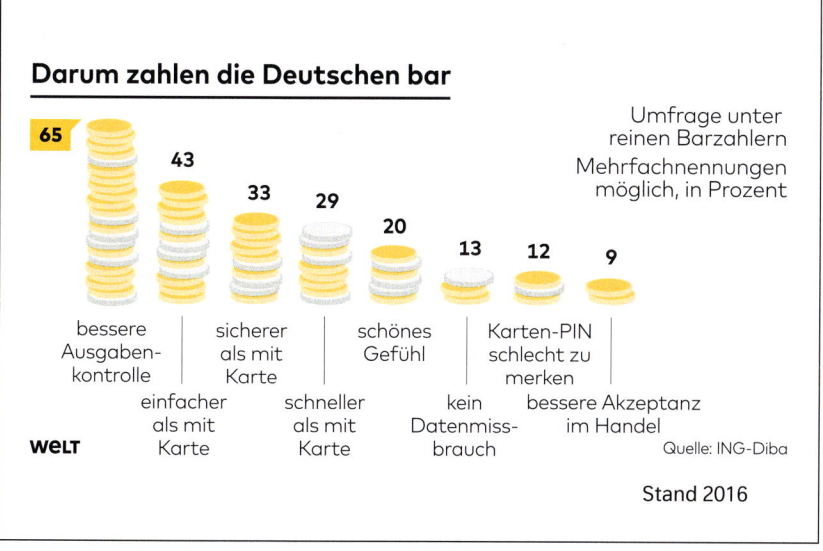

I Wirtschaftliches Handeln in der Familie

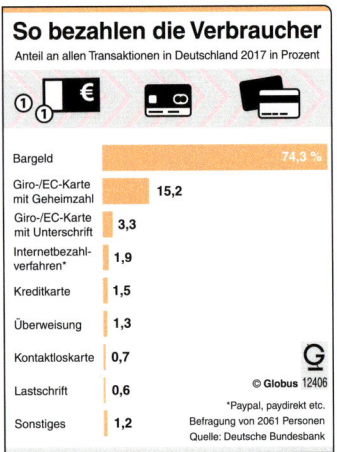

Bargeldlose Zahlung

Lohn- und Gehaltszahlungen, Mietzahlungen, Zahlung der Telefongebühren oder der Stromrechnung werden heute abgewickelt, ohne dass bares Geld (Banknoten und Münzen) bei Schuldner und Gläubiger zu sehen ist. Voraussetzung ist, dass sowohl Zahlender als auch Empfänger über ein Girokonto bei einer Bank oder Sparkasse verfügen. Die Zahlungen werden durch Kontoabbuchungen und Kontogutschriften getätigt. Das ist sicher, zweckmäßig, kostensparend und bequem. In unserer modernen, hochentwickelten Gesellschaft wird der Zahlungsverkehr mittlerweile zu großen Teilen auch ohne Formulare per Karten oder PC abgewickelt.

a) Überweisung

Das am weitesten verbreitete Instrument der bargeldlosen Zahlung in Deutschland ist die Überweisung. Rechtlich gesehen ist die Überweisung eine Anweisung eines Kontoinhabers an seine Bank, einen bestimmten Betrag vom eigenen Konto abzubuchen und auf das Konto des Zahlungsempfängers zu übertragen.

> **DEFINITION**
>
> **IBAN**
>
> (International Bank Account Number).
>
> Die IBAN ist je nach Land unterschiedlich lang (in Deutschland hat sie immer 22 Stellen).

> **DEFINITION**
>
> **BIC**
>
> (Business Identifier Code). Das ist ein international einheitlicher Bank-Code, mit dem Banken weltweit identifiziert werden.

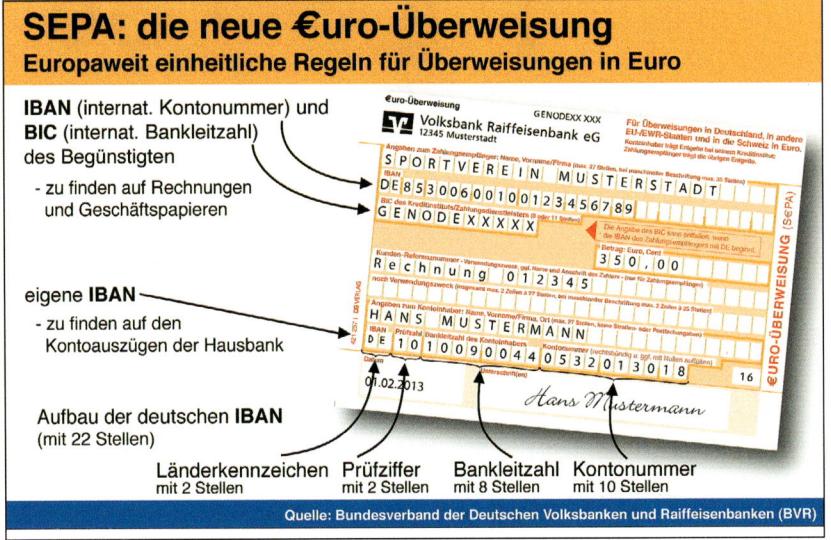

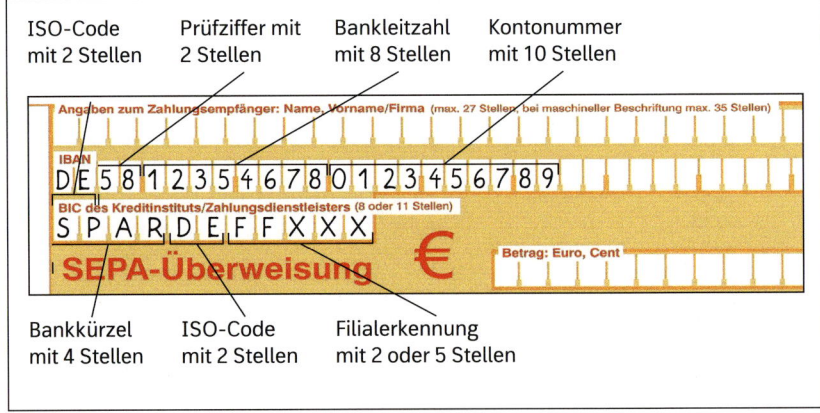

b) Dauerauftrag

Bei regelmäßig wiederkehrenden, gleichbleibenden Zahlungen (Miete, Versicherungsbeiträge u. a.) erteilt der Verbraucher am besten einen Dauerauftrag. Die Bank oder Sparkasse überweist dann die betreffenden Beträge automatisch zu den angegebenen Terminen (z. B. jeden Monat oder Vierteljahr etc.) an den Empfänger. Damit werden wichtige Überweisungen nicht vergessen und man muss auch nicht jedesmal den Überweisungsträger neu ausfüllen.

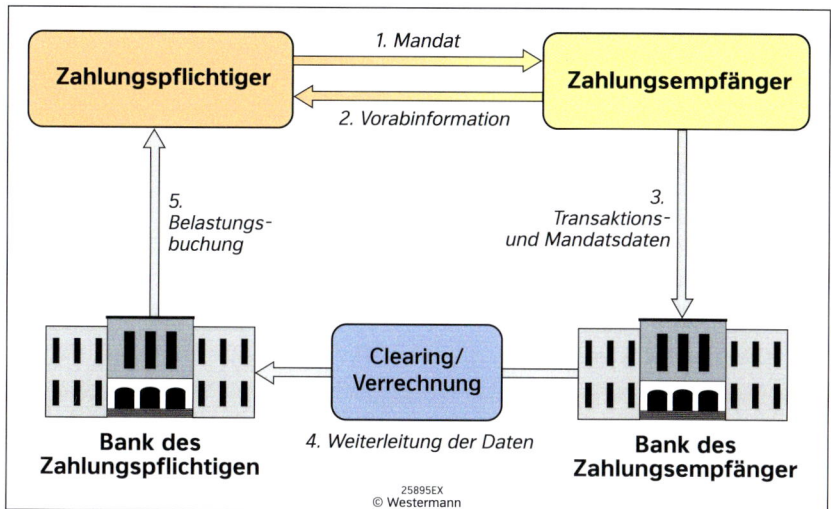

INFO

Daueraufträge kann man einfach und bequem per Online-Banking einrichten.

c) Lastschrift

Bei regelmäßig wiederkehrenden Zahlungen mit unterschiedlichen Beträgen (Telefon, Arztrechnungen u. a.) erteilt der Verbraucher am besten einen Lastschriftauftrag. Der Kontoinhaber muss schriftlich sein Einverständnis erklären und seiner Bank den Auftrag erteilen, dass der Zahlungsempfänger Geld von seinem Konto einziehen darf – eine Einwilligung per Mail oder telefonisch ist nicht möglich. Der Zahlungsempfänger muss außerdem den Kontoinhaber 14 Tage vorher über eine Abbuchung informieren.

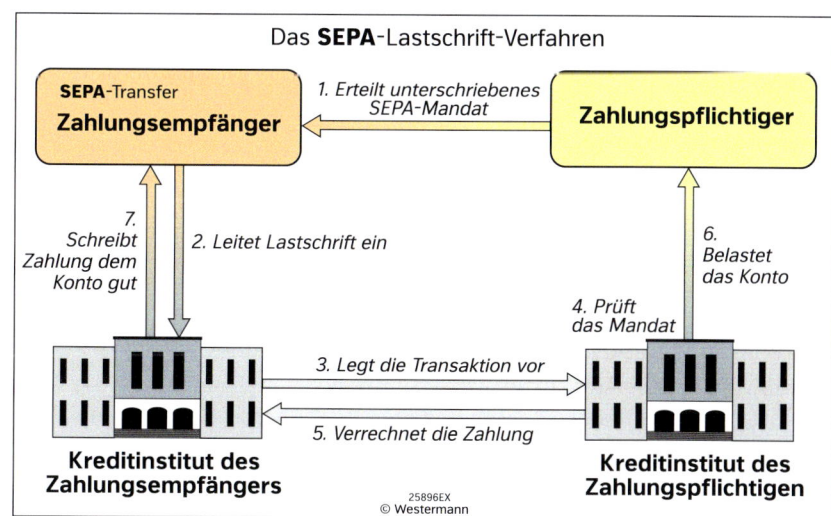

INFO

Ungerechtfertigte Abbuchungen kann man sich bis acht Wochen nach der Kontobelastung von seiner Bank erstatten lassen.

Bezahlen mit Girocard

INFO

Sicherheit geht vor!
- Bei Erhalt der Karten mit der Post müssen diese sofort unterschrieben werden.
- PIN und Karte immer getrennt aufbewahren.
- Kartenbeleg gut aufbewahren und mit den Belastungen auf dem Kontoauszug oder der Kreditkartenabrechnung abgleichen.
- Wird die Bank- oder Kreditkarte verloren oder gestohlen, muss sie sofort gesperrt werden; eine zentrale Sperr-Notrufnummer ist die 116 116.

INFO

ACHTUNG!
Da bei der Geldkarte die Zahlung ohne Geheimnummer erfolgt, droht bei Kartenverlust auch der Verlust des gespeicherten Guthabens.

Zahlungskarten

Das Bezahlen mit „Plastikgeld" hat sich durchgesetzt. Zwar wird in Deutschland im Vergleich mit anderen Ländern immer noch viel mit Bargeld bezahlt, aber allein die Tatsache, dass rund 100 Millionen Bank- und Sparkassenkarten und über 30 Millionen Kreditkarten in Deutschland ausgegeben sind, zeigt, dass diese Form der Bezahlung immer wichtiger wird. Wir unterscheiden drei Arten von „Plastikgeld":

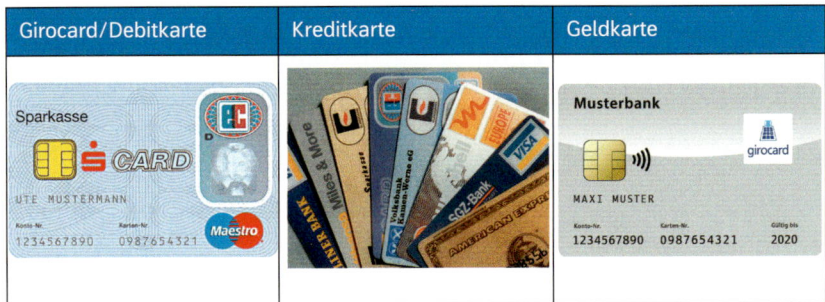

Debitkarte oder Girocard (engl. „debit" für Kontobelastung)
Die Girocard ist eine Bankkarte und ermöglicht weltweit die bargeldlose Bezahlung an Stellen, an denen das entsprechende Logo sichtbar ist. Es gibt zwei Varianten der Bezahlung: mit Karte und PIN (girocard-System) oder mit Karte und Unterschrift (elektronisches Lastschriftverfahren).

Mit der Karte können am Selbstbedienungs-Terminal der Kontostand abgerufen und Kontoauszüge ausgedruckt werden. Am Geldautomaten kann Bargeld vom Konto abgehoben werden. Der täglich oder wöchentlich verfügbare Betrag ist für jede Karte festgelegt.

Kreditkarte
Ab 18 Jahren kann man eine Kreditkarte beantragen und nutzen. Voraussetzung hierfür ist ein regelmäßiges Einkommen. Die Zahlung wird mit PIN oder Unterschrift bestätigt. Die Beträge werden gesammelt und erst am Monatsende dem Girokonto belastet. Deshalb muss man gut aufpassen, um nicht die Übersicht über die geleisteten Zahlungen zu verlieren.

Die gebräuchlichsten Kreditkarten in Deutschland sind von MasterCard, Visa, American Express und Diners.

Geldkarte
Auf dem Chip der Girocard kann ein Guthaben von bis zu 200 Euro gespeichert werden. Es ist geeignet zum Bezahlen kleiner Beträge, zum Beispiel an Fahrschein- oder Getränkeautomaten oder in der Schulkantine. Beim Bezahlen wird der Geldbetrag direkt vom Chip abgebucht. Wenn man mit der Geldkarte bezahlt, steckt man diese in das Zahlterminal an der Kasse. Das Display zeigt das Geldkartenguthaben an. Man bestätigt per Knopfdruck den Geldbetrag, der anschließend vom Chip abgebucht wird. Das Restguthaben der Geldkarte wird jetzt im Display angezeigt.

Die Funktionen einer Girocard

Mit der Girocard kann man zum einen seine Einkäufe bargeldlos mit Geheimzahl bezahlen und zum anderen rund um die Uhr Bargeld am Geldautomaten abheben oder auch per Unterschrift einkaufen.

Maestro®: Mit Maestro® kann man weltweit in Geschäften, Restaurants und Tankstellen bargeldlos bezahlen oder Bargeld am Automaten abheben. Insgesamt gibt es weltweit fast 15 Millionen Akzeptanzstellen.

Geldkarte: Die Geldkarte ist eine Prepaid-Karte, mit der sich kleinere Beträge schnell und einfach bezahlen lassen. Sie kann etwa an Fahrkarten- oder Parkscheinautomaten das Kleingeld ersetzen. Das im Chip gespeicherte Altersmerkmal weist die Verbraucher z. B. beim Kauf von Zigaretten als volljährig aus.

Symbol für Girocard

Es gibt rund 100 Millionen Girocards und Kundenkarten von Banken und Sparkassen. Damit kann man zum einen Chip-basiert direkt vom Konto bezahlen und sich an den Geldautomaten Bargeld beschaffen. Mit der stetigen technischen Innovation sowie der persönlichen Geheimzahl PIN (Personal Identification Number) ermöglicht die Girocard immer mehr Bank- und Sparkassenkunden den neuen, komfortablen Service des kontaktlosen Bezahlens. Man mus dabei die Karte nur vor das Kartenlesegerät halten. Bis 25 Euro funktioniert das sogar ohne PIN-Eingabe. Das Zahlen dauert nun im Durchschnitt nur noch rund zehn Sekunden!

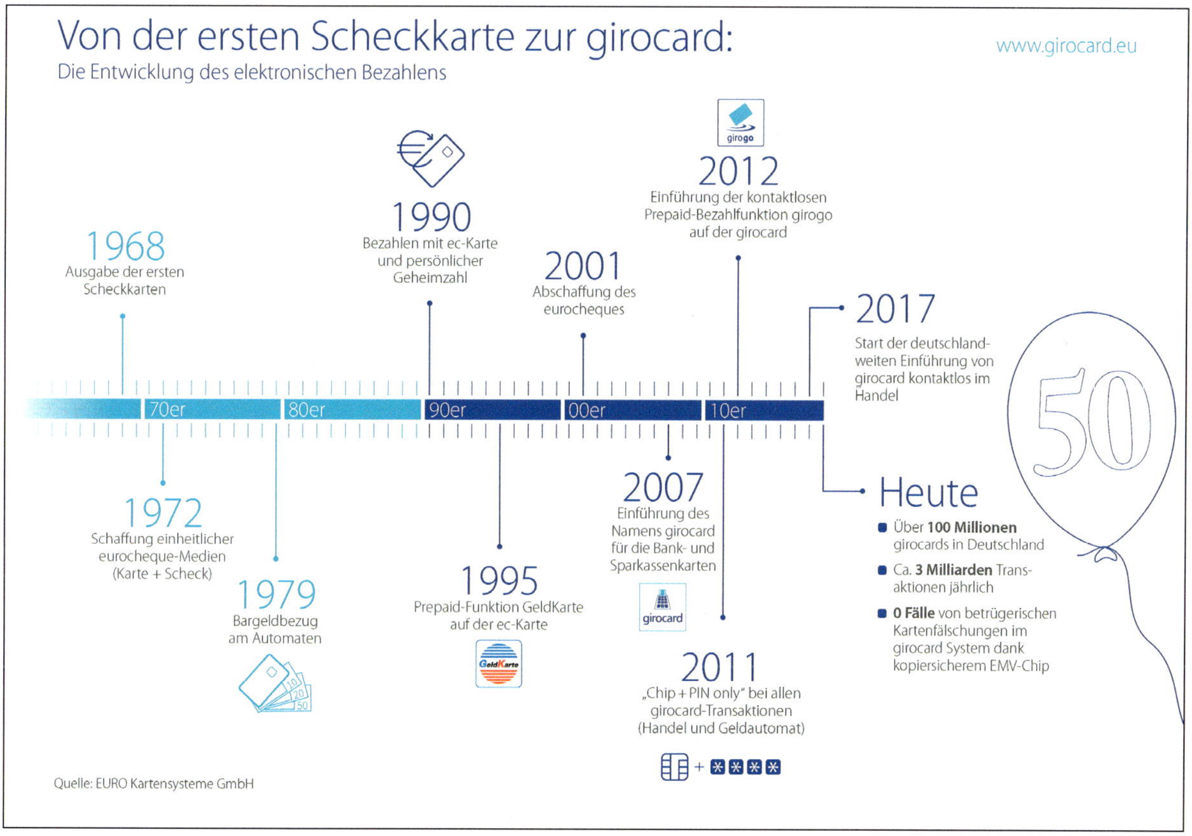

Von der ersten Scheckkarte zur girocard:
Die Entwicklung des elektronischen Bezahlens

www.girocard.eu

- **1968** Ausgabe der ersten Scheckkarten
- **1972** Schaffung einheitlicher eurocheque-Medien (Karte + Scheck)
- **1979** Bargeldbezug am Automaten
- **1990** Bezahlen mit ec-Karte und persönlicher Geheimzahl
- **1995** Prepaid-Funktion GeldKarte auf der ec-Karte
- **2001** Abschaffung des eurocheques
- **2007** Einführung des Namens girocard für die Bank- und Sparkassenkarten
- **2011** „Chip + PIN only" bei allen girocard-Transaktionen (Handel und Geldautomat)
- **2012** Einführung der kontaktlosen Prepaid-Bezahlfunktion girogo auf der girocard
- **2017** Start der deutschlandweiten Einführung von girocard kontaktlos im Handel

Heute
- Über **100 Millionen** girocards in Deutschland
- Ca. **3 Milliarden** Transaktionen jährlich
- **0 Fälle** von betrügerischen Kartenfälschungen im girocard System dank kopiersicherem EMV-Chip

Quelle: EURO Kartensysteme GmbH

Onlinebanking

Der Begriff Onlinebanking bezeichnet die Abwicklung von Bankgeschäften über das Internet. Onlinebanking ist für viele Menschen heute eine Selbstverständlichkeit: Nach Angaben des Bundesverbandes Informationswirtschaft und neue Medien e. V. (BITKOM) erledigen fast die Hälfte der Bundesbürger ihre Bankgeschäfte online.

Damit ist man unabhängig vom Besuch einer Bankfiliale oder Öffnungszeiten und kann von zu Hause aus am PC, mit einem Tablet oder einem Smartphone Bankgeschäfte abwickeln.

Dazu gehören z. B.:
- Überweisungen in Auftrag geben,
- Daueraufträge anlegen, ändern und löschen,
- Kontostand und Umsätze abfragen,
- Kreditkontostände abfragen,
- Bestellung von Reisezahlungsmitteln,
- Wertpapiere kaufen und verkaufen,
- Wertpapierdepots verwalten,
- Lastschriften einsehen und zurückgeben,
- Sperrung von Schecks oder Konten.

Onlinebanking

> **INFO**
>
> **Onlinebanking** ist auch als Mobile-Banking mit dem Smartphone machbar. Doch für das sichere Onlinebanking mit dem Smartphone gilt dasselbe wie für den PC: Auch für Smartphones gibt es Trojaner, die Eingaben abfangen können.
>
> Daher ist ein Virenschutz auf dem Smartphone sehr wichtig.

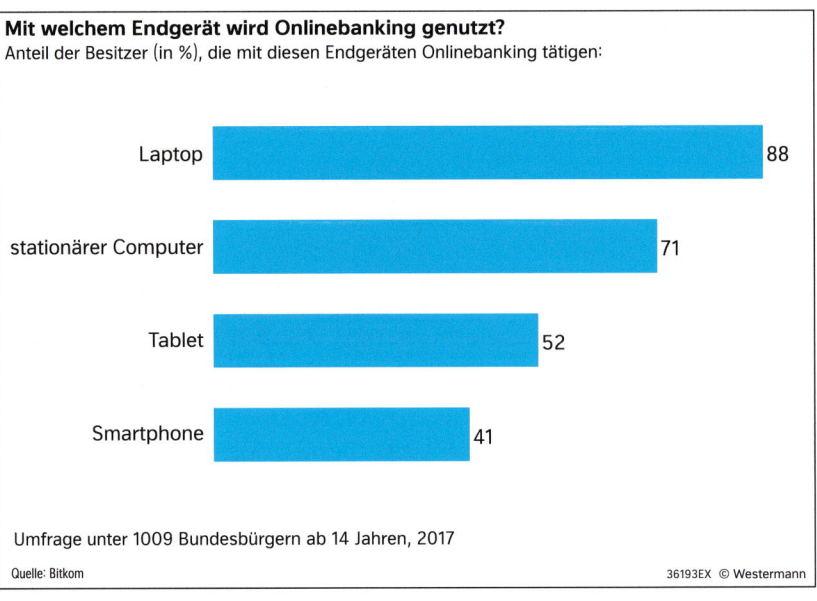

Mit welchem Endgerät wird Onlinebanking genutzt?
Anteil der Besitzer (in %), die mit diesen Endgeräten Onlinebanking tätigen:

- Laptop: 88
- stationärer Computer: 71
- Tablet: 52
- Smartphone: 41

Umfrage unter 1009 Bundesbürgern ab 14 Jahren, 2017
Quelle: Bitkom

Was generell bei der Nutzung des Internets gilt, ist insbesondere auch beim Onlinebanking zu beachten: Kriminelle versuchen Konto- und Kreditkartendaten der Nutzer auszuspähen und mit ihrer Hilfe an das Geld der Bankkunden zu kommen.

Darum muss man das Thema Sicherheit beim Onlinebanking besonders ernst nehmen – schließlich ist es das eigene Geld, das direkt im Visier der Kriminellen steht.

Sicherheitsverfahren beim Onlinebanking

Viele Geldinstitute haben die Authentifizierungsverfahren im Onlinebanking umgestellt. Statt TAN/iTAN heißt es nunmehr Chip-TAN und M-TAN.

Die TANs (Transaktionsnummern) dienen der Authentifizierung von Transaktionen eines Nutzers (zum Beispiel für Überweisungen oder den Wertpapierkauf) im Onlinebanking. Allerdings gilt das bisherige TAN/iTAN-Verfahren wegen zahlreicher betrügerischer Angriffe aus dem Internet als anfällig für Missbrauch. Deshalb werden Chip-TAN und M-TAN verwendet.

a) Chip-TAN:

Hier erfolgt die Authentifizierung mittels Bankkarte mit Chip und einem zusätzlichen elektronischen Gerät (TAN-Generator). Dieser besitzt in der Regel ein Display, ein Ziffernfeld und einen Karteneinschub. Die TAN, mit der man die Transaktion abschließt, ermittelt der TAN-Generator. Dazu wird die Bankkarte in den Kartenleser geschoben. In den meisten Fällen des Onlinebankings erscheint eine flackernde Grafik, an die der Generator gehalten wird. Nach der Kontrolle des Zielkontos und des zu überweisenden Betrages wird die Transaktionsnummer angezeigt. Diese TAN ist ausschließlich für die aktuelle Transaktion nutzbar.

> **DEFINITION**
>
> **Authentifizierung** = Nachweis darüber, dass der Nutzer für dieses Konto berechtigt ist.

> **INFO**
>
> Bei der **Transaktionsnummer** handelt es sich um eine 6-stellige Zufallszahl, die dem Bankkunden mitgeteilt wird oder die er selbst mit einem Generator erzeugt.

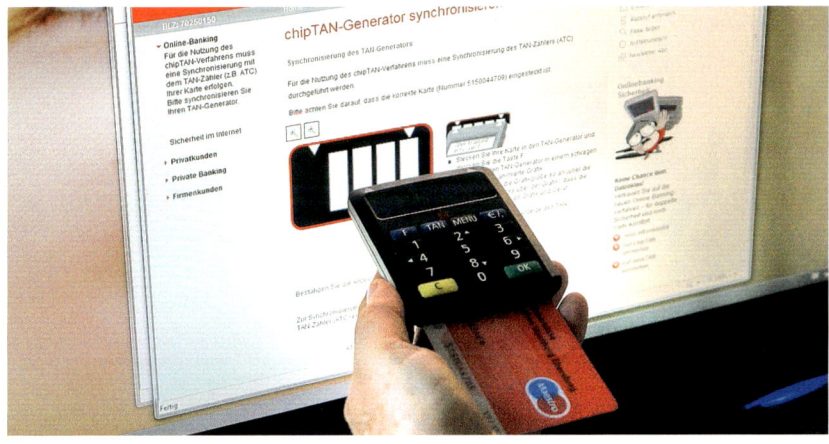

b) M-TAN, mobile TAN bzw. SMS-TAN

Nach Eingabe der Transaktionsdaten fordert man per Mausklick im Onlinebanking eine TAN an, welche umgehend an die bei der Bank hinterlegte mobile Telefonnummer geschickt wird. Das Verfahren funktioniert nur, wenn man mobil erreichbar ist.

<u>Vorteil</u>: Die neuen Systeme sind sicherer, weil ein zweites, vom PC unabhängiges Gerät nicht von einem eventuell auf dem Computer vorhandenen Trojaner-Programm manipuliert werden kann.

<u>Nachteil</u>: Die Geldinstitute geben oftmals die Kosten für die höhere Sicherheit weiter. Die SMS kosten beispielsweise bis zu 13 Cent. Für die Anschaffung der TAN-Generatoren fällt in der Regel einmalig ein Betrag von circa 10 Euro an. Es gibt aber auch Anbieter, die Onlinebanking weiterhin kostenlos bereitstellen.

TAN-Generator

Bezahlen im Internet

Das Internet hat auch die Art des Bezahlens verändert. Durch Anbieter wie Paypal, Giropay oder Paydirekt bezahlen Bankkunden im Internet über ihr Girokonto.

Paypal ist dabei vermutlich der bekannteste dieser Anbieter. Das US-Unternehmen schaltet sich als Drittanbieter zwischen Händler und Bank, nachdem sich Verbraucher bei Paypal registriert haben. Dabei verbindet man sein Girokonto oder die Kreditkarte mit dem Paypal-Konto und nutzt danach eine E-Mail-Adresse als Kontonummer beim Bezahlen. Das Konto an sich ist kostenlos. Bei Geschäftskonten fallen aber bei jedem Zahlungseingang Gebühren an. Das Passwort für Paypal oder ähnliche Online-Bezahldienst ist für Betrüger sehr attraktiv, die damit großen Schaden anrichten könnten. Viele sogenannte Phishing-Mails haben es daher auf solche Informationen abgesehen. Schaue also genau, ob E-Mails mit dem Absender Paypal wirklich von Paypal sind.

> **INFO**
>
> **Bitcoins**
>
> Der Bitcoin ist eine digitale Währung (Kryptowährung), die aus der Hackerszene kommt. Sie ist schon seit 2009 im Umlauf. Bitcoins werden von keiner Bank ausgegeben, sondern von einer großen internationalen Community. Das Geldsystem ist so angelegt, dass insgesamt nur 21 Millionen Bitcoins im Umlauf sein dürfen, momentan sind ca. 12 Millionen Bitcoins weltweit im Handel.

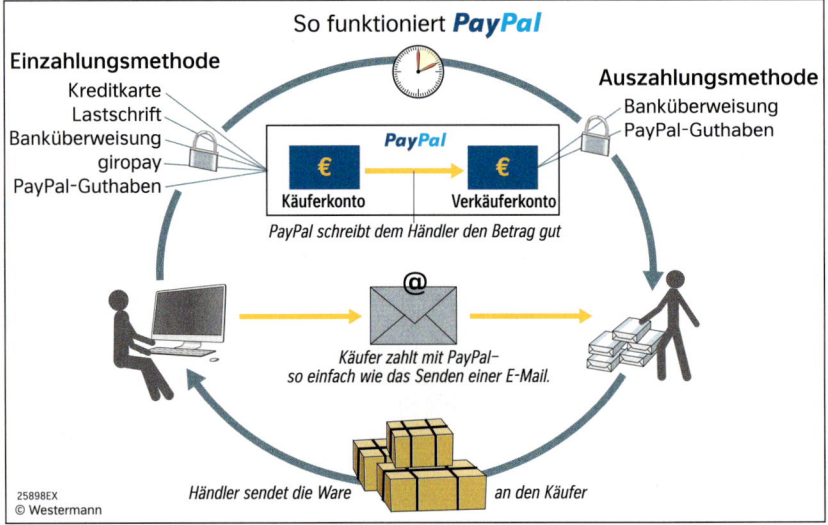

Etwas anders funktioniert das Verfahren bei Zahlungs-Dienstleistern wie **Sofortüberweisung** oder **Giropay**: Bei diesen läuft die Bezahlung nicht über ein separates Kundenkonto, sondern direkt über die Bank. Im Gegensatz zur klassischen Vorkasse erhält der Händler aber sofort eine Bestätigung, dass das Geld unterwegs ist, und kann damit auch die Ware auf den Weg schicken. Zumindest bei der Sofortüberweisung müssen Kunden dem Zahlungsanbieter dafür auch sensible Banking-Daten wie PIN und TAN geben. Man muss daher hier besonders auf eine verschlüsselte Verbindung achten. Ähnlich wie Giropay könnte künftig auch ein Bezahlsystem der Genossenschaftsbanken, Sparkassen und Privatbanken funktionieren, das sogenannte „**Paydirekt**". Die Kunden bezahlen bei Paydirekt per Einzug über das eigene Girokonto. Falls die Verkäufer die Ware nicht liefern, kann die Bank das Geld später noch zurückholen. Die Händler erhalten keine Kunden-Kontodaten. Bankkunden nutzen das System kostenlos, müssen sich jedoch bei der kontoführenden Bank registrieren.

Mobile-Payment

Den Einkauf in der Boutique oder den Cappuccino im Café ganz einfach mit dem Smartphone bezahlen – ohne Bargeld oder Kreditkarte? Was für viele noch unvorstellbar scheint, hat sich mittlerweile als „Mobile Payment" etabliert. Der Begriff bezeichnet die bargeldlose Zahlungsabwicklung über ein mobiles Endgerät mit Internetverbindung und soll in Zukunft das Bargeld überflüssig machen. Wer schon jetzt mobil bezahlen will, sollte vorher prüfen, ob und was genau die Läden seiner Wahl anbieten. Nur dann lohnt sich der Aufwand. Mobiles Bezahlen basiert entweder auf QR-Codes oder auf der Funktechnik NFC. Schnell und komfortabel ist aber nur die NFC-Variante.

Ein Blick ins Kleingedruckte lohnt sich: Viele Mobile-Payment-Varianten funktionieren nur mit bestimmten Smartphones, Betriebssystemen und unter weiteren Voraussetzungen.

Das Bezahlen mit dem Smartphone bietet für den Verbraucher einige Vorteile:
- Der Zahlvorgang geht schnell und unkompliziert – im Laden können so lange Wartezeiten vermieden werden.
- Mobile Payment ist deutlich hygienischer als der Umgang mit Bargeld oder Kreditkarte.
- Geldbewegungen sind besser nachvollziehbar.
- Gelddiebstähle sind nicht möglich.
- Bei einem Smartphone-Diebstahl können keine Abbuchungen erfolgen, da die Bezahlsysteme in der Regel über eine PIN geschützt sind.

Für das Mobile Payment werden hohe Sicherheitsstandards benötigt. Denn für Verbraucher ist die Angst vor Datenmissbrauch der Hauptgrund, mobile Bezahlsysteme bislang nicht zu nutzen. Diese Zweifel sind nicht unberechtigt, denn durch die Verknüpfung von Zahlungs- und Einkaufsdaten mit Nutzungs- und Standortdaten können aussagekräftige Nutzerprofile erstellt werden, die eine Gefahr für die Privatsphäre und den Datenschutz darstellen können.

> **INFO**
>
> **Bezahlen mit QR**
> An der Kasse wird auf einem Bildschirm ein QR-Code (Quick-Response-Code) generiert, diesen Code scannt man mittels einer App und bestätigt anschließend die Zahlung. Voraussetzung hierfür ist allerdings, dass im Kassenbereich eine Datenverbindung besteht – andernfalls können die Zahlungsdetails nicht übertragen werden.

> **INFO**
>
> **Bezahlen mit NFC**
> NFC steht kurz für Near Field Communication (zu Deutsch Nahfeld-Kommunikation) und bezeichnet eine drahtlose Übertragungstechnik zwischen zwei nah beieinander befindlichen Geräten. Üblicherweise beträgt die Distanz zwischen den beiden Geräten bis höchstens vier Zentimeter. Wenn man bargeldlos bezahlen möchte, bedeutet das konkret, dass man sein Smartphone an ein Bezahlterminal an der Kasse hält und damit den Zahlungsvorgang auslöst. Wird das Smartphone gestohlen, könnte man damit prinzipiell Zahlungen durchführen. Allerdings lässt sich die virtuelle Kreditkarte meist unkompliziert beim Anbieter sperren.

INFO

StGB § 146 Geldfälschung

(1) Mit Freiheitsstrafe nicht unter einem Jahr wird bestraft, wer

1. Geld in der Absicht nachmacht, dass es als echt in Verkehr gebracht oder dass ein solches Inverkehrbringen ermöglicht werde, oder Geld in dieser Absicht so verfälscht, dass der Anschein eines höheren Wertes hervorgerufen wird,
2. falsches Geld in dieser Absicht sich verschafft oder feilhält oder
3. falsches Geld, das er unter den Voraussetzung der Nummern 1 oder 2 nachgemacht, verfälscht oder sich verschafft hat, als echt in Verkehr bringt.

(2) Handelt der Täter gewerbsmäßig oder als Mitglied einer Bande, die sich zur fortgesetzten Begehung einer Geldfälschung verbunden hat, so ist die Strafe Freiheitsstrafe nicht unter zwei Jahren.

(3) In minder schweren Fällen des Absatzes 1 ist auf Freiheitsstrafe von drei Monaten bis zu fünf Jahren, in minder schweren Fällen des Absatzes 2 auf Freiheitsstrafe von einem Jahr bis zu zehn Jahren zu erkennen.

AUFGABE 32

1. Bestimme, mit welchem Strafmaß ein Geldfälscher laut Gesetz (siehe Gesetzestext) zu rechnen hat.
2. Nenne das Strafmaß, wenn der Täter dabei Mitglied einer Bande war.
3. Ermittle das Strafmaß, das in minderschweren Fällen gefordert wird. Unterscheide dabei die zwei Fälle.

INFO

Mittelbayerische Zeitung: Kommentar zum Thema Geldfälscher: 27.01.2017 – 19:25 (ots)

Regensburg (ots) - Häufig verleiten sie zum Schmunzeln, die Geschichten über Barbesitzer, die eilig schließen wollen und deswegen nicht merken, dass sie von ihren Gästen einen wertlosen 500-Euro-Reklameschein der örtlichen Sparkasse annehmen. Über Studenten, die mit selbstgedruckten Fünf-Euro-Scheinen Döner kaufen gehen. Oder über den Münchner „Blüten-Rembrandt", jenen Mann, dem es elfmal gelang, mit auf Schreibmaschinenpapier selbst gezeichneten 1000-Markscheinen zu bezahlen. Es sind Geschichten, die vor allem eines zeigen: Der Kampf gegen Geldfälscher ist in erster Linie ein Kampf gegen die Nachlässigkeit jedes einzelnen. Nur bei den wenigsten Menschen gehört die Prüfung von Hologramm, Wasserzeichen und Smaragdzahl zur Routine bei jedem Bezahlvorgang. Zumal dank modernster Technik auch manch schlechte Fälschung nicht auf den allerersten Blick erkennbar ist. Dass der Euro eine der fälschungssichersten Währungen der Welt ist, hilft vor diesem Hintergrund wenig. Beruhigend sind immerhin die Fakten: Falschgeld in großem Umfang herzustellen ist noch immer sehr aufwändig, die Zahl der falschen Euro-Scheine im Umlauf nimmt sogar ab. Die Chance, im Alltag tatsächlich einen wertlosen Schein zu bekommen, ist daher sehr gering. Wer trotzdem auf Nummer sicher gehen will, dem bleibt die Zahlung mit der Karte.

Quelle: www.presseportal.de

AUFGABE 33

1. Lies den Kommentar zum Thema Geldfälscher und arbeite die Meinung des Verfassers heraus.
2. Recherchiere, warum die Europäische Zentralbank (EZB) die neue sogenannte Europaserie drucken ließ.

AUFGABE 34

Analysiere die nebenstehende Infografik und arbeite die Unterschiede zwischen der Euro-Zone und Deutschland heraus.

Gefälschte Banknoten in Prozent

	Euro-Zone	Deutschland
5	1,2	1,1
10	4,6	5,1
20	46,5	29,1
50	34,7	49,6
100	10,9	9,6
200	1,3	2,6
500	0,8	2,8

QUELLE: EZB, BUNDESBANK

Stand: 2014

I Wirtschaftliches Handeln in der Familie

AUFGABE 35

Bei der Familie Blauschneider sind in den letzten Tagen einige Bezahlvorgänge nötig geworden. Entscheide, welche Zahlungsart die geeignetste ist.
1. Herr Blauschneider hat eine neue Garage angemietet.
2. Frau Blauschneider hat einen neuen Handyvertrag mit Freiminuten, aber ohne eine Flatrate abgeschlossen.
3. Herr Blauschneider muss eine Dienstreise in die USA machen.
4. Frau Blauschneider muss überraschend schnell tanken, da ihr Mann am Vortag nicht mehr dazu kam.
5. Familie Blauschneider geht in einem Schnellrestaurant Mittagessen.
6. Frau Blauschneider kauft im Internet in einem Onlineshop ein.
7. Herr Blauschneider muss noch am Wochenende eine Rechnung begleichen.
8. Familie Blauschneider bezahlt in der Allianz-Arena die Getränke.
9. Herr Blauschneider will seinem Freund in den USA 200 € zum Geburtstag schenken.

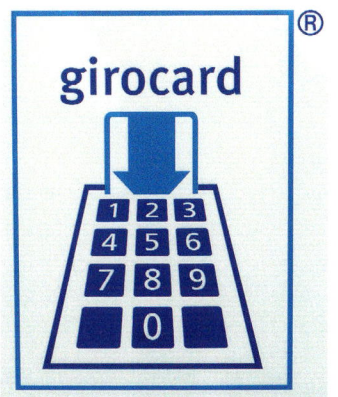

AUFGABE 36

Auf der rechten Seite sind drei Symbole abgedruckt, wie sie sich auf der Girocard befinden können. Beschreibe die Bedeutung der Symbole.

AUFGABE 37

Du willst deine Eltern von Onlinebanking überzeugen. Diese sind aber von der Sicherheit nicht überzeugt. Charakterisiere zwei mögliche Sicherheitsverfahren beim Onlinebanking und deren Funktionsweise.

AUFGABE 38

Übertrage die Tabelle in dein Heft und ergänze sie, indem du jeweils eine deiner Meinung nach geeignete Schulnote gibst.

	Überweisung Beleg	Überweisung online	Girocard	Kreditkarte	Bargeld	Smartphone
Praktikabilität	?	?	?	?	?	?
Kosten	?	?	?	?	?	?
Sicherheit	?	?	?	?	?	?
Datenschutz	?	?	?	?	?	?

AUFGABE 39

1. Nenne die drei wichtigsten Arten von Zahlungskarten und beschreibe ihre Funktionen.
2. Wähle aus, welche Zahlungsart im Internet für dich sinnvoll erscheint und begründe deine Auswahl.
3. Entscheide dich für ein Sicherheitsmerkmal beim Onlinebanking und begründe deine Wahl.

48 Zusammenfassung

Prozentwert	Grundwert	Prozentsatz
Beispiel: Monika hat auf ihrem Sparbuch 1.000,00 € und bekommt 1,5 % Zinsen. Frage: Wie viel Euro Zinsen bekommt sie am Ende des Jahres?	Beispiel: Monika hat 15,00 € Zinsen bei einem Prozentsatz von 1,5 % erhalten. Frage: Wie hoch war ihr Sparguthaben?	Beispiel: Monika hat für ihr Guthaben auf dem Sparbuch 15,00 € Zinsen bekommen. Frage: Wie viel Prozent sind das, wenn sie 1.000,00 € Sparguthaben auf dem Konto hat?
$\dfrac{\text{Grundwert} \cdot \text{Prozentsatz}}{100}$	$\dfrac{\text{Prozentwert} \cdot 100}{\text{Prozentsatz}}$	$\dfrac{100 \cdot \text{Prozentwert}}{\text{Grundwert}}$

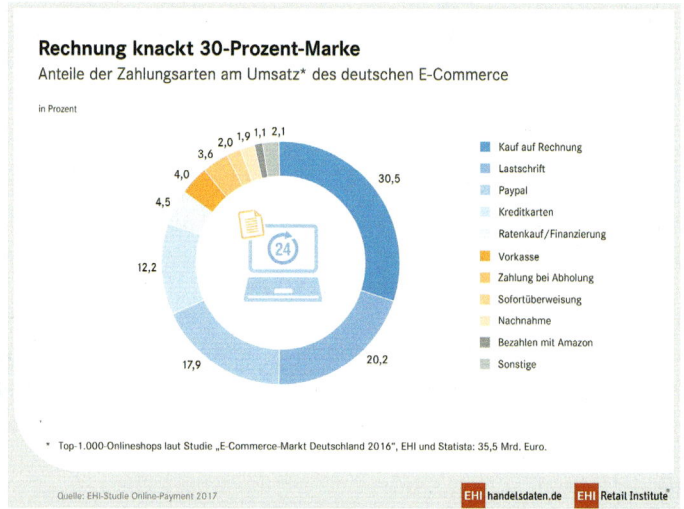

Barzahlung	Bargeldlose Zahlung
Münzen und Banknoten	Überweisung Verrechnungsscheck Reisescheck Zahlungskarten

Onlinebanking bezeichnet die Abwicklung von Bankgeschäften über das Internet.

Sicherheitsverfahren beim Onlinebanking: SMS-TAN, mTAN, Chip-TAN, iTAN/eTAN.

II Wirtschaftliches Handeln im Unternehmen

In diesem Kapitel erfährst du etwas über …

… verschiedene Wirtschaftsbereiche,

… die Ziele von Unternehmen,

… Standortfaktoren

… Rechtsformen von Unternehmen,

… die Funktionsweise eines Fertigungsunternehmens,

… die Produktionsfaktoren.

1 Wirtschaftliches Handeln im Unternehmen

Blauschneider Oberbekleidung e. K.

Ein Unternehmen ist die kleinste rechtlich selbstständige Einheit, die zur Buchführung verpflichtet ist. Tims Lehrer im Fach Betriebswirtschaftslehre/Rechnungswesen informiert die Klasse, dass sie demnächst eine Betriebserkundung planen. Zunächst überlegen sie gemeinsam, welche Unternehmen in der nahen Umgebung für eine Erkundung geeignet sind.

Großhandel

Schreinerei

Landwirtschaft

Sägewerk

Versicherung

Möbelfabrik

Kreditinstitut

Autohaus

Malereibetrieb

ARBEITSAUFTRAG

1. Überlege, welche Unternehmen es in der Umgebung deiner Realschule gibt.
2. Ordne die oben abgebildeten Unternehmen den drei Wirtschaftsbereichen zu.

Herr Blauschneider, Tims Opa, der das Unternehmen Blauschneider geleitet hat, bietet dem Lehrer an, mit der Klasse eine Betriebserkundung durchzuführen. Dabei können die Schülerinnen und Schüler einen ersten Einblick in ein Unternehmen gewinnen. Darüber hinaus lernen die Schülerinnen und Schüler dabei auch die handelnden Personen in einem Unternehmen kennen.

II Wirtschaftliches Handeln im Unternehmen

Grundsätzlich lassen sich drei Wirtschaftsbereiche unterscheiden: Die benötigten Rohstoffe werden gewonnen (Urproduktion), danach werden diese weiterverarbeitet (Verarbeitung) und schließlich an die Kunden verkauft (Handel). Manchmal wird auch noch ein vierter (quartärer) Sektor unterschieden, der alle Branchen umfasst, die sich mit der Erstellung, der Verarbeitung und dem Verkauf von Informationen (Daten und Wissen) beschäftigen. Einige Wirtschaftsforscher sehen die entwickelten Wirtschaftsstandorte bereits auf dem Weg von Dienstleistungsgesellschaften zu Informationsgesellschaften.

Urproduktion,
z. B. Landwirtschaft, Forstwirtschaft, Bergbau, Fischerei

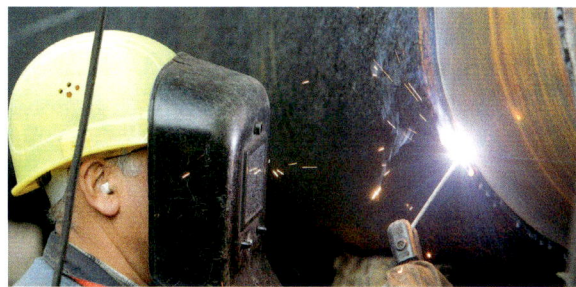

Verarbeitung,
z. B. Industrie, Handwerk

Handel/Dienstleistungen,
z. B. Groß- und Einzelhandel, Hotel- und Gaststättengewerbe, Banken/Versicherungen, Verkehrswesen

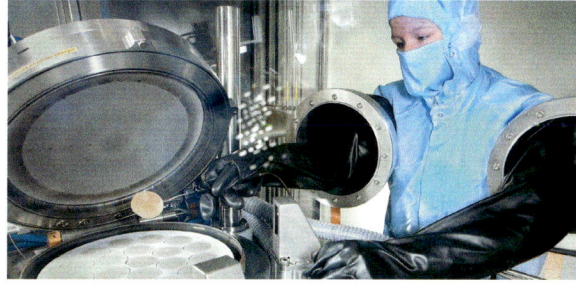

Beratung:
Ingenieure, Rechtsanwälte, Wirtschaftsberater, Steuerberater, IT-Dienstleistungen, Hochtechnologie (High Tech) wie Nanotechnologie, Biotechnologie, Kommunikationstechnik

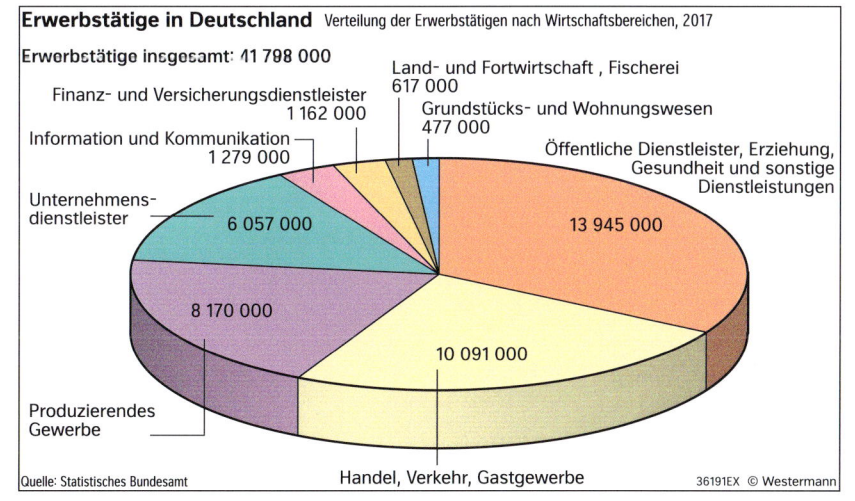

Erwerbstätige in Deutschland Verteilung der Erwerbstätigen nach Wirtschaftsbereichen, 2017

Erwerbstätige insgesamt: 41 798 000
- Finanz- und Versicherungsdienstleister: 1 162 000
- Information und Kommunikation: 1 279 000
- Unternehmensdienstleister: 6 057 000
- Produzierendes Gewerbe: 8 170 000
- Land- und Forstwirtschaft, Fischerei: 617 000
- Grundstücks- und Wohnungswesen: 477 000
- Öffentliche Dienstleister, Erziehung, Gesundheit und sonstige Dienstleistungen: 13 945 000
- Handel, Verkehr, Gastgewerbe: 10 091 000

Quelle: Statistisches Bundesamt

ARBEITSAUFTRAG

1. Ordne die Erwerbstätigen den vier Wirtschaftsbereichen zu.

2. Erstelle ein Balkendiagramm zu den Wirtschaftssektoren.

3. Leite anhand der Infografik ab, ob Deutschland eine Dienstleistungsgesellschaft oder bereits eine Informationsgesellschaft ist.

1.1 Aufbau und Wandel unserer Wirtschaft

Der Aufbau der Wirtschaft eines Landes ist immer mit Veränderungen verbunden. Im Jahre 1950 war die Wirtschaft der Bundesrepublik Deutschland noch sehr landwirtschaftlich geprägt. Es folgte der Wandel zur Industriegesellschaft. Seit einigen Jahren ist unsere Wirtschaft durch Dienstleistungen geprägt. Dieser Wandel der Wirtschaftsstruktur ist eng verbunden mit dem technischen Fortschritt einer Gesellschaft. Auch auf den Arbeitsmarkt und die Bildung wirkt sich der Wandel aus. Neue Berufsbilder entstehen, alte gehen verloren. Dadurch entwickelt sich die Wirtschaft weiter und wir sind im weltweiten Wettbewerb konkurrenzfähig gegenüber anderen Ländern. Wie hat sich die Struktur unserer Wirtschaft im letzten Jahrhundert geändert?

> **DEFINITION**
>
> Als Wirtschaftsbereiche oder Branche bezeichnet man in der Wirtschaft eine Gruppe von Unternehmen, die ähnliche Produkte herstellen (z. B. Automobilbranche, Maschinenbau oder Pharmaindustrie).

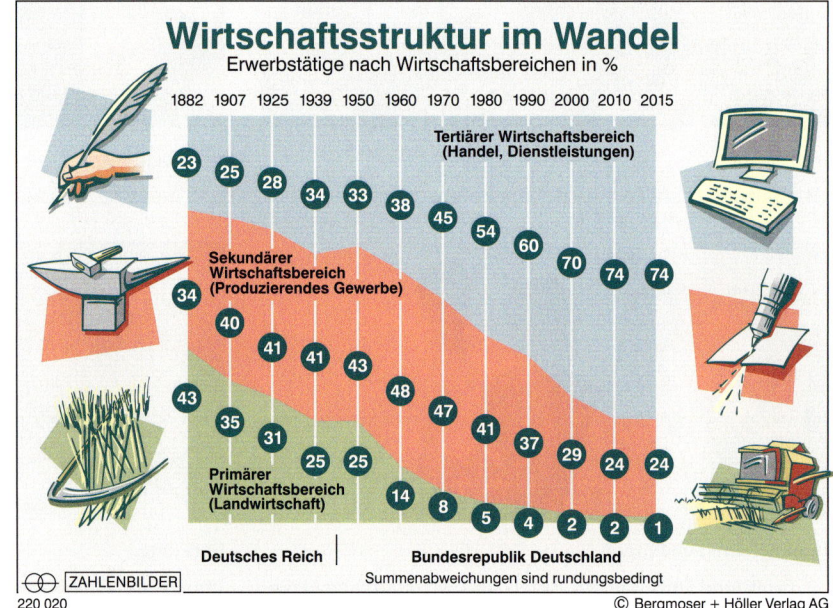

Landwirtschaft 1950

Produktion 1950

Dienstleistung 1950

Bedeutung der Landwirtschaft

Die Bedeutung der Landwirtschaft ist nach der Zahl der Beschäftigten oder dem Beitrag zum Bruttoinlandsprodukt gering. Hier arbeiten rund 600.000 Beschäftigte. Dennoch erfüllt sie **wichtige Aufgaben in unserer Gesellschaft**. Die deutsche Landwirtschaft erzeugt rund 90 % dessen, was die Bevölkerung an Nahrungsmitteln braucht. Außerdem kaufen die Landwirte im Jahr für rund 40 Milliarden Euro Maschinen, Vieh, Saatgut, Dünge- und Futtermittel sowie Energie.

Weitere wichtige Aufgaben erfüllen die Landwirte als Pfleger und Bewahrer unserer Kulturlandschaft und im Umweltschutz, z. B. indem sie vielfach alternative Energiequellen (Solartechnik, Wasser, Pflanzenöle) nutzen. Somit schafft die Landwirtschaft Erholungsräume für andere Menschen und leistet auch einen wichtigen Beitrag zum Tourismus.

> **DEFINITION**
>
> **Bruttoinlandsprodukt** = Wert aller Güter und Dienstleistungen, die in einem Jahr geschaffen werden

Tomatenanbau

Bedeutung von Industrie und Handwerk

Die **deutsche Industrie** ist eine Mischung aus Klein-, Mittel- und Großbetrieben, in denen insgesamt rund 7,5 Millionen Beschäftigte arbeiten. Nach den Umsätzen sind die größten Industriezweige der Fahrzeugbau, der Maschinenbau, die Elektrotechnik, die Chemische Industrie, die Metallindustrie und das Ernährungsgewerbe. Ein großer Teil der produzierten Güter wird in das Ausland verkauft (Export). Wegen dieser hohen Exportquote sind insgesamt rund 15 Millionen Arbeitsplätze von der Industrie abhängig.

Auch das **Handwerk** spielt eine große Rolle in unserer Wirtschaft. In rund 600.000 Betrieben gibt es zusammengenommen mehr als 5 Millionen Beschäftigte. Jedes Jahr bietet das Handwerk mehr als 350.000 Ausbildungsplätze an. Die meist mittelständischen Betriebe gehören zu einer der folgenden Gruppen: Elektro- und Metallgewerbe, Bau- und Ausbaugewerbe, Gesundheits- und Körperpflege, Nahrungsmittelgewerbe, Holzgewerbe, Bekleidungs- und Textilgewerbe.

Dachdecker

Landwirtschaft heute

Produktion heute

Dienstleistung heute

Salzbergwerk

Stahlherstellung

Autoherstellung

1.2 Fertigungsunternehmen

Sie werden auch als Sachleistungsunternehmen bezeichnet und sind Unternehmen des Primär- und Sekundärsektors. Dazu zählen insbesondere Industrie- und Handwerksunternehmen. Diese Unternehmen werden nach Erzeugungsstufe zwischen Gewinnungsunternehmen, Veredelungs- oder Aufbereitungsunternehmen sowie Weiterverarbeitungs- und Wiedergewinnungsunternehmen unterschieden.

Gewinnungsunternehmen sind Unternehmen, die sogenannte Urprodukte hervorbringen (z. B. Baumwolle, Getreide). Dazu zählen beispielsweise Bergwerke oder Unternehmen der Landwirtschaft. Derartige Unternehmen werden unter dem Sammelbegriff Primärsektor erfasst. **Veredelungs- oder Aufbereitungsunternehmen** (Sekundärsektor) produzieren aus den gewonnenen Urprodukten schließlich Zwischenprodukte (Stoff aus Baumwolle, Mehl aus Getreide. Diese werden wiederum von **Weiterverarbeitungsunternehmen** (ebenfalls Sekundärsektor) zu Endprodukten verarbeitet (Jeans aus Baumwollstoff, Brot aus Mehl). Darüber hinaus gibt es Unternehmen, die Produkte wiederverwenden oder wiederaufbereiten (Müll, Recycling).

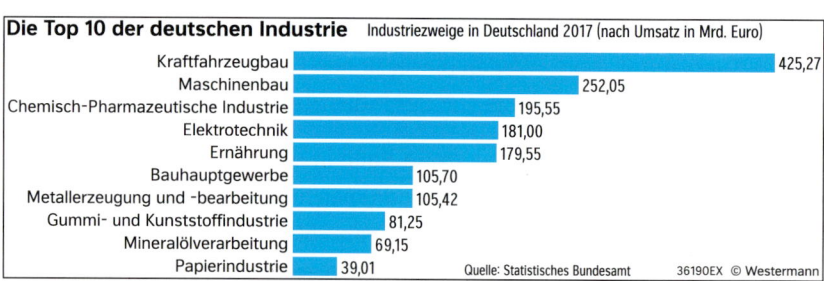

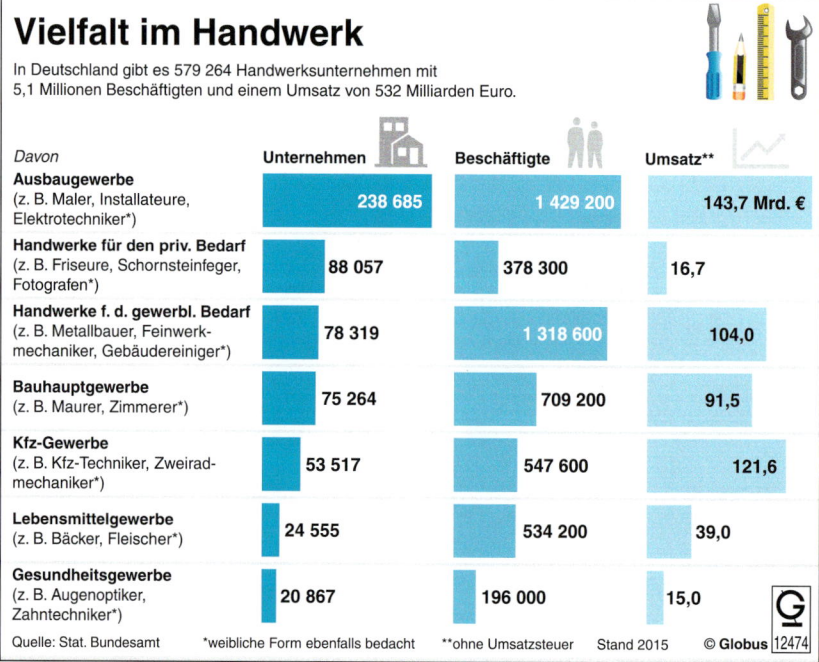

ARBEITSAUFTRAG

Diskutiere mit deinem Banknachbarn, welche Branchen für Deutschland wichtig sind.

1.3 Dienstleistungsunternehmen

Neben den Fertigungsunternehmen gibt es auch noch Dienstleistungsunternehmen. Unter Dienstleistungen versteht man wirtschaftliche Leistungen, die nicht Teil der Warenproduktion sind, z. B. Bankdienste, Versicherungsleistungen, Rechtsberatung, Fremdenverkehr, Computerservice, Behördenleistungen.

Bank

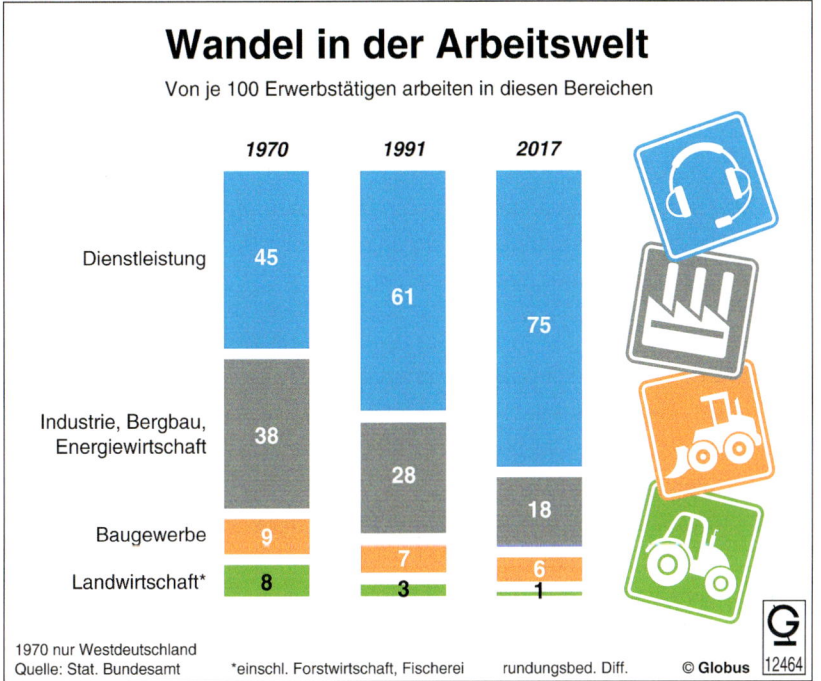

Steuerberaterin

> **ARBEITSAUFTRAG**
>
> Betrachte die Infografik links. Schildere die Veränderungen in den Bereichen der Wirtschaft seit 1970.

Als **industrienahe Dienstleistungen** werden solche Tätigkeitsfelder bezeichnet, die einerseits typische Dienstleistungen sind, andererseits nur in enger Verzahnung mit der industriellen Produktion existieren können. Umgekehrt ist das güterproduzierende Gewerbe auf derartige Leistungen immer stärker angewiesen, wenn es sich gegenüber der internationalen Konkurrenz behaupten will. Viele dieser selbstständigen Dienstleistungsbetriebe sind durch Ausgliederung (Outsourcing) aus Industrieunternehmen entstanden, andere sind eigenständige Gründungen.

Typische Beispiele für industrienahe Dienstleistungen sind Technische Planung und Beratung, Programmierung, Schulung, Vermietung, Wartung und Inspektion, Datenverarbeitung und Dokumentation. Darüber hinaus werden auch Unternehmensberatung, Finanzierung, Rechtsberatung, Leiharbeiter, Gebäudereinigung und andere Dienstleistungen angeboten.

Die fortschreitende Globalisierung und Digitalisierung wird das Wachstum unternehmensnaher Dienstleistungen weiter anheizen. Der globale Trend zur Verbindung von industriellen Produkten mit Dienstleistungen führt zu einem globalen Wachstum unternehmensnaher Dienstleistungen.

Programmierer

> **INFO**
>
> Als Outsourcing bezeichnet man die Auslagerung von bisher in einem Unternehmen selbst erbrachten Leistungen an externe Auftragnehmer oder Dienstleister. Geringe Kosten und hohe Kompetenz der externen Unternehmen sind Vorteile des Outsourcing. Ein Nachteil kann die Abhängigkeit von diesen externen Partnern sein.

AUFGABE 40

1. Erstelle eine Tabelle mit den drei Bereichen, in die sich unsere Wirtschaft üblicherweise einteilen lässt.
2. Ordne folgende Unternehmen den drei Bereichen zu: Sägewerk, Schuhgeschäft, Autohersteller, Erzabbau, Bank, Schlosserei, Bäckerei, Großmarkt, Elektrofachgeschäft, Versicherung, Fischzucht, Möbelfertigung.

AUFGABE 41

1. Erkläre, was man unter einem Strukturwandel versteht.
2. Formuliere drei Aussagen über die Veränderung des Aufbaus unserer Wirtschaft in den letzten 50 Jahren.

AUFGABE 42

Die Veränderungen unserer Wirtschaftsstruktur haben auch Einfluss auf die Arbeitswelt. Konkretisiere anhand von drei Beispielen, woran man diese Veränderungen sehen kann.

AUFGABE 43

1. Überprüfe, welche Diagrammart in der Infografik zur Darstellung des Zahlenmaterials verwendet wurde.
2. Beschreibe, in welchen Bereichen es eine Abnahme der Erwerbstätigen geben wird.
3. Analysiere, um wie viele Erwerbstätige der Bereich Maschinenbau schrumpfen wird
4. Nenne vier verschiedene unternehmensnahe Dienstleistungen.
5. Beschreibe drei Beispiele, wie sich die Arbeitswelt durch die Digitalisierung verändert hat.
6. Nenne die digitalen Medien, die in deiner Schule verwendet werden.

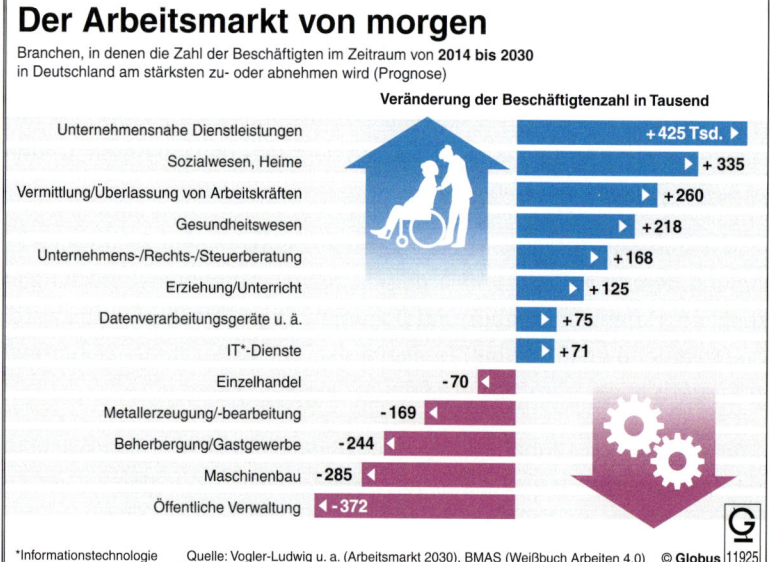

1.4 Unternehmensziele

Die verbreitetsten Unternehmensziele waren bisher die Existenzsicherung durch **Erzielung von Gewinnen** und die Erschließung neuer Märkte. Dazu kamen in den letzten Jahrzehnten auch noch **soziale** und **ökologische** Ziele.

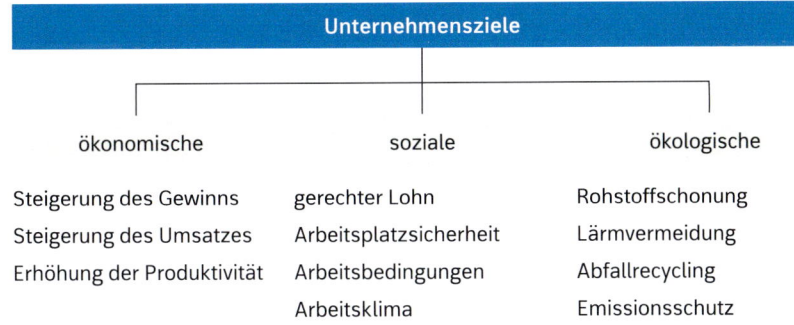

Unternehmensziele		
ökonomische	soziale	ökologische
Steigerung des Gewinns	gerechter Lohn	Rohstoffschonung
Steigerung des Umsatzes	Arbeitsplatzsicherheit	Lärmvermeidung
Erhöhung der Produktivität	Arbeitsbedingungen	Abfallrecycling
	Arbeitsklima	Emissionsschutz

ARBEITSAUFTRAG

1. Betrachte die Übersicht links und überlege dir weitere Beispiele.
2. Recherchiere im Internet die Mitarbeiterzahl und den Umsatz der drei größten Softwarehersteller der Welt.

AUFGABE 44

Ein Unternehmen hat untenstehende Unternehmensgrundsätze formuliert.
1. Lies den Text und ordne die Inhalte den drei Zielen von Unternehmen zu.
2. Prüfe, welches Unternehmensziel noch nicht ausreichend formuliert wurde.
3. Ergänze mindestens drei Inhalte zu den noch unzureichend formulierten Zielen.

INFO

Wir sind ein wirtschaftlich und finanziell unabhängiges Familienunternehmen und wollen es auch zukünftig bleiben. Das ermöglicht uns eine selbstständige und langfristig orientierte Unternehmensführung.

Wir bekennen uns zu unserem Stammsitz in Bamberg. Die Entwicklung der Stadt liegt uns deshalb sehr am Herzen. Wir unterstützen u.a. kulturelle, soziale, wissenschaftliche, bildende und sportliche Einrichtungen, welche die gesellschaftliche Entwicklung fördern.

Wir sorgen für ein sicheres Arbeitsumfeld und vermeiden schädliche Umwelteinflüsse sowie unnötigen Verbrauch von Ressourcen. Zur ständigen Verbesserung der Umwelt- und Sicherheitsaktivitäten setzen wir modernste Methoden und Technologien ein. Außerdem verpflichten wir uns, die gesetzlichen Forderungen einzuhalten.

Wir kommunizieren nach innen und nach außen ehrlich, verlässlich, transparent und offen. Im Umgang untereinander und mit Geschäftspartnern sind Höflichkeit, Respekt und Fairness selbstverständlich.

Sichere Arbeitsplätze und eine faire, leistungsgerechte Entlohnung haben bei uns einen hohen Stellenwert. Die Kompetenzen unserer Mitarbeiter fördern wir durch ein umfassendes Weiterbildungsangebot. Ebenso legen wir großen Wert auf die Ausbildung unserer zukünftigen Mitarbeiter. Den Erhalt von Gesundheit und Leistungsfähigkeit fördern wir mit einem Gesundheitsprogramm.

Wir sind für Gleichberechtigung und lehnen Diskriminierung jeglicher Art ab. Gesetze und Vorschriften sind für uns verbindlich. Unlauteren Wettbewerb oder unfaire Geschäftspraktiken, Patentverletzung, Bestechung, Steuerhinterziehung und Subventionsbetrug lehnen wir strikt ab.

Quelle: www.knoll-mb.de (verändert), abgerufen am 05.07.2018

1.5 Umweltschutz im Unternehmen

Der Umweltschutz und eine nachhaltige Produktion haben nicht nur bei Blauschneider einen sehr hohen Stellenwert. Immer mehr Unternehmen erkennen, dass Gewinne auf Dauer nur erzielt werden können, wenn der Umweltschutz als weitere wichtige betriebliche Aufgabe gesehen wird. Auch die Verbraucher bzw. Kunden der Unternehmen fordern nachhaltig produzierte Güter. Und nicht zuletzt gibt der Staat den Unternehmen mit seinen Gesetzen Vorschriften, die die Betriebe einzuhalten haben (z. B. das Kreislaufwirtschafts- und Abfallgesetz).

Bei Unternehmen spielen vor allem **drei Gründe** eine Rolle für umweltgerechtes Handeln:
- **Verantwortung** gegenüber der Natur
- **Kostensenkung** durch die Wiederverwendung von Werkstoffen, die Nutzung energiesparender Maschinen und den Verkauf sortenreiner Wertstoffe (Abfallprodukte)
- **Image:** Das Ansehen in der Öffentlichkeit steigt – oftmals taucht der Umweltgedanke sogar in den Werbekampagnen auf.

Auch im Unternehmen Blauschneider wurde ein durchdachtes Konzept für den Umweltschutz entworfen. Bei der Herstellung von Oberbekleidung und Jeans entnimmt man aus der Natur Rohstoffe und verändert sie im Produktionsprozess. Dabei kann die Umwelt hinsichtlich Luft, Boden und Wasser Schaden nehmen. Auch Lärm kann die Umgebung belasten. Im Rahmen des Umweltmanagements hat die Unternehmensleitung folgende Umweltschutzmaßnahmen angeregt, die bereits zu Kostensenkungen geführt haben:

Gefährdung der Luft

Gefährdung des Bodens

Gefährdung des Wassers

Werkstoffe	Wasser/Abwasser	Entsorgung
Rückgewinnung von Fertigungsresten und Verwerten von Altwerkstoffen in neuen Produkten. Einsatz neuer, werkstoffsparender Produktionsmethoden.	Wasser mehrfach nutzen und reinigen. Einsatz neuer, wassersparender Methoden.	Abfalltrennung (sortenrein, z. B. Metalle, Holz, Papier, Kunststoffe), Abfallvermeidung und Abfallrecycling.
Verpackung	**Verkehr**	**Energie**
Verwendung oder Neuentwicklung von Mehrwegverpackungen (Kartons, Paletten). Reduzierung und Ersatz von umweltschädlichen Verpackungsmaterialien.	Auslastung der vorhandenen Fahrzeuge zur Vermeidung von Standzeiten und Leerfahrten. Einsatz von Fahrrädern als umweltfreundliches und kostengünstiges Verkehrsmittel.	Abwärme von Maschinen und von Kühlwasser für das Heizen von Räumen nutzen. Einsatz von Heizung, Beleuchtung und Klimaanlagen nur nach Bedarf.

Beim Unternehmen Blauschneider haben Umweltschutz und Nachhaltigkeit also eine herausragende Stellung. Blauschneider ist **Mitglied beim Bundesdeutschen Arbeitskreis für Umweltbewusstes Management (B.A.U.M) e. V.** Dieses Netzwerk nachhaltig wirtschaftender Unternehmen

- unterstützt seine Mitglieder beim Aufbau und bei der Weiterentwicklung von Nachhaltigkeitsstrategien,
- vernetzt Akteure aus Wirtschaft, Politik, Wissenschaft, Medien und Verbänden,
- bietet engagierten Unternehmen eine Plattform für praxisorientierten Informations- und Erfahrungsaustausch.

Außerdem hat sich Blauschneider einer **Umweltbetriebsprüfung der Europäischen Union** nach der **EMAS** (Eco-Management and Audit Scheme) unterzogen, bei der umwelttechnische und umweltrechtliche Untersuchungen durchgeführt wurden. Dabei wurden u. a. der Wasser- und Energieverbrauch geprüft, aber auch die Lieferanten zu deren Umweltverhalten befragt. Blauschneider darf das Logo von EMAS zur Werbung verwenden.

Blauschneider hat auch ein **Handbuch** über alle bisher durchgeführten und geplanten Umweltschutzmaßnahmen herausgegeben (siehe nächste Seite).

Den großen Erfolg von Blauschneider hinsichtlich einer umweltschützenden Fertigung zeigen auch die Gütesiegel, die verliehen wurden. Besonders bekannt ist das „GOTS-Siegel" als Kennzeichen für die besonders umweltfreundliche Herstellung und Verarbeitung von Naturfasern (Baumwolle).

Ein Textilprodukt mit der GOTS-Kennzeichnung „Bio" muss mindestens 95 % kontrolliert biologisch erzeugte Fasern enthalten. Alle chemischen Zusätze (z.B. Farbstoffe, Hilfsmittel und Prozesschemikalien) müssen vor dem Einsatz geprüft werden und die Grundanforderungen bezüglich Giftigkeit und biologischer Abbaubarkeit erfüllen. Auch soziale Kriterien, wie das Verbot von Kinderarbeit und der Arbeitsschutz, werden geprüft.

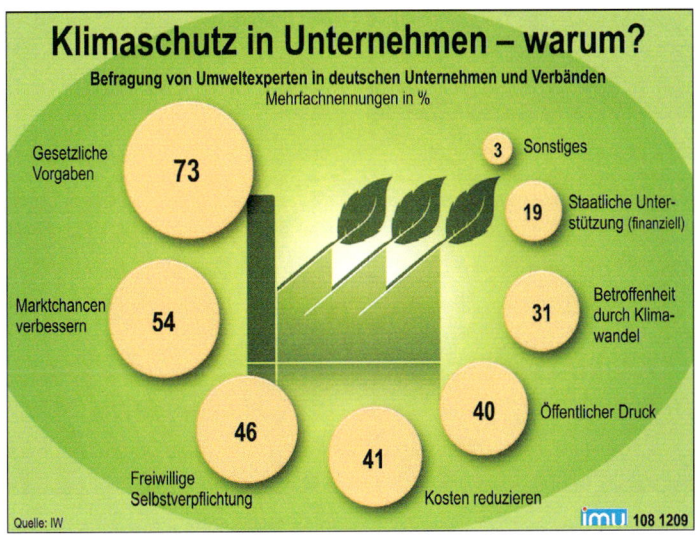

ARBEITSAUFTRAG

Betrachte die Infografik und finde heraus:
- welchen Hauptgrund freiwilliger Umweltschutz in Unternehmen hat,
- wie viel Prozent der Befragten sich mehr Gewinn erhoffen,
- wie viel Prozent durch Zuschüsse der Behörden zum Handeln angeregt wurden,
- wer die Umfrage durchgeführt hat,
- wer die Antworten gegeben hat,
- warum es insgesamt mehr als 100 % sind,
- wer die Infografik erstellt hat.

Auszug aus dem Umwelt-Handbuch des Unternehmens Blauschneider

a) **Prinzip der Wärmegewinnung**

Bei Blauschneider fällt eine größere Menge an Bioabfällen an. Aus diesen Abfällen wird in Zukunft Wärme nach dem Vergärungsprinzip gewonnen. Diese sog. CO-Vergärung, also das Dazumischen von Bioabfällen zu den Resten aus dem Abwasser und deren Weiterbehandlung, ist nur eine von mehreren Maßnahmen, die letztlich dazu führen sollen, dass der Abfallkreislauf geschlossen werden kann.

Auch moderne Solaranlagen haben eine positive Energiebilanz, d. h., es wird mit ihnen mehr Energie gewonnen als zu ihrer Produktion benötigt wird. Der Einsatz von Solaranlagen wird vom Staat finanziell gefördert.

Solaranlage auf dem Dach von Blauschneider

b) **Umweltschutz in der Beschaffung**

Verpackungsabfälle werden gesammelt, sortiert, wieder verwertet und brauchbare Verpackungsgroßteile an den Lieferer zurückgesendet.

c) **Umweltschutz in der Produktion**

Produktionsabfälle werden gesammelt und der Produktion wieder zugeführt. Blauschneider verwendet nur abbaubare Schmier- und Lösungsmittel und energiesparende Maschinen. Die Jeansfertigung läuft, ohne dass dabei giftige Chemikalien zum Einsatz kommen.

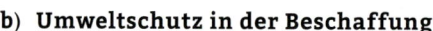
Energiesparlampen

d) **Umweltschutz in der Verwaltung und im Vertrieb**

Büroabfälle und Verpackungsabfälle werden recycelt, Energiesparlampen, ozonfreie Drucker und Kopierer sowie Umwelt-PCs verwendet.

Behälter zur Mülltrennung

biologisch abbaubare Schmiermittel

energiesparende Fertigungsmaschine

wiederverwendbare Europaletten

wiederverwertbare Jeansreste

biologisch abbaubare Verpackungsfolien

Recycling

Die wichtigste Umweltschutzmaßnahme in Betrieben ist die Wiederverwendung (Recycling) von Abfällen, Nebenprodukten oder (verbrauchten) Endprodukten als Rohstoffe für die Herstellung neuer Produkte. Es lassen sich verschiedene Recyclingwege unterscheiden:

- **Wiederverwendung** (z. B. bei Holzpaletten),
- **Weiterverwendung** in einem anderen Anwendungsbereich (z. B. Altpapier als Dämmmaterial),
- **Wiederverwertung**, das heißt Rückführung in die Produktion (z. B. hochwertige Kunststoffe zu niederwertigen Kunststoffen, Altglas zu Glasflaschen),
- **Weiterverwertung** in einem anderen Produktionsprozess (z. B. Stahl aus Schrott).

Ziel des Recyclings ist die Senkung des Rohstoffverbrauchs und der zu entsorgenden Abfallmengen. Das ist nicht nur für das Recycling von Industrieabfällen wichtig, sondern auch für die Wiederverwertung von Hausmüll.

Recyclingwege

Restmüll	Aluweißblech	Biomüll	Kunststoffe	Altpapier	Altglas
z. B. Filzstifte, Glühlampen, Babywindeln, Teppichbodenreste, alte Tapeten	z. B. Dosenschrott, Joghurtbecherdeckel, Alufolie, Verschlussdeckel von Konserven	z. B. Laub, Rasenschnitt, Obstabfälle, Gemüseabfälle, Eierschalen, Schnittblumen	z. B. Shampooflaschen, Plastiktüten, Plastikschraubverschlüsse, Verpackungsfolien	z. B. Schreibpapier, Zeitschriften, Zeitungen, Prospekte, Schulhefte	z. B. weiße, grüne, braune Flaschen, Trinkgläser, Konservengläser
⬇	⬇	⬇	⬇	⬇	⬇
Verbrennungsanlage	Verpackungsindustrie	Kompostieranlage	Kunststoffindustrie	Papierindustrie	Glasindustrie
⬇	⬇	⬇	⬇	⬇	⬇
Deponie	z. B. Dosen, Spielzeug, Alufolie	Komposterde	z. B. Parkbänke, Mülltonnen, Plastiktüten	z. B. Zeitschriften, Zeitungen, Toilettenpapier	z. B. farbige Flaschen, farbige Gläser

> INFO
>
> **Nachhaltiger blauer Stoff**
>
> **Für Jeans muss niemand sterben**
>
> Die meisten von uns haben sie im Kleiderschrank, fünf Stück mindestens: Jeanshosen. Sie sind ideal für Freizeit, im Beruf. Jeans taugen sogar als Abendrobe. Die Deutschen sind sogar Weltmarktführer beim Jeanshosen kaufen. 115 Millionen Stück gehen hierzulande jedes Jahr über die Ladentheke. Doch nur ein Prozent davon sind umwelt- und sozialverträglich produziert.
>
> Endlich tut sich etwas auf dem Jeansmarkt. Denn junge Designer entwerfen coole, hippe Jeans und lassen diese nachhaltig produzieren, weil sie die üblichen Herstellungsverfahren strikt ablehnen. Denn Jeans sind in ihrer Herstellung das wohl schmutzigste Kleidungsstück überhaupt.
>
> Die Baumwolle für den Stoff wird massiv gespritzt, verbraucht viel Wasser. Auch die Herstellung der Hose selbst ist extrem wasserintensiv. Chemikalien gehen kiloweise drauf.
>
> **Sterben für den alten Stoff**
>
> Und die Jeansproduktion bringt Menschen um, denn die Hosen werden sandgestrahlt, damit sie alt aussehen, wenn sie neu im Laden liegen. Die Sandpartikel sind so fein, dass sie sich trotz Maske in der Lunge ablagern. Zusätzlich sind die Arbeiter beim Unterzeichnen des Arbeitsvertrages gezwungen, von allen Rechten auf gesundheitliche Entschädigung zurückzutreten. Viele andere sind mit 30 Jahren arbeitsunfähig, weil ihre Lunge kaputt ist.
>
> Selma Yasdut hat das als Qualitätskontrolleurin in China selbst erlebt. Und sie hat entschieden, dass sie da nicht mehr mitmacht. Vor fünf Jahren gründete sie Sey, ihr eigenes Jeans-Label. Hierfür lässt die Designerin nach dem strengen GOTS-Standard produzieren. GOTS steht für Globale Organic Textile Standard, der genau regelt, wie umweltgerechte und sozialverträgliche Kleidung hergestellt werden muss. Das beginnt bei der Herkunft der Baumwolle und regelt jeden Schritt bis zur Färbung und Nähung.
>
> **Komplexe Standards im globalen Maßstab**
>
> Claudia Kersten von GOTS berät Firmen wie die von Selma Yasdut, wenn sie Fragen haben zur Umsetzung des GOTS-Standards. Denn die Vorgaben sind kompliziert. Dem Standard geht es nicht nur darum, besonders giftige Chemikalien zu verbieten. Färbereien etwa müssen auch ein spezielles Abwassermanagement haben. GOTS-Standard ist einzigartig, weil er die Qualität doppelt sichert. Denn dabei findet nicht nur eine Kontrolle der Rückstände im hergestellten Material statt, sondern auch aller Arbeitsschritte zuvor.
>
> Denn gerade die Herstellung von Jeans verbraucht enorm viel Wasser und Chemie. Das meiste davon, wenn die Hose bereits fertig ist und nur noch den letzten optischen Schliff braucht, spezielle Waschungen, zum Beispiel. Denn die Jeans werden

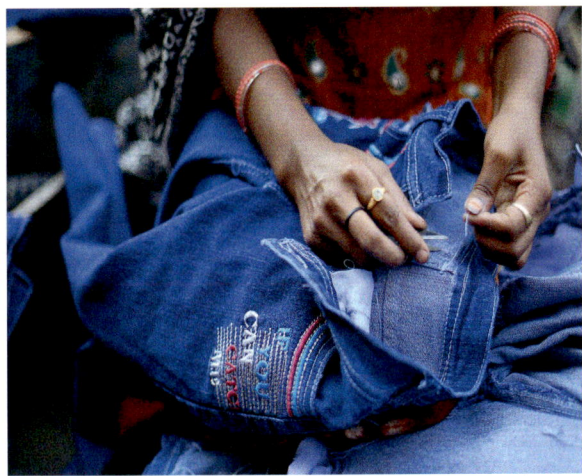 

Textilproduktion

INFO

zuerst alle dunkelblau eingefärbt und danach mit Chlor wieder heller gebleicht. Im Durchschnitt kommen so circa 1,6 kg Chemikalien pro Jeans zusammen.

Ozonbleichen statt Chlor

Als Alternative zum Chlor oder Kaliumpermanganat, welche sich sehr schlecht abbauen lassen, gibt es das Ozonbleichen. So heißt die umweltverträgliche Variante nach dem GOTS-Standard. Dafür kommen die Jeans in eine Art Waschmaschine mit Sauerstoff. Der wird in Ozon umgewandelt, das wiederum die Jeans ausbleicht. Danach zerfällt das Ozon wieder zu Sauerstoff. Das spart gegenüber einer Chlorbleiche mehr als 80 Prozent Chemikalien und fast 70 Prozent Wasser.

Weltweit gehen 2 Milliarden Jeans jährlich über die Ladentheke. Die Nachfrage ist gigantisch. Die Preisspanne ebenfalls. Öko-Jeans kosten ähnlich viel wie eine Markenjeans. Doch während die Marke rund 50 Prozent des Preises als Gewinn einstreicht, stecken Firmen im Rahmen des GOTS-Standards das Geld in eine saubere Produktion. – Dass sie trotzdem zuallererst ihre Kunden mit einer coolen Optik der Hosen überzeugen, ist völlig klar.

Quelle: SWR2 Impuls: Von Sabine Schütze; Internetfassung:
Ulrike Barwanietz & Ralf Kölbel Stand: 3.2.2014, 16.30 Uhr

AUFGABE 45

Lies den Artikel „Für Jeans muss niemand sterben".
1. Begründe, warum die Fertigung von Jeans hinsichtlich der ökologischen Ziele eines Unternehmens kritisch zu sehen ist.
2. Analysiere die Fertigung von Jeans in Asien hinsichtlich der sozialen Unternehmensziele.
3. Skizziere die alternative Fertigung von Jeans gemäß der Zertifizierung nach GOTS.
4. Recherchiere im Internet „die Folgen der billigen Jeans" und erstelle eine Übersicht über die Probleme der Jeansfertigung in Asien.

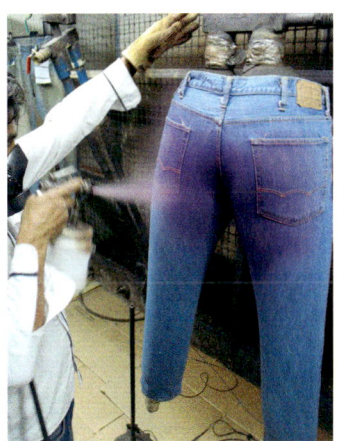

Methode

Wirtschaftliches Handeln in privaten Haushalten und Unternehmen

Vorbereitung: Terminabsprache

Durchführung: Fotos machen mit dem Smartphone

Schreibsachen nicht vergessen!

Vorbereitung der Betriebserkundung bei Blauschneider

Eine Betriebserkundung lässt sich in die folgenden drei Abschnitte gliedern:

1. Vorbereitung der Erkundung in der Schule
- Terminabsprache
- Geschichtlicher Überblick zum Unternehmen
- Bearbeitung von Informationsmaterial (z. B. Firmenprospekt, Internetseite)
- Erarbeiten eines Erkundungsbogens mit Fragen zum Unternehmen
- Bereitstellen von Arbeitsmaterialien

2. Durchführung der Betriebserkundung im Unternehmen
- Einführungsgespräch
- Erkundung des Unternehmens (in Arbeitsgruppen)
- Diskussion über offen gebliebene Fragen, Probleme

3. Nachbereitung der Betriebserkundung in der Schule
- Auswertung der gewonnenen Informationen durch Erstellen von Berichten, Grafiken, Statistiken, Schautafeln, usw.
- Präsentieren der Ergebnisse durch **Referate**, Ausstellungen, Wandtafeln, einen selbsterstellten Spot oder im Internet

Referat zur Vorbereitung der Betriebserkundung

Tims Lehrer hat mit Opa Blauschneider bereits einen Termin für die Betriebserkundung vereinbart. Die Schülerarbeitsgruppen haben einen Erkundungsbogen entworfen, auf dem alle Fragen notiert wurden, die während der Erkundung beantwortet werden sollen. Digicams, Smartphones, Tablets, Stifte und Notizblöcke werden als Interviewmaterial mitgenommen.

Tim hat sich bereit erklärt, vor seinen Klassenkameraden ein Kurzreferat über die Geschichte des Unternehmens zu halten. Ein Referat ist eine kurze, sachliche Darstellung eines vorgegebenen oder selbst gewählten Themas, das mündlich in freier Rede vorgetragen (d. h. nicht vorgelesen) wird.

Man braucht vor diesem Vortrag keine Scheu zu haben, denn auch die freie Rede zu einem Thema kann man lernen und durch Üben trainieren. Drei Schritte führen zu einem gelungenen Vortrag:

1. Planung des Referates
2. Vorbereitung des Referates
3. Vortrag des Referates
- Struktur
- Fakten, Namen, Daten
- Begriffserläuterungen
- Aufmerksamkeit der Zuhörer
- Abschluss
- Medien

II Wirtschaftliches Handeln im Unternehmen

1.6 Tims Referat über die Geschichte des Unternehmens Blauschneider

Tim zeigt zum Einstieg in sein Referat typische Oberbekleidung, wie sie bei Blauschneider hergestellt wird. Sein Referat hat einen zeitlich geordneten (chronologischen) Ablauf. Er veranschaulicht sein Referat durch eine Reihe von Bildern, die er mittels Beamer an die Wand projiziert.

1890 Unternehmensgründung
Karl Theodor Blauschneider, Schneidermeister aus Augsburg, gründete 1888 in Bamberg sein Herrenbekleidungsunternehmen. Er wollte die althergebrachten Arbeitsweisen des Handwerks ohne Qualitätsverlust zu modernen industriellen Fertigungsmethoden ausbauen.

1903–1919 Erste serienmäßig hergestellte Herrenanzüge
Bereits 1903 hat die serienmäßige Herstellung von Herrenanzügen und damit die industrielle Kleiderproduktion begonnen. Nach dem Tod von Karl Theodor Blauschneider 1907 übernahmen seine Söhne Karl und Georg das Geschäft.

1920–1950 Anzüge aus Heimarbeit
Blauschneider vergab Aufträge an Schneider, die als Nebenerwerb oft noch eine kleine Landwirtschaft betrieben. In der näheren Umgebung entstanden sogar ganze „Schneiderdörfer". Auch eine Art Arbeitsteilung gab es. Während beispielsweise in dem einen Dorf nur Mäntel hergestellt wurden, lieferte das andere vor allem Oberhemden. 1935 kam jeder sechste in Serie gefertigte deutsche Anzug aus dem Raum Bamberg, der „Schneiderwerkstatt Deutschlands".

1950–1980 Konstantes Wachstum über drei Jahrzehnte
Diese Dynamik setzte nach dem zweiten Weltkrieg bald wieder ein. Allerdings verlagerte sich die Herstellung von den Heimarbeitern in zentrale, industrielle Produktionsräume. Zu Anfang der 1970er-Jahre übernahm Tims Opa, Johann Blauschneider, das Unternehmen. In Franken waren rund 30.000 Mitarbeiter in der Bekleidungsindustrie beschäftigt und auch das Unternehmen Blauschneider boomte.

1980–2015 Moderne Oberbekleidungsherstellung
Wegen der hohen Lohnkosten im Inland verlagerten die Unternehmen die Produktion nach und nach ins Ausland. Blauschneider ist den Weg ins Ausland nicht mitgegangen, weil man glaubte, dem hohen Qualitätsbewusstsein ihrer Kunden nur durch die Herstellung in Deutschland entsprechen zu können. man konzentrierte sich auf hochwertige Oberbekleidung.

2015 Jubiläum – 125 Jahre Blauschneider
Pünktlich zu diesem besonderen Anlass wird bestimmt, dass das Unternehmen in den nächsten Jahren auf die Tochter, Julia Blauschneider, übergehen soll. Johann Blauschneider ist darüber sehr glücklich, da nur 5 % der Familienunternehmen die Weitergabe bis in die vierte Generation schaffen.

Betriebserkundung bei Blauschneider in Bildern –

Unternehmensgebäude

Rohstoff

Nähgarn

Lager für Rohstoffe

Stoffe schneiden

Schneidemaschine

Größen markieren

Bügeln

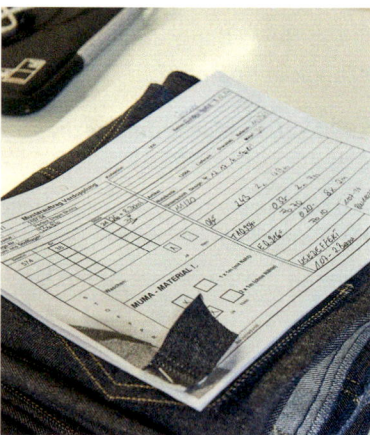

Bestellungen

von der Beschaffung über den Fertigungsprozess zur Auslieferung

Nähen

Unfertige Erzeugnisse

Nieten setzen

Riegeln

Fertige Jeans

Kontrolle

Fertige Jeans verpacken

Lagerhalle

Auslieferung

1.7 Chancen und Risiken einer Unternehmensgründung

Nach vielen Jahrzehnten der Unternehmensführung möchte Johann Blauschneider sein Unternehmen Blauschneider Oberbekleidung e. K. an seine Tochter Julia übergeben.

Julia will Jeans in Bamberg fertigen
In den letzten Jahren war das Geschäft mit Oberbekleidung immer schlechter gelaufen. Deshalb hat Julia Blauschneider die Idee, das Unternehmen umzustrukturieren und eine Jeansfertigung in Bamberg zu beginnen. Zunächst muss Julia jedoch prüfen, ob sie die persönlichen, sachlichen und rechtlichen Voraussetzungen für eine Unternehmensführung erfüllt.

Übergabe des Unternehmens

Hierfür schreibt sie zunächst auf, wie ihre Geschäftsidee funktionieren soll, an wen sich ihre Geschäftsidee richtet, wo die Chancen und Risiken liegen und ob sich ihre Geschäftsidee überhaupt lohnt. Diese ausgearbeitete und ausformulierte Zusammenfassung ihrer Geschäftsidee nennt man einen Geschäftsplan bzw. Businessplan. Er wird vor der Realisierung der Geschäftsidee erstellt, um so das Konzept auf Herz und Nieren zu prüfen. Der Businessplan ist somit eine Art Machbarkeits- und Wirtschaftlichkeitsstudie ihrer Idee einer Jeansfertigung in Bamberg.

Neues Produkt

Ausgewählte Aspekte bei einer Unternehmensgründung
Im Einzelnen muss man folgende Überlegungen anstellen:

- die Markt- und Wettbewerbsanalyse
  Nachdem Julia Blauschneider ihre Idee und ihre Zielgruppe im Detail beschrieben hat, führt sie eine umfangreiche Marktanalyse durch.
- die Unternehmensziele und -strategie
  Wenn Frau Blauschneider den Markt und die Wettbewerber kennt, arbeitet sie Ziele und Strategien für ihr Unternehmen heraus.
- der Marketingmix
  Wie erreicht Frau Blauschneider ihre Kunden? Dafür ist der Abschnitt Marketingmix wichtig.
- das Gründer- und Managementteam
  Gerade von Geldgebern, z. B. Banken, ist häufig zu hören, dass sie nicht in Ideen, sondern in Teams investieren.
- die Finanzen
  Herzstück der Überlegungen ist der Finanzplan. Frau Blauschneider muss den Kapitalbedarf ermitteln und aufzeigen, wie sie diesen decken will.

Besonders wichtig ist auch die Analyse der Stärken und Schwächen. Auf einen Blick werden die Chancen und Risiken für eine Gründung zusammengefasst. Anschließend lassen sich daraus Strategien und Handlungsfelder für das Unternehmen ableiten, wie z. B. die vorhandenen Ressourcen besser zu nutzen und die Fertigung auszubauen.

Wichtige Aspekte einer Unternehmensgründung

von Julia Blauschneider

1. Übersicht
2. Idee & Zielgruppe
3. Markt und Wettbewerb
4. Ziele
5. Strategie
6. Marketing
7. Recht & Steuern
8. Personalmanagement
9. Finanzen
10. Zahlen

1.8 Julia Blauschneider überprüft die Fakten

Da Frau Blauschneider das Unternehmen ihres Vaters weiterführt, wurden wichtige Entscheidungen schon vor vielen Jahren getroffen. Frau Blauschneider prüft nun, ob diese Entscheidungen von damals auch heute noch stimmen.

Standortwahl

Eine der ersten Fragen schon vor mehr als hundert Jahren hieß: Warum wurde das Unternehmen gerade hier gegründet und blieb an diesem Ort? Solch einen Ort nennt man **Standort** eines Betriebes. Die Gründe, warum sich ein Unternehmen dort niederlässt, werden als **Standortfaktoren** bezeichnet.

> **INFO**
>
> **Standortfaktoren:**
> Absatzmarkt
> Steuern/Abgaben
> Arbeitskräfte
> Zulieferer
> Verkehrsverbindungen
> Rohstoffvorkommen

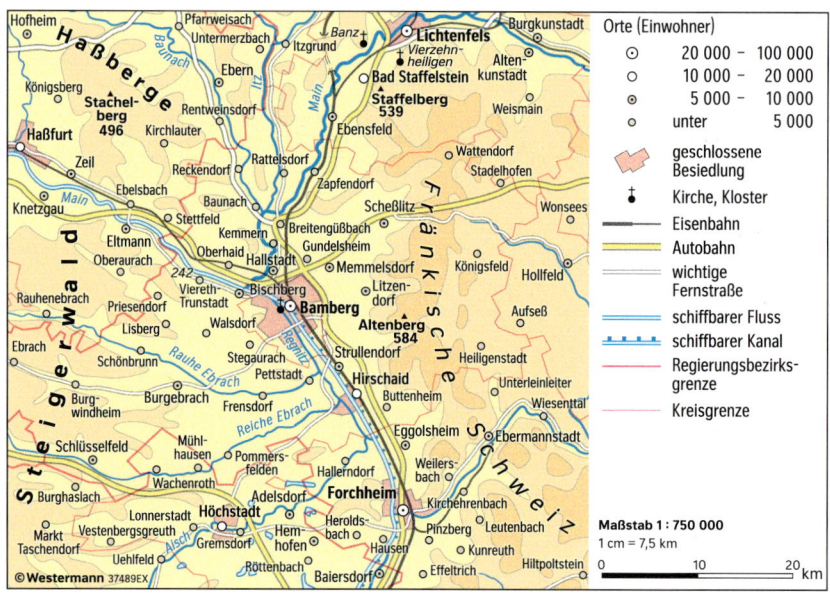

Straßenkarte von Bamberg und Umgebung

Natürlich hängt die Entscheidung für einen bestimmten Standort von der Art des Unternehmens ab. Wir unterscheiden **materialorientierte** Betriebe wie Eisen- und Stahlwerke, die sich in der Nähe der Rohstoffvorkommen ansiedeln, um die Kosten für den Transport der Rohstoffe niedrig zu halten. Manche Betriebe benötigen viele Arbeitskräfte oder Facharbeiter für die Produktion, man bezeichnet sie als **arbeits- und lohnorientierte** Betriebe, die sich z. B. in der Nähe von Universitäten oder im ländlichen Raum niederlassen. Unternehmen des Nahrungsmittelgewerbes oder des Baugewerbes entscheiden sich oft für die Nähe zu ihren Kunden oder Großabnehmern, sind also **absatzorientierte** Betriebe. Fast alle Betriebe sind **verkehrsorientiert**, benötigen also eine gute Verkehrsanbindung per Auto, Lkw, Bahn oder Flugzeug. Aber auch andere Gründe sprechen für die Niederlassung an einem bestimmten Ort, wie die Energieversorgung, die Konkurrenzsituation oder auch die Grundstückspreise.

Die Wahl des Standortes muss gut überlegt sein, da sich hierbei auch die Frage nach den Gewinnaussichten für das Unternehmen mitentscheidet.

II Wirtschaftliches Handeln im Unternehmen

Warum hat sich das Unternehmen Blauschneider in **Bamberg** angesiedelt und ist dort geblieben?

Zunächst hat das natürlich damit zu tun, dass Familie Blauschneider aus diesem Gebiet stammt. Heute sprechen vor allem die hervorragende Verkehrsanbindung (Autobahn A70 und A73 als Autobahnkreuz, Bundesstraße B22, Eisenbahnanbindung und der naheliegende Flughafen) und die Nähe zu zwei großen Absatzmärkten (Nürnberg und München) für das Verbleiben an diesem Standort. Die Lage direkt am Main-Donau-Kanal, der die 3.500 km lange Wasserstraße von der Nordsee bis zum Schwarzen Meer miteinander verbindet und die langjährige Geschichte der Textilfertigung in Franken seit dem Mittelalter sprechen ebenfalls für diesen Standort.

Der Bamberger Dom, ein Wahrzeichen der Stadt

Luftbild von Bamberg mit Hafen

> **ARBEITSAUFTRAG**
>
> Betrachte das Luftbild von Bamberg.
> 1. Beschreibe, welche Informationen sich aus dem Luftbild über die Stadt Bamberg ergeben.
> 2. Welche verkehrsbedingten Standortfaktoren erkennst du?

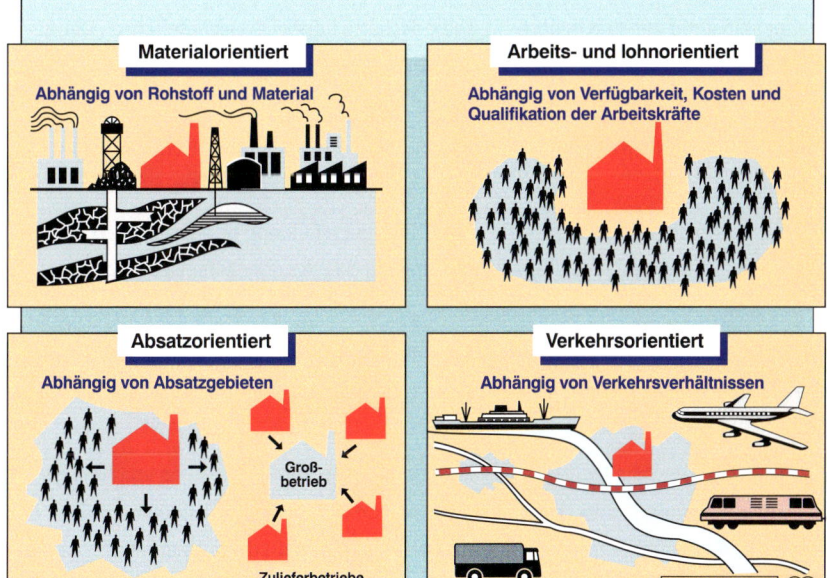

> **ARBEITSAUFTRAG**
>
> Betrachte die Infografik. Erstelle ein Kurzreferat zur Bedeutung des Standortes für ein Unternehmen, d. h. wovon die Entscheidung für einen bestimmten Standort abhängig ist.

Rechtsform der Unternehmen

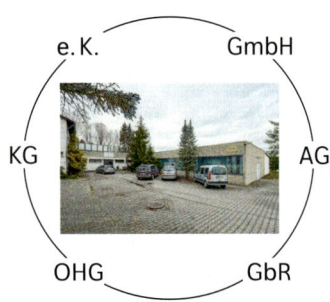

Bei der Unternehmensübertragung wie auch Neugründung stellt sich ein Gründer viele Fragen zum Unternehmen, wie

- Wer leitet das Unternehmen Blauschneider?
- Wer erhält den Gewinn des Unternehmens und wer trägt einen eventuellen Verlust?
- Wovon werden neue Maschinen bezahlt?
- Muss das Unternehmen Blauschneider auch Steuern bezahlen?
- Wer muss für die Schulden einstehen?

ARBEITSAUFTRAG

Recherchiere, wofür die oben abgedruckten Abkürzungen stehen.

Entscheidend für die Beantwortung dieser Fragen ist die Wahl der Rechtsform. Der Eigentümer eines Unternehmens hat die freie Wahl zwischen mehreren gesetzlich (z. B. im Handelsgesetzbuch oder GmbH-Gesetz) vorgeschriebenen Unternehmensformen. Damit wird festgelegt, wem das Unternehmen gehört, wer die Entscheidungen zu treffen hat und wer die Verantwortung trägt, wenn das Unternehmen zahlungsunfähig wird.

Die Rechtsform ist aber auch für diejenigen interessant, die mit dem Unternehmen in Geschäftsverbindung treten wollen. Deshalb ist es wichtig, dass man schon am Namen die Rechtsform erkennen kann. Auskunft darüber gibt der Zusatz zum Namen.

Gesichtspunkte	Einzelunternehmen	Gesellschaft mit beschränkter Haftung
Gründung	Ein Einzelunternehmen wird einfach, schnell und formlos gegründet.	Man benötigt einen Gesellschaftsvertrag.
Kapital	Es gibt keine Vorschriften über die Höhe des Startkapitals.	Die Gesellschafter stellen ihr Kapital zur Verfügung. Es ist eine Stammeinlage von mindestens 25.000,00 € nötig.
Geschäftsführung	Der Inhaber arbeitet selbst mit und ihm gehört das Unternehmen allein. Er kann ganz alleine in seinem Betrieb entscheiden.	Die Geschäfte führt ein Geschäftsführer. Die Gesellschafterversammlung kontrolliert und kann Weisungen erteilen.
Gewinn/Verlust	Er erhält den Gewinn und trägt auch die Verluste.	Gewinne werden an die Gesellschafter je nach Beteiligungshöhe ausgeschüttet.
Haftung	Der Inhaber trägt das Risiko allein. Bei einer Überschuldung haftet er mit seinem gesamten Vermögen.	Bei einer Überschuldung beschränkt sich die Haftung auf das Vermögen der Gesellschaft.
Handelsregister	Ein Eintrag ins Handelsregister ist erst ab einem gewissen Umsatz und einer bestimmten Mitarbeiterzahl nötig.	Ein Eintrag ins Handelsregister ist vorgeschrieben.
Finanzierung	Will der Inhaber eine neue Maschine kaufen, kann er diese mit seinem Vermögen oder über einen Kredit finanzieren oder er nimmt einen stillen Gesellschafter auf.	Eine GmbH kann zur Finanzierung von Anschaffungen neue Gesellschafter aufnehmen, Geld nachschießen oder Kredite aufnehmen.

II Wirtschaftliches Handeln im Unternehmen

Zu den bekanntesten vorkommenden Rechtsformen gehört die Aktiengesellschaft. Es gibt rund 15.000 AGs, du erkennst sie an dem Zusatz AG hinter dem Namen. Zur Gründung ist ein Grundkapital von 50.000,00 € nötig. Der Vorstand leitet die Geschäfte und trifft die Entscheidungen. Aufsichtsrat und Hauptversammlung kontrollieren den Vorstand. Als Aktionär ist man Teilhaber am Unternehmen und hat damit einige Rechte wie z. B. das Recht auf eine Gewinnausschüttung (Dividenden genannt) oder das Informationsrecht.

Neben diesen drei Rechtsformen gibt es noch weitere Rechtsformen. Die Übersicht zeigt eine Einteilung der wichtigsten Rechtsformen:

Einzelunternehmen	Personengesellschaften	Kapitalgesellschaften
e. K.	GbR	GmbH
	OHG	AG
	KG	

Johann Blauschneider hat sich für die Rechtsform des Einzelunternehmens entschieden.

INFO

Einzelunternehmen

Vorteile
- einfache Gründung, geringe Gründungskosten;
- kein Mindestkapital erforderlich;
- volle Kontrolle und Selbstständigkeit des Unternehmers, alleinige Geschäftsführung;
- ungeteilter Gewinn.

Nachteile

Unbeschränkte Haftung mit Betriebs- und Privatvermögen.

AUFGABE 46

Betrachte die oben abgebildete Infografik.
1. Finde heraus, wie viele umsatzsteuerpflichtige Unternehmen es 2016 in Deutschland gab.
2. Berechne, wie viel Prozent der Unternehmen die Rechtsform der Einzelunternehmung haben.
3. Berechne, wie viel Prozent der Unternehmen die Rechtsform der Gesellschaft mit beschränkter Haftung haben.
4. Nenne die Behörde, die als Quelle für die dargestellten Daten genannt wird.
5. Recherchiere, in welcher Stadt sich das Statistische Bundesamt befindet.

Aufbau und Aufgaben eines Fertigungsunternehmens

Das Unternehmen Blauschneider will seine Produkte mit Erfolg auf dem Markt verkaufen. Damit es dies kann, benötigt es eine bestimmte Organisation, d.h. einen Aufbau, der einen geregelten, störungsfreien betrieblichen Ablauf gewährleistet.

Beschaffung

Fertigung

Absatz (Vertrieb): Werbung

Verwaltung

① Beschaffung
② Fertigung
③ Absatz (Vertrieb)
④ Verwaltung

Jedes produzierende Unternehmen umfasst die Bereiche Beschaffung, Fertigung, Absatz (Vertrieb) und Verwaltung.

Die **Beschaffung**, auch Materialwirtschaft genannt, kümmert sich um die Materialbestellung, prüft das Material auf Qualität und überwacht die Lagerung.

In der **Fertigung** werden die Arbeitsabläufe vorbereitet, es wird produziert und am Ende die Qualität des Produktes kontrolliert.

Der **Vertrieb** muss neue Aufträge hereinholen, die Endprodukte prüfen, ausliefern und sich der Werbung für die Produkte annehmen.

Die **Verwaltung** umfasst die Leitung des Unternehmens. Man kann sie in eine technische und eine kaufmännische Leitung unterteilen. Die technische Leitung forscht und entwickelt neue Produkte, plant die einzelnen Fertigungsschritte und ist für die EDV (Elektronische Datenverarbeitung) zuständig. Die kaufmännische Leitung organisiert den gesamten Betrieb, sie beinhaltet das betriebliche Rechnungswesen, die Personalverwaltung und die Finanzierung der betrieblichen Vorhaben.

Die Hauptaufgabe der Unternehmen ist die Herstellung von Sachgütern oder Dienstleistungen für den Bedarf Dritter, also anderer Personen. So stellt das Unternehmen Blauschneider aus gekauftem Material bislang Oberbekleidung her:

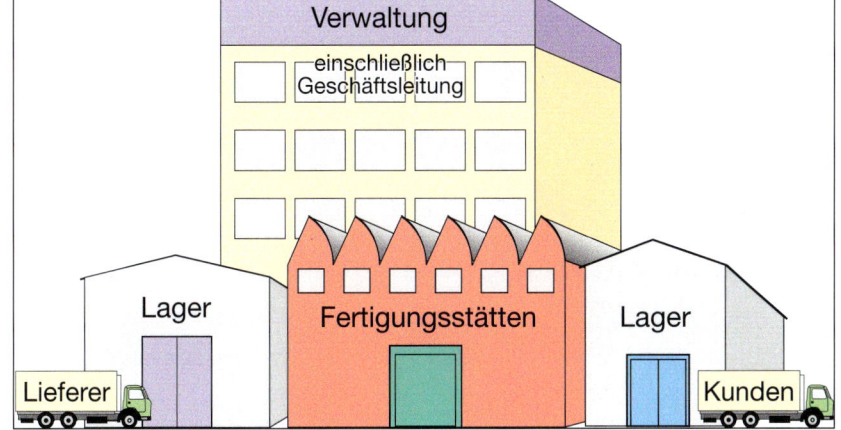

Hauptaufgabe bei Blauschneider ist bisher die Herstellung von Oberbekleidung.

Ziel des Unternehmens ist es, Einnahmen (durch den Verkauf der Oberbekleidung) zu erzielen, die größer sind als die Ausgaben (z. B. für Material, Maschinen, Arbeitskräfte). Ständig sind die Vorgänge der Beschaffung, der Fertigung und des Absatzes zu **kontrollieren, Entscheidungen zu treffen** und **Planungen** für die Zukunft nötig. Die Unternehmensleitung (Johann und Julia Blauschneider) hat auch gegenüber den Mitarbeitern eine hohe **Verantwortung**. Als Arbeitgeber trifft sie täglich Entscheidungen im Unternehmen und diese wirken sich auch auf die Familien jedes einzelnen Beschäftigten aus.

Sehen wir uns die Hauptaufgabe des Unternehmens Blauschneider, das Produzieren von Oberbekleidung, nochmals im Schema an:

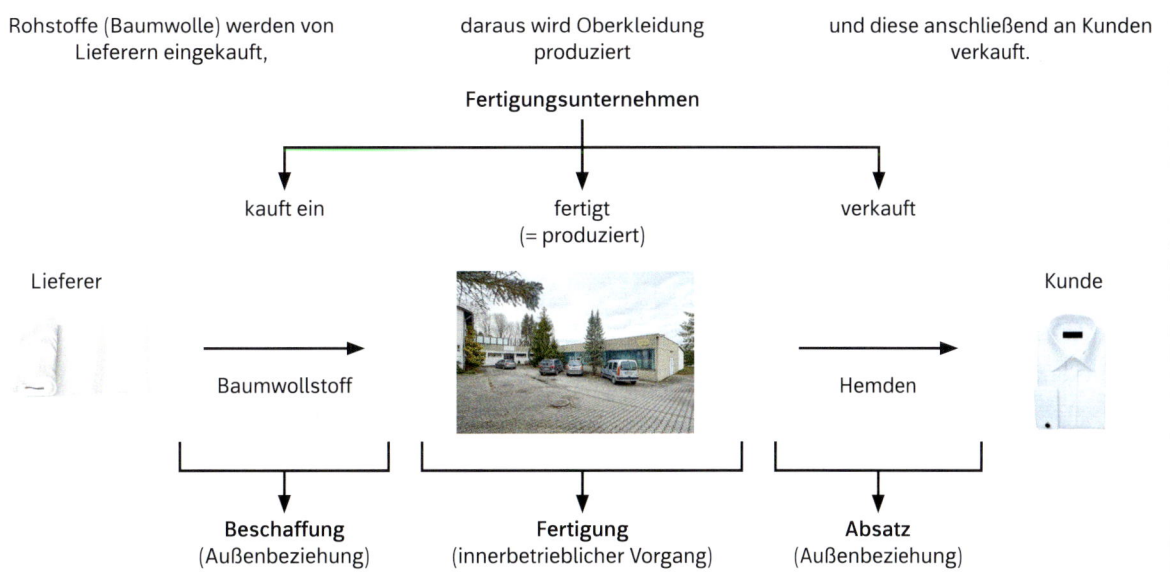

AUFGABE 47

Betrachte die unten stehende Übersicht. Wähle fünf Standortfaktoren aus, die für die Jeansfertigung in Bamberg besonders wichtig sind und begründe deine Auswahl.

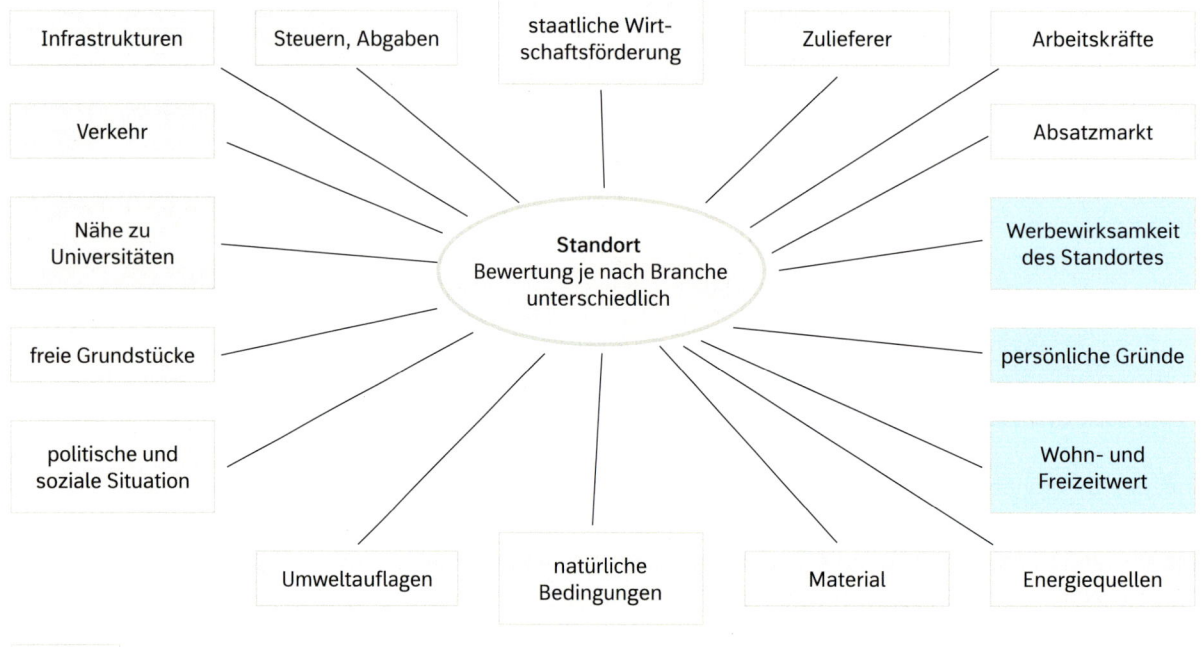

☐ harte Standortfaktoren
☐ weiche Standortfaktoren

AUFGABE 48

Folgende Unternehmen sollen in Bayern gegründet werden:
Käserei,
Kanuherstellung,
Porzellanfabrik,
Sägewerk,
Marmeladenfabrik,
Brauerei,
Computerherstellung.
Begründe, wo du diese Unternehmen ansiedeln würdest.

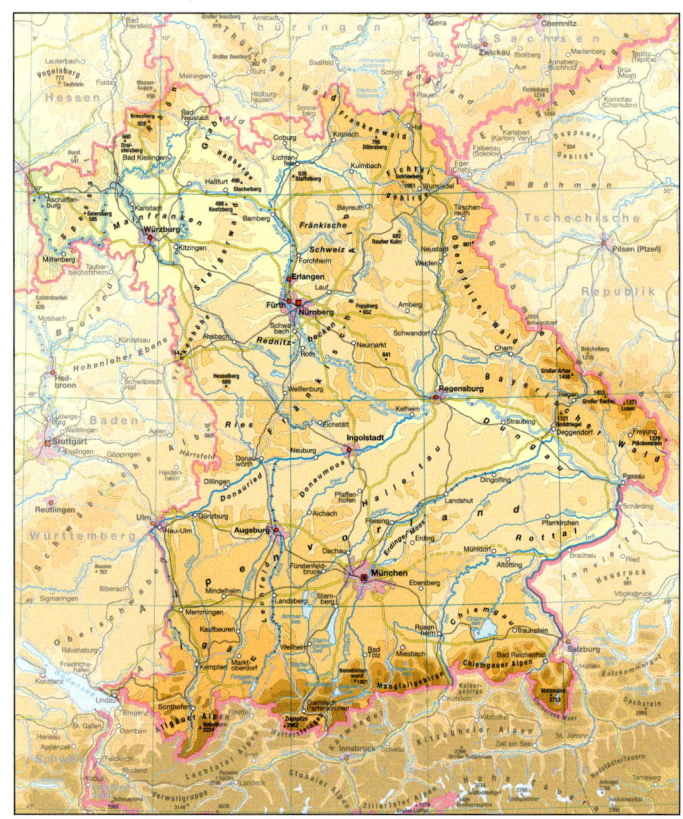

AUFGABE 49

Ordne den folgenden Branchen die wichtigsten Standortfaktoren zu.

- Textilindustrie, Feinmechanik (z. B. Werkzeugbau) und Optik (z. B. Brillen)
- Nahrungsmittelindustrie
- Chemische Industrie (z. B. Kunststoffe), Bau-industrie
- Brauereien
- Kiesabbau

Standortfaktoren

- gute verkehrsmäßige Erschließung
- verfügbares Ansiedlungsgelände
- günstige Lage zum Absatzmarkt
- günstige Lage zu Rohstoffquellen
- verfügbares Potenzial von Arbeitskräften

AUFGABE 50

Erstelle einen Steckbrief zur Rechtsform des Einzelunternehmens nach folgenden Kriterien:

- Geeignet für:
- Anzahl der Inhaber:
- Haftung:
- Stammkapital:
- Gesellschaftsvertrag/Satzung:
- Gründungskosten:
- Eintrag ins Handelsregister:
- Wichtigste Anmeldungen bei:
- Veröffentlichungspflicht:
- Kaufmannseigenschaft:
- Buchführung:
- Steuern:
- Geschäftsleitung:

AUFGABE 51

Erstelle eine Übersicht wie nebenstehend zu wichtigen Rechtsformen anhand folgenden Wortspeichers:
AG – Einzelunternehmen – GbR – GmbH
Gesellschaftsunternehmen – Kapitalgesellschaften
– KG – OHG – Personengesellschaften

AUFGABE 52

Recherchiere vier Standortfaktoren, die insbesondere für den Standort Deutschland sprechen und begründe deine Auswahl.

AUFGABE 53

1. Lies den Text und beschreibe, welche Vorteile die Rechtsform der GmbH hat.
2. Recherchiere, was man unter Start-Up-Unternehmen versteht.

INFO

Vorteile der GmbH

Einer der größten Vorteile ergibt sich aus § 1 GmbHG, wonach sich die Rechtsform der GmbH für jeden gesetzlich zulässigen Zweck einsetzen lässt, sei es in der industriellen Produktion, im Groß- oder Einzelhandel oder im Bereich der Dienstleistungen. Sogar für Freiberufler oder Künstler bietet sie sich als geeignete Rechtsform an. Die Entscheidung zugunsten GmbH fällt jedoch meistens wegen der Haftungsbeschränkung auf das Gesellschaftsvermögen, womit die zusätzliche persönliche Haftung der Gesellschafter i.d.R. ausgeschlossen ist. In vielen Fällen ist diese Rechtsform auch steuerlich günstiger, da der Unternehmensgewinn der Körperschaftsteuer unterliegt und direkt besteuert wird. Darüber hinaus lässt sich das Gehalt, die Sozialversicherungspflicht und die betriebliche Altersvorsorge des Gesellschafter-Geschäftsführers strategisch gestalten. Die GmbH ist auch die ideale Rechtsform für Unternehmen, in denen die Gesellschafter nicht selbst die Geschäftsführung übernehmen, sondern einen branchenerfahrenen oder technisch versierten Fremdgeschäftsführer damit betrauen wollen. Auch die Unternehmensnachfolge lässt sich so einfacher gestalten.

Quelle: http://www.startup-selbstaendig.de/index.php/rechtsformen/vorteile-und-nachteile-der-gmbh/491/, Udo Schwerd, abgerufen am 05.07.2018

Unternehmensformen

Das neueste Produkt des Unternehmens Blauschneider

Denim-Baumwollstoff

Lederlabel

Nieten

Maschinenöl

1.9 Die betrieblichen Produktionsfaktoren

Frau Blauschneider möchte demnächst das neueste Produkt des Unternehmens, eine hochwertige Jeans, produzieren. Es sind neue Güter für die Herstellung erforderlich. Alle beim Produktionsprozess eingesetzten Güter werden als betriebliche Produktionsfaktoren bezeichnet.

Werkstoffe

Zunächst listet Frau Blauschneider alle verwendeten Ausgangsstoffe auf. Sie werden als Werkstoffe bezeichnet und man teilt sie folgendermaßen ein:

Der Hauptbestandteil der Jeans wird in Form von Stoffballen oder Stoffbahnen geliefert, man nennt sie **Rohstoffe**. Sie werden im Betrieb zu Jeans, Jeanshemden, Jeansjacken usw. verarbeitet und sind ein Hauptbestandteil des Endproduktes.

Lederlabel für die Jeansprodukte werden von Blauschneider nicht selbst hergestellt, sondern nur in das Jeansprodukt eingesetzt. Der Lieferer fertigt sie nach den Angaben des Unternehmens Blauschneider. Man bezeichnet derartige Gegenstände als bezogene Fertigteile oder **Fremdbauteile**. Auch sie gehören zu den Bestandteilen des Endproduktes.

Nieten oder Garne halten die einzelnen Teile eines Produktes zusammen. Man bezeichnet sie als **Hilfsstoffe**. Sie gehen ebenfalls in das Endprodukt ein, sind jedoch ein Nebenbestandteil.

Die Fertigungsmaschinen müssen angetrieben, geschmiert und geputzt werden. Bohrer und Nähmaschinen müssen mit Wasser oder speziellen Flüssigkeiten gekühlt werden, damit sie nicht heiß laufen. Zur Oberflächenbehandlung der Jeansprodukte werden umweltfreundliche Spezialsprays verwendet. Diese Stoffe bezeichnet man als **Betriebsstoffe**. Sie sind kein Bestandteil des Endproduktes, aber für seine Herstellung unentbehrlich.

Hier alle Ausgangsmaterialien auf einen Blick:

Werkstoffe			
Rohstoffe	Fremdbauteile	Hilfsstoffe	Betriebsstoffe
Hauptbestandteil wird verarbeitet	Bestandteil wird eingesetzt	Nebenbestandteil wird verarbeitet	kein Bestandteil wird verbraucht

Werkstoffe bei Blauschneider			
Baumwollstoffe	Lederlabel Fahnen	Nieten Garne Klebstoffe	Öl, Benzin, Gas, Wasser, Schmierstoffe, Maschinenöl

Betriebsmittel

Werkstoffe mit hoher Qualität sind für jedes Fertigungsunternehmen wichtig, aber für die Herstellung des Produktes benötigt man noch weitere Faktoren, wie Betriebsmittel. Dazu gehören Grundstücke und Gebäude, Maschinen und Transportbänder, Zeichentische für die Konstruktion, aber auch die gesamte kaufmännische Büroausstattung und die Einrichtungen der Kommunikation. Sie stehen **dem Betrieb auf Dauer oder zumindest für längere Zeit zur Verfügung**. Sie gehören zum **Anlagevermögen** (Gegenstände, die langfristig im Betrieb genutzt werden).

> **DEFINITION**
>
> **Betriebsmittel** sind ein betrieblicher Produktionsfaktor, der alle Sachgüter umfasst, die bei Blauschneider für die Fertigung der Jeans benötigt werden, ohne Teil der Produkte selbst zu werden.

a) Immobilien = unbewegliche Gegenstände

Grundstück

Verwaltungsgebäude

Fertigungshallen

b) Mobilien = bewegliche Gegenstände

Fertigungsmaschine

Gabelstapler

Werkzeuge

Büroeinrichtung

Lkw

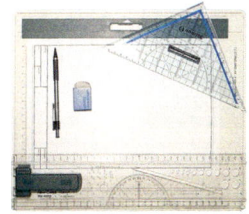
Zeichenplatte

Computer

Transportband

Hubwagen

Arbeitskraft

Neben den Werkstoffen und den Betriebsmitteln benötigt man vor allem die menschliche Arbeitskraft zur Erstellung der Produkte. Wir verstehen darunter den Einsatz aller geistigen und körperlichen Fähigkeiten der Mitarbeiter des Betriebes.

Karin Maier, Näherin, arbeitet seit 23 Jahren als Facharbeiterin im Betrieb.

Katharina Hölzel, Industriekauffrau, ist seit zwölf Jahren in der technischen Leitung tätig.

Miriam Löffler, Bürokauffrau, arbeitet seit 14 Jahren als Sekretärin in der Abteilung Rechnungswesen.

Ein Teil der Belegschaft des Unternehmens Blauschneider

Man kann die Mitarbeiter im Betrieb nach verschiedenen Kriterien einteilen. Möglich wäre diese Einteilung nach der Vorbildung, die ein Mitarbeiter hat, oder nach dem Umfang der Verantwortung, die ein Mitarbeiter im Betrieb trägt.

Mitarbeiter nach Vorbildung	
technische Mitarbeiter	kaufmännische Mitarbeiter
z. B. Industriemechaniker, technische Zeichnerin	z. B. Industriekaufmann, Bürokauffrau

Mitarbeiter nach Umfang der Verantwortung	
Leitende Mitarbeiter	Ausführende Mitarbeiter
z. B. Abteilungsleiter, Leiterin des Rechnungswesens	z. B. Näherin, Werkstoffprüfer

Industriemechaniker

Industriekauffrau

All diese sehr verschiedenen Menschen verbindet die gemeinsame Arbeit, nämlich die Herstellung von Jeansproduktion. Sie setzen ihre Arbeitskraft ein, erzielen für sich Einkommen und tragen zum erfolgreichen Wirtschaften des Unternehmens Blauschneider bei.

Betriebsleitung

Werkstoffe, Betriebsmittel und menschliche Arbeitskraft werden als Elementarfaktoren (lat.: elementum = Grundbestandteil) der Betriebswirtschaft bezeichnet. Hinzu kommt die Betriebsleitung. Ihre Aufgaben sind:
- dem Betrieb Ziele vorzugeben (z. B. „Wir wollen im laufenden Jahr unseren Umsatz um fünf Prozent steigern."),
- zu entscheiden, was mit welchen Mitteln und auf welche Weise produziert werden soll,
- dafür Sorge zu tragen, dass die Mitarbeiter gerne im Betrieb arbeiten (Mitarbeitermotivation).

Werkstoffe

Diese Aufgaben werden als Management eines Betriebes bezeichnet. In kleineren Betrieben nimmt der Betriebsinhaber selbst noch alle Aufgaben der Betriebsleitung wahr. In größeren Betrieben sind es qualifizierte leitende Angestellte, in Aktiengesellschaften die Mitglieder des Vorstandes.

Werkstoffe, Betriebsmittel, menschliche Arbeitskraft und Betriebsleitung bilden zusammen die **betrieblichen Produktionsfaktoren**. Du kennst das Wort Faktor aus der Mathematik: Mindestens zwei Rechenglieder (Faktoren) ergeben ein Produkt (lateinisch: producere = hervorbringen). Auf wirtschaftliche Sachverhalte übertragen bedeutet das: Werden Bestandteile, die für sich allein nicht in der Lage sind, etwas hervorzubringen, **sinnvoll** miteinander verbunden, dann entstehen neue Güter.

Betriebsmittel

Die sinnvolle Kombination aller betrieblichen Produktionsfaktoren führt zum neuen fertigen Produkt:

Arbeitskraft

Betriebsleitung

AUFGABE 54

Erstelle anhand des Fotos eine Übersicht über die Werkstoffe, die bei einer Jeansherstellung benötigt werden.

AUFGABE 55

Erstelle anhand der Fotos eine Übersicht über die Betriebsmittel, die bei einer Jeansherstellung benötigt werden.

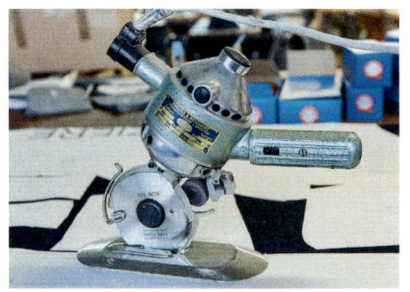

II Wirtschaftliches Handeln im Unternehmen

INFO

Wir kennen unsere Produzenten persönlich.

Eine faire und vertrauensvolle, langfristige Zusammenarbeit mit allen an der Herstellung Beteiligten ist uns wichtig. Deshalb gibt es faire Arbeitszeitregeln mit Beschränkung von Überstunden. Alle MitarbeiterInnen erhalten faire Löhne und es gibt die Möglichkeit, Gewerkschaften zu bilden. Die Arbeitsbedingungen sind sicher und hygienisch. Diskriminierung und Kinderarbeit sind ganz klar verboten. [...]

Wir verwenden ausschließlich GOTS zertifizierte Bio-Baumwolle. Bei deren Anbau wird ausschließlich gentechnikfreies Saatgut verwendet, das von den Bauern in Eigenregie vermehrt werden kann. Es kommen weder giftige Pflanzenschutz- noch Entlaubungsmittel zum Einsatz. Alle Produktionsschritte werden vom Global Organic Textile Standard unabhängig überprüft. Die komplette Produktion der Blauschneider-Jeans erfolgt in Bamberg, dadurch gibt es nur kurze Transportwege und der CO_2-Ausstoß bleibt vergleichsweise gering. Auf die Einsparung von Energie und Wasser wird geachtet.

Wir achten auf Details, so beziehen wir Zubehör wie Knöpfe, Nieten und Labels komplett aus Europa – soweit erhältlich direkt aus Deutschland. Der bei einigen unserer Modelle eingesetzte Used-Look wird durch moderne umweltfreundliche Verfahren erzeugt wie zum Beispiel durch Sauerstoffbleiche und Lasertechnik.

Quelle: https://fairjeans.de/fair/ (verändert), abgerufen am 05.07.2018

AUFGABE 56
Immer wieder gibt es beunruhigende Nachrichten über die Fertigung von Jeans. Recherchiere im Internet, welche Probleme die Fertigung von Jeans, insbesondere im Ausland, aufwerfen.

AUFGABE 57
Unternehmen Blauschneider geht bei der Fertigung in Deutschland neue Wege. Analysiere den Text und die Grafik und erstelle eine Übersicht über die faire Herstellung von Jeansprodukten bei Blauschneider.

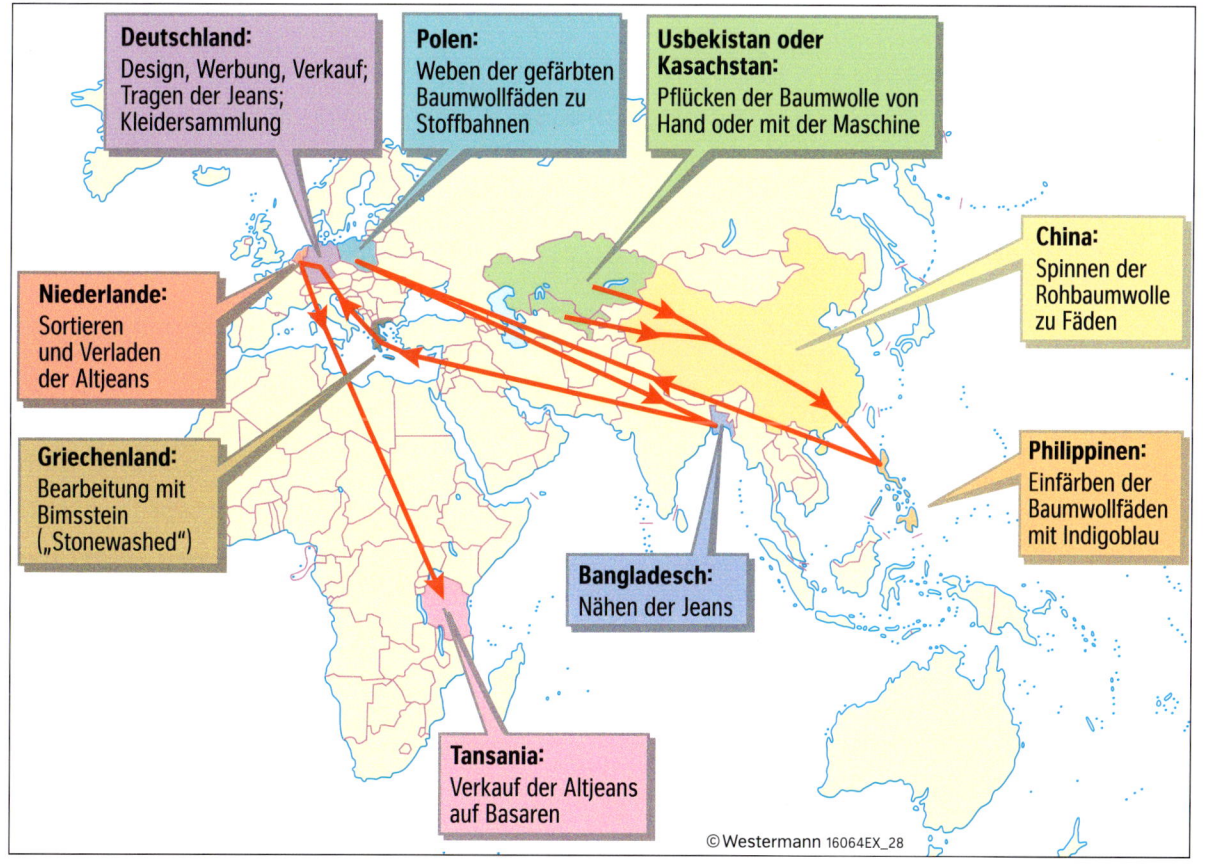

Zusammenfassung

Wirtschaftsbereiche

Urproduktion	Weiterverarbeitung	Handel / Dienstleistungen
primärer Bereich	sekundärer Bereich	tertiärer Bereich

Unternehmensziele

- ökonomische
- soziale
- ökologische

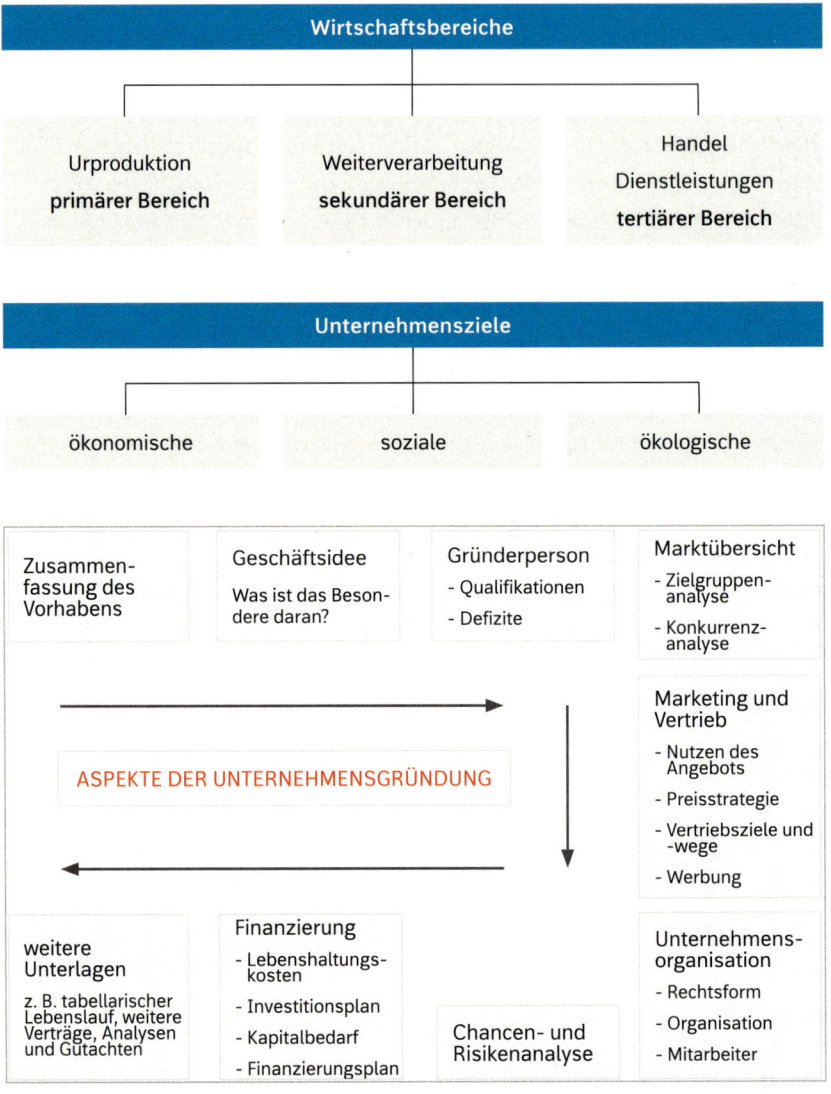

Werkstoffe

Rohstoffe	Fremdbauteile	Hilfsstoffe	Betriebsstoffe
Hauptbestandteil	Bestandteil	Nebenbestandteil	kein Bestandteil
wird verarbeitet	wird eingesetzt	wird verarbeitet	wird verbraucht

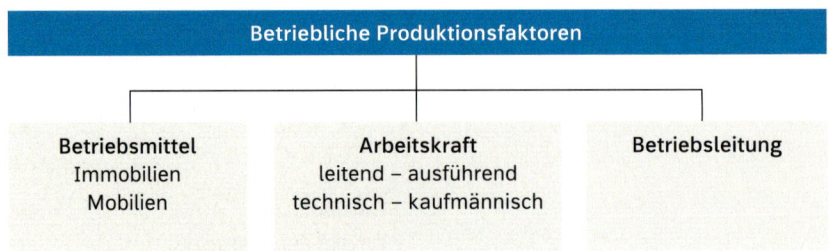

III Einführung in die Geschäftsbuchführung

In diesem Kapitel lernst du ...

... wie Kaufleute die Vorgänge in ihrem Unternehmen aufschreiben,

... was sie zu Beginn eines Geschäftsjahres erledigen müssen,

... welche Inhalte eine Bilanz aufweist,

... wie sich eine Bilanz verändert,

... was ein Buchungssatz ist,

... wie die Umsatzsteuer erfasst wird.

Schritt 1

Lecker ... der Sommer kann kommen!

1 Die Gründung eines Unternehmens

1.1 Tim träumt

Zurzeit nimmt Tim Blauschneider an einer Unterrichtsstunde der Bamberger Realschule teil. Seine Gedanken schweifen ab, er schaut aus dem Fenster. Das Wetter ist schön und er freut sich auf den ersten Eisbecher in diesem Jahr ... „Selbst Eis herstellen, das wär's", denkt er. „Dann könnte ich ja immer so viel essen, wie ich mag! Oh ja, da hinten, auf der Wiese hinter dem Schulzentrum, da würde meine Eisfabrik stehen. Ich bräuchte ja nur ... erst mal eine große Halle und Rührgeräte und Gefriertruhen ... dazu ein paar Lkws, um mein Eis zu den Supermärkten zu transportieren. Meinen PC nehme ich auch mit, ich muss ja Rechnungen schreiben. Und weil ich sie auch ausdrucke, brauche ich Ordner und Regale, dazu natürlich einen Chef-Schreibtisch für mich. Oh halt, Milch, Sahne, Früchte und Gewürze für die Herstellung muss ich noch kaufen. Und Nüsse für mein Lieblingseis. Habe ich überhaupt so viel Geld auf meinen Konten? Niemals! Ein Girokonto habe ich ja eh noch nicht. Aber im Sparschwein sind noch ein paar Scheine vom Geburtstag ..." – „Tim?! Passt du auf?" ruft seine Lehrerin.

Da Tim sich nun wieder mit dem Unterrichtsthema beschäftigt, kann er seine Unternehmensgründung vorerst nicht weiterplanen.

DEFINITION

Das **Handelsgesetzbuch** (HGB) enthält wichtige Regelungen für Kaufleute.

AUFGABE 58

Im HGB wird das langfristige Vermögen eines Unternehmens folgenden Positionen zugeordnet: Fuhrpark, Büromaschinen, Gebäude, Grundstücke, Maschinen und Anlagen, Büromöbel und Geschäftsausstattung.

1. Tim hat die richtige Reihenfolge dieser Posten gefunden. Bestimme diese Reihenfolge für die angegebenen Positionen und ordne jedem Posten jeweils Tims Beispiel und noch ein weiteres zu.
2. Tim könnte die Geldmittel für seine Anschaffungen aus verschiedenen Quellen bekommen. Erläutere drei verschiedene Quellen.

1.2 Eine neue Unternehmensleitung

In Tims Familie tut sich etwas: Nach langjähriger Unternehmertätigkeit überträgt Opa Blauschneider die Leitung an Tims Mutter, Julia Blauschneider. Sie übernimmt als Einzelunternehmerin nicht nur die Vermögenswerte, sondern auch die Gesamtverantwortung für das Unternehmen.

Einige Veränderungen wurden bereits in einem Businessplan festgelegt. Julia Blauschneider hat z. B. den Markt für Jeansprodukte aus deutscher Fertigung sowie die Finanzen ihres Unternehmens im Businessplan analysiert. Ein paar Behördengänge sind noch zu erledigen: z. B. zur Gemeinde, zur Industrie- und Handelskammer und zum Finanzamt.

Dezember: Johann Blauschneider übergibt das Unternehmen an seine Tochter, Julia Blauschneider.

Nun verschafft sie sich einen genauen Überblick über das Unternehmen.

1.3 Julia Blauschneider macht Inventur

Im Rahmen der Übergabe des Unternehmens „Blauschneider Oberbekleidung" erfasst Julia Blauschneider alle Vermögenswerte und Vermögensquellen mengen- und wertmäßig; sie macht Inventur. Dies schreibt ihr auch der Gesetzgeber im Handelsgesetzbuch (HGB) vor.

Die Inventur nimmt beim Unternehmen Blauschneider einige Tage in Anspruch. Dabei sind alle Mitarbeiter beschäftigt, Inventurlisten zu erstellen. Darin werden die verschiedenen Vermögensgegenstände genau erfasst, z. B. durch das

- **Zählen** von Fahrzeugen, Nähmaschinen, PCs, Reißverschlüssen usw.,
- **Messen** von verwendbaren Stoffresten oder
- **Wiegen** von Garnen, Knöpfen und anderen Kleinteilen.

> **DEFINITION**
>
> Die **Inventur** ist die Bestandsaufnahme des Vermögens und der Schulden eines Unternehmens. Sie ist zum Geschäftsjahresende (z. B. 31. Dezember) durchzuführen.

Blauschneider Oberbekleidung e. K. Inventurliste		Stichtag: 31.12.20.. Seite: 1 aufgenommen durch: Ortinger		
Artikel		Standort	Menge (Stück, kg, m, m², m³, l)	Wert in €
Nr.	genaue Bezeichnung		Einheit	gesamt
001	Industrienähmaschine KM3	Fertigung	35	21.000,00	735.000,00
002	Bügelmaschine	Fertigung	12	8.460,00	101.520,00

AUFGABE 59

Stelle dar, welche Vermögenswerte bei den folgenden Unternehmen gezählt, gemessen und gewogen werden:
1. Zoo
2. Holzmöbelhersteller
3. Maschinenbauer
4. Großbäckerei

1.4 Die Inventur führt zum Inventar

> **DEFINITION**
>
> Das **Inventar** ist ein ausführliches Bestandsverzeichnis aller Vermögenswerte, der Schulden und des Reinvermögens.

Frau Blauschneider und ihre Mitarbeiter fassen die digitalen Inventurlisten zu einem **Bestandsverzeichnis (Inventar)** zusammen.

Dieses ausführliche Bestandsverzeichnis listet alle Vermögens- und Schuldenwerte sowie das Reinvermögen untereinander auf. Die Art der Auflistung nennt man **Staffelform**.

Gliederung des Inventars		Ordnung der einzelnen Posten nach
A. Vermögen		
I. Anlagevermögen	**Anlagevermögen (AV)** wird langfristig im Betrieb genutzt.	... der Anlagedauer (= Dauer der Nutzbarkeit)
1. Grundstücke		
2. Gebäude		
3. Maschinen und Anlagen		
4. Fuhrpark (Fahrzeuge) Lastkraftwagen Personenkraftwagen		
5. Büromaschinen		
6. Büromöbel und Geschäftsausstattung		
II. Umlaufvermögen	**Umlaufvermögen (UV)** bleibt nur kurzfristig im Betrieb bzw. ändert sich rasch.	... der Liquidität (= Grad der Flüssigkeit, Zahlungsfähigkeit)
1. Vorräte		
2. Forderungen an Kunden		
3. Bank		
4. Kasse		
B. Schulden	Schulden oder **Fremdkapital (FK)** müssen zurückgezahlt werden und zwar nach 0 – 365 Tagen (kurzfristig) 366 Tagen – x Jahren (langfristig)	... der Fälligkeit (= Wann müssen die Schulden zurückgezahlt werden?)
I. Langfristige Schulden		
1. Langfristige Bankverbindlichkeiten		
II. Kurzfristige Schulden		
1. Kurzfristige Bankverbindlichkeiten		
2. Verbindlichkeiten bei Lieferern		
C. Ermittlung des Reinvermögens	**Eigenkapital (EK)** sind eigene finanzielle Mittel des Unternehmers/der Unternehmerin.	
Summe des Vermögens		
− Summe der Schulden		
= Reinvermögen (Eigenkapital)		

III Einführung in die Geschäftsbuchführung

Im Unternehmen Blauschneider wird folgendes Inventar aufgestellt:

Inventar Blauschneider Oberbekleidung e. K. (Bestandsverzeichnis zum 31. Dezember 20..)		
	Vorspalte	Hauptspalte
A. Vermögen		
I. Anlagevermögen		
1. Grundstücke		200.000,00 €
2. Betriebs- und Verwaltungsgebäude		380.000,00 €
3. Maschinen und Anlagen laut Verzeichnis*		850.000,00 €
4. Fuhrpark		
Lastkraftwagen BA BS 17	180.000,00 €	
Lastkraftwagen BA BS 19	110.000,00 €	
Personenkraftwagen BA BS 63	35.000,00 €	325.000,00 €
5. Büromaschinen*		25.000,00 €
6. Büromöbel und Geschäftsausstattung*		60.000,00 €
Summe des Anlagevermögens		1.840.000,00 €
II. Umlaufvermögen		
1. Vorräte*		150.000,00 €
2. Forderungen an Kunden*		225.000,00 €
3. Bank		
Frankenbank	63.700,00 €	
Knetebank	66.300,00 €	130.000,00 €
4. Kasse		5.000,00 €
Summe des Umlaufvermögens		510.000,00 €
Summe des Vermögens		2.350.000,00 €
B. Schulden		
I. Langfristige Schulden		
1. Langfristige Bankverbindlichkeiten		1.100.000,00 €
II. Kurzfristige Schulden		
1. Kurzfristige Bankverbindlichkeiten		490.000,00 €
2. Verbindlichkeiten bei Lieferern*		130.000,00 €
Summe der Schulden		1.720.000,00 €
C. Ermittlung des Reinvermögens		
Summe des Vermögens		2.350.000,00 €
– Summe der Schulden		1.720.000,00 €
= Eigenkapital (Reinvermögen)		630.000,00 €

* Für diese Positionen wurden von den Mitarbeitern von Blauschneider eigene Verzeichnisse erstellt, die aus Platzgründen hier nicht abgedruckt werden. Würden z. B. alle Büromaschinen hier einzeln aufgeführt, wäre es zu unübersichtlich.

Das Inventar enthält eine Vorspalte für die einzelnen Vermögens- und Schuldenwerte und eine Hauptspalte für die Summe jedes Postens. Diese addiert man zu Werten für Anlagevermögen/Umlaufvermögen/langfristige und kurzfristige Schulden. Nun können auch die drei Abschnitte Vermögen, Schulden und schließlich das Reinvermögen (Eigenkapital) berechnet werden.

Bild 1

Bild 2

Bild 3

Bild 4

Bild 5

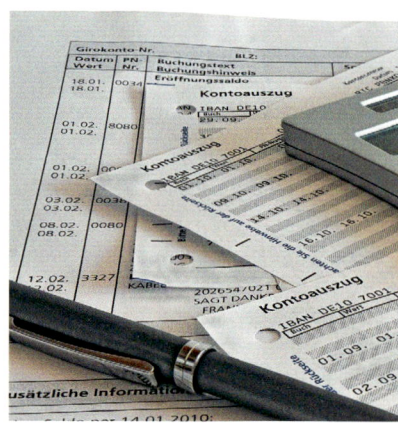
Bild 6

MERKE

§ 240 HGB Inventar
(1) Jeder Kaufmann hat zu Beginn seines Handelsgewerbes seine Grundstücke, seine Forderungen und Schulden, den Betrag seines baren Geldes sowie seine sonstigen Vermögensgegenstände genau zu verzeichnen und dabei den Wert der einzelnen Vermögensgegenstände und Schulden anzugeben.

AUFGABE 60
Betrachtet die Fotos und analysiert:
1. Was ist abgebildet?
2. Zu welchem Posten des Inventars gehört es?
3. Zu welchem der drei Abschnitte des Inventars gehört dieser Posten?

AUFGABE 61
Recherchiere im nebenstehenden Paragrafen des HGB,
1. WAS Kaufleute
2. WANN und
3. WIE erledigen müssen.

AUFGABE 62
Berechne den jeweils fehlenden Wert für verschiedene Unternehmen:
1. Reinvermögen 50.000,00 €, Vermögen 400.000,00 €
2. Vermögen 1,5 Mio. €, Schulden 990.000,00 €
3. Anlagevermögen 900.000,00 €, Reinvermögen 400.000,00 €, Schulden 800.000,00 €

2 Die Bilanz des Unternehmens Blauschneider

Im Rahmen der Geschäftsübernahme hat Frau Blauschneider mit der Aufstellung des Inventars (siehe Seite 88) bereits einen guten Überblick über ihr Unternehmen gewonnen. Noch muss sie viele Zahlen durchlesen, um zu wichtigen Werten zu gelangen. Deshalb erstellt sie nun eine **Kurzfassung des Inventars**.

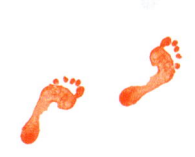

Schritt 2

Als Lea nach der Schule vorbeischaut, erklärt Frau Blauschneider ihr mithilfe des Taschengelds, was derzeit zu tun ist: „Na, wie viel Taschengeld kriegst du denn pro Monat?" – „20 €, viel zu wenig." – „Papperlapapp, das reicht völlig. Du hast ja auch noch 5 € von Oma bekommen. Schau, das schreibe ich auf die rechte Seite meiner Tabelle. Und links schreiben wir hin, wofür du das Geld ausgegeben hast. Na?" – „Also, ein T-Shirt hab ich gekauft ... 10 €; 2 € gingen für einen Burger drauf, 6 € kostete das Kino am Freitag, für eine Zeitschrift 3 € ... hm ... den Rest hab ich noch!" – „Schau, das alles schreibe ich links hin: Hier steht, wofür du deine finanziellen Mittel ausgegeben hast oder ob noch was übrig ist. Rechts steht, woher du das Geld hattest. Welche Seite ist nun größer?"

Frau Blauschneider hat ihrer Tochter erklärt, wie eine **Bilanz** aufgebaut ist. Im Unternehmen gibt es natürlich andere Geldquellen und andere Vermögenswerte – doch die Idee ist die gleiche. Die beiden Seiten der Bilanz müssen immer gleich groß sein, also die gleiche Summe ergeben. Im Handelsgesetzbuch ist die Erstellung einer Bilanz z. B. bei einer Geschäftsübernahme oder einer Neugründung vorgeschrieben.

Der Begriff Bilanz stammt aus dem Italienischen:
la bilancia = die Waage.

2.1 Aufbau der Bilanz

Die wichtigsten Größen aus den langen Inventarlisten werden gegenübergestellt (wie in einem „T"): Das Anlage- und das Umlaufvermögen auf der linken Seite (Aktiva), das Eigen- und das Fremdkapital auf der rechten Seite (Passiva). So kann man einen schnellen Überblick gewinnen.

Aktiva	Bilanz	Passiva
Anlagevermögen	Eigenkapital	
Umlaufvermögen	Fremdkapital	

> **DEFINITION**
>
> Die **Bilanz** ist die kurzgefasste Gegenüberstellung von Vermögens**werten** und Vermögens**quellen**. Diese Art von Bestandsverzeichnis wird in einer T-Kontenform erstellt.

Die Reihenfolge der einzelnen Posten ist wie im Inventar genau festgelegt. In diesem **kurzgefassten Bestandsverzeichnis** von Vermögenswerten (Aktiva) und Vermögensquellen (Passiva) werden:
- alle gleichartigen Posten (z. B. die verschiedenen Maschinen) zu einem Betrag zusammengefasst sowie
- die Mengenangaben weggelassen.
- Die Aktiva und Passiva werden in der T-Kontenform gegenübergestellt.

Die Bilanz zeigt auf der …

Aktivseite (Aktiva)	Passivseite (Passiva)
die **Vermögenswerte**, also wie die finanziellen Mittel verwendet wurden.	die **Vermögensquellen**, also die Herkunft der finanziellen Mittel.
Anlagevermögen + <u>Umlaufvermögen</u> = **Vermögen**	Eigenkapital + <u>Fremdkapital</u> = **Kapital**
	Bilanzgleichung Vermögen (V) = Kapital (K) AV + UV = EK + FK Aktiva = Passiva

Auf der **Passivseite** der Bilanz steht, woher ein Unternehmen seine finanziellen Mittel hat: eigene Gelder, Kredite von Banken oder noch unbezahlte Schulden bei Lieferern.

Die **Aktivseite** der Bilanz verrät dagegen, welche Vermögenswerte das Unternehmen mit den Mitteln angeschafft hat: Gebäude, Maschinen, Vorräte usw. Übrige Gelder sind auf den Posten Bank oder in der Kasse zu finden. Deshalb müssen beide Seiten der Bilanz in der Summe gleich groß sein. Man kann ja keinen Euro ausgeben, den man nicht irgendwoher bekommen hat.

Aus dem Inventar ihres Unternehmens erstellt Frau Blauschneider ihre erste Schlussbilanz:

Bilanz
Blauschneider Oberbekleidung e. K., Bamberg
zum 31. Dezember 20..

Aktiva		Passiva	
Anlagevermögen		**Eigenkapital**	630.000,00 €
Grundstücke	200.000,00 €	**Fremdkapital**	
Betriebs- und Verwaltungsgebäude	380.000,00 €	Langfristige Bankverbindlichkeiten	1.100.000,00 €
Maschinen und Anlagen	850.000,00 €	Kurzfristige Bankverbindlichkeiten	490.000,00 €
Fuhrpark	325.000,00 €	Verbindlichkeiten bei Lieferern	130.000,00 €
Büromaschinen	25.000,00 €		
Büromöbel und Geschäftsausstattung	60.000,00 €		
Umlaufvermögen			
Vorräte	150.000,00 €		
Forderungen an Kunden	225.000,00 €		
Bank	130.000,00 €		
Kasse	5.000,00 €		
	2.350.000,00 €		**2.350.000,00 €**

Bamberg, 31. Dezember 20.. *Julia Blauschneider*

Bevor Julia Blauschneider also zum 1. Januar 20.. als Unternehmerin tätig werden kann, schließt sie mit ihrem Vater vor der Geschäftsübernahme das „alte" Geschäftsjahr ab. Sie führen erst die Inventur durch, erstellen dann das Inventar und entwickeln daraus die Bilanz:

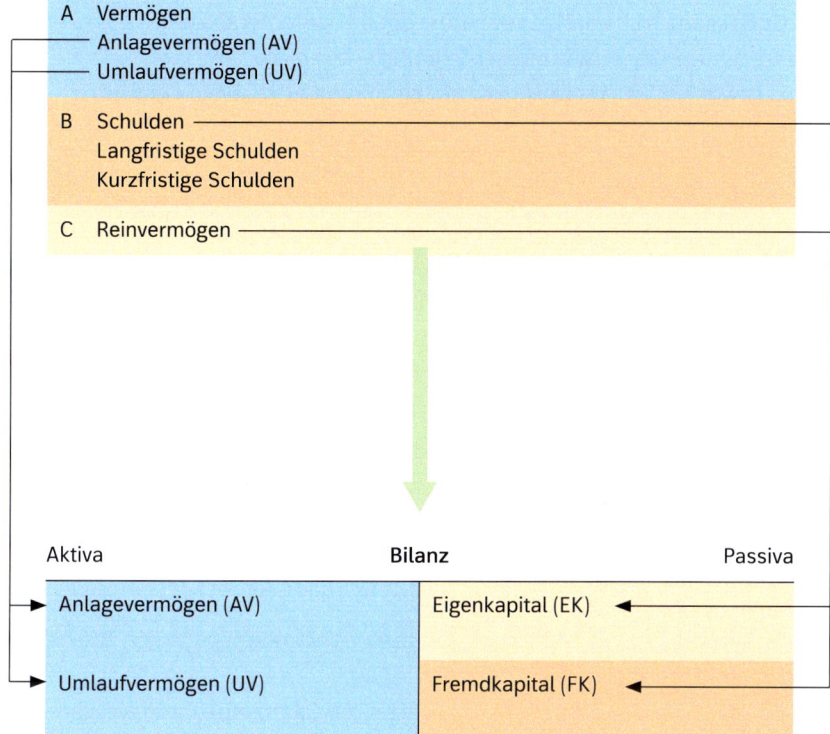

DEFINITION

Inventar und Bilanz

Beide Bestandsverzeichnisse zeigen das aktuelle Vermögen und die Schulden eines Unternehmens, nur die Art der Darstellung ist unterschiedlich:

Inventar
- ausführliche Darstellung der einzelnen Vermögens- und Schuldenwerte nach Art und Menge
- Aufstellung des Vermögens, der Schulden und des Reinvermögens
- Staffelform

Bilanz
- kurzgefasste Darstellung des Vermögens und der Schulden mit den jeweiligen Gesamtwerten und ohne Mengenangaben
- Aufstellung des Vermögens und des Kapitals
- T-Kontenform

MERKE

Verwechselt uns nicht:

- **Forderungen:** Geldbeträge, die wir noch von unseren Kunden erhalten.
- **Verbindlichkeiten:** Geldbeträge, die wir noch an Lieferer zahlen müssen.
- **kurz-/langfristige Bankverbindlichkeiten:** unsere Schulden bei den Banken.

2.2 Grundsätze ordnungsmäßiger Buchführung

Bei den Grundsätzen ordnungsmäßiger Buchführung (abgekürzt GoB) handelt es sich um eine Zusammenfassung von Bestimmungen und Vorschriften, die Kaufleute im Rechnungswesen einhalten müssen. Einige Grundsätze sind dem nebenstehenden Gesetzestext zu entnehmen.

Die **GoB** lassen sich in folgenden Aussagen zusammenfassen:
- Die Buchführung muss in einer lebenden Sprache ...
- ... und mit urkundensicheren Schreibmaterialien verfasst werden.
- Die Geschäftsfälle müssen fortlaufend, vollständig, richtig, zeitgerecht und sachlich geordnet erfasst werden.
- Die Aufzeichnungen müssen leserlich sein und die Bedeutung von Abkürzungen muss eindeutig sein.

Das Führen von „Büchern" (z. B. Inventar, Bilanz) verlangt Klarheit, Wahrheit und Übersichtlichkeit. Deshalb sind die Grundsätze ordnungmäßiger Buchführung von allen Kaufleuten zu beachten. Sie ermöglichen auch, dass sich ein sachverständiger Dritter (z. B. eine Finanzbeamtin oder ein Angestellter der Hausbank) einen Überblick über die wirtschaftliche Lage des Unternehmens verschaffen kann.

> **INFO**
>
> **§ 239 HGB**
> **Führung der Handelsbücher**
> (1) Bei der Führung der Handelsbücher [...] hat sich der Kaufmann einer lebenden Sprache zu bedienen. Werden Abkürzungen, Ziffern, Buchstaben oder Symbole verwendet, muss im Einzelfall deren Bedeutung eindeutig festliegen.
> (2) Die Eintragungen in Büchern [...] müssen vollständig, richtig, zeitgerecht und geordnet vorgenommen werden.
> (3) Eine Eintragung oder eine Aufzeichnung darf nicht in einer Weise verändert werden, dass der ursprüngliche Inhalt nicht mehr feststellbar ist [...]

AUFGABE 63
1. Konkretisiere den Begriff „sachverständige Dritte" mit drei Beispielen.
2. Erläutere, welche Informationen sich ein sachverständiger Dritter aus den Buchführungsunterlagen holt.
3. Deine BwR-Lehrkraft beschwert sich über deine Heftführung (siehe unten). Erkläre, was du falsch gemacht hast.

AUFGABE 64
Lies § 239 HGB und diskutiere mit deinem Partner diese Fragen:
1. Darf man in der Bilanz Abkürzungen verwenden (z. B. „K" für Kasse)?
2. Darf ein Latein-Fan diese Sprache für die Buchführung verwenden?
3. „Zu große Verluste sollte man nicht aufschreiben. Es geht um den Ruf des Unternehmens." Darf man unangenehme Buchungen weglassen?
4. Jeder Mensch verschreibt sich einmal. Zum Glück gibt es so genannte „Tintenkiller", oder?
5. Manche Zahlen lassen sich bei Fehlern ganz gut überschreiben: So kann man aus einer „5" leicht eine „6" machen und spart sich das erneute Ausdrucken. Was meint ihr?

AUFGABE 65
Stelle aus dem rechts abgebildeten Inventar des Unternehmens Maier Möbelbau e. K. aus Gersthofen eine Bilanz auf.

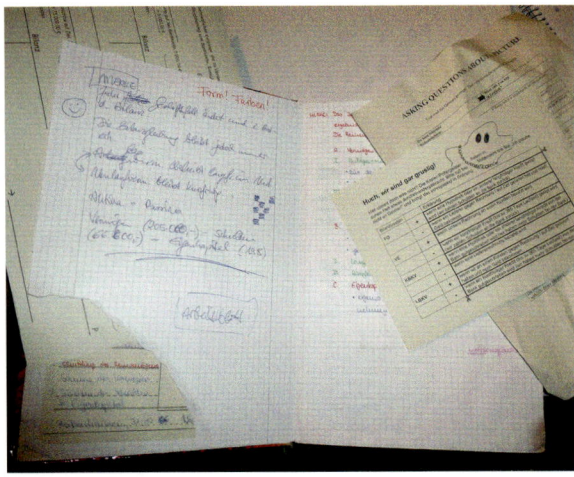

Maier Möbelbau e. K. Augsburger Straße 16 86368 Gersthofen	Inventar (Bestandsaufnahme zum 31. Juli 20.. in € – verkürzte Übersicht)	
	(Vorspalte)	(Hauptspalte)
A. Vermögen		
I. Anlagevermögen		
1. Grundstücke		300.000,00 €
2. Betriebs- u. Verwaltungsgebäude		900.000,00 €
3. Maschinen und Anlagen laut Verzeichnis		1.697.000,00 €
4. Fuhrpark		
Lastkraftwagen A MM 102	110.000,00 €	
Lastkraftwagen A MM 104	190.000,00 €	
Personenkraftwagen A MM 301	18.000,00 €	318.000,00 €
5. Büromaschinen laut Verzeichnis		415.000,00 €
6. Büromöbel und Geschäftsausstattung lt. Verzeichnis		350.000,00 €
		3.980.000,00 €
II. Umlaufvermögen		
1. Vorräte laut Verzeichnis		200.000,00 €
2. Forderungen an Kunden		275.000,00 €
3. Bank		210.000,00 €
4. Kasse		25.000,00 €
		710.000,00 €
Summe des Vermögens		**4.690.000,00 €**
B. Schulden		
I. Langfristige Schulden		
1. Langfristige Bankverbindlichkeiten		1.600.000,00 €
		1.600.000,00 €
II. Kurzfristige Schulden		
1. Kurzfristige Bankverbindlichkeiten		450.000,00 €
2. Verbindlichkeiten bei Lieferern		523.000,00 €
		973.000,00 €
Summe der Schulden		**2.573.000,00 €**
C. Ermittlung des Reinvermögens		
Summe des Vermögens		4.690.000,00 €
– Summe der Schulden		– 2.573.000,00 €
= Eigenkapital (Reinvermögen)		2.117.000,00 €

AUFGABE 66

Ordnet folgende Gegenstände den Posten der Bilanz zu:
Gabelstapler, 20-Euro-Schein, Parkplatz, PC der Sekretärin, Lagerhalle, Fließband, Drei-Jahres-Kredit bei der Knetebank, Rechnung der Heizöl-Heini GmbH, Rechnung an das Kaufhaus Hin & Weg, Stahlplatten, Kredit für sechs Monate, Holzbretter, Transporter, Bankguthaben bei der Donaubank, Bandsäge, Schrauben, Münzen, Schwingschleifgerät, Bürogebäude

AUFGABE 67

Bestimme, ob diese Aussagen richtig oder falsch sind. Verbessere sie in deinem Heft, wenn nötig:

1. Auf der Passivseite der Bilanz wird die Form des Vermögens dargestellt.
2. Alle Kaufleute müssen monatlich eine Bilanz aufstellen.
3. Die Staffelform der Bilanz ist gekennzeichnet durch die Gegenüberstellung von Vermögen und Kapital.
4. Das Inventar ist meist kürzer als die Bilanz.

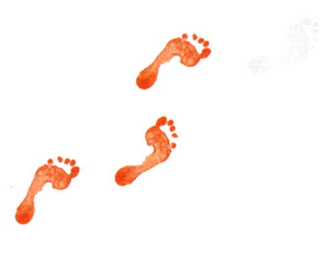

Schritt 3

3 Julia Blauschneider startet ins erste Geschäftsjahr

3.1 Geschäftsfälle verändern die Bilanz

Mit großer Vorfreude und einigen durchdachten Plänen betritt Julia Blauschneider Anfang Januar als neue Chefin ihr Familienunternehmen. Viel Zeit zum Nachdenken hat sie nicht, denn sie findet auf ihrem Schreibtisch zahlreiche Unterlagen, Briefe und Rechnungen von Lieferern, Schreiben an Kunden sowie Kontoauszüge der Bank. Frau Blauschneider sortiert diese Unterlagen, damit sie in der Buchführung ordnungsmäßig erfasst werden können.

> **DEFINITION**
> Geschäftliche Vorgänge werden in der Buchführung als Geschäftsvorfälle oder **Geschäftsfälle** einzeln erfasst.

Julia Blauschneider sichtet Belege.

Beispiel 1: Frau Blauschneider verkauft einen gebrauchten Laptop für 80,00 € an einen Mitarbeiter gegen Bargeld.
Der Laptop ist auf dem Bilanzposten „Büromaschinen" erfasst. Dieser nimmt nun um 80,00 € ab, da der Laptop ja den Betrieb verlässt. Gleichzeitig erhöht sich der Bestand im Posten „Kasse" um denselben Betrag, da der Mitarbeiter den Laptop sofort bezahlt. Somit ändern sich zwei Posten der Bilanz:
Büromaschinen –   Kasse +

> Durch jeden Geschäftsfall werden zwei Posten der Bilanz verändert.

Beispiel 2: Für den Kauf einer neuen Nähmaschine nimmt Frau Blauschneider Schulden bei der Knetebank auf. Diese Bank schreibt dem Unternehmen Blauschneider einen Halbjahreskredit gut.
Ein Halbjahreskredit wird bei „Kurzfristige Bankverbindlichkeiten" erfasst; sie nehmen nun zu, denn Blauschneider hat jetzt mehr Schulden bei der Bank. Da die Knetebank den Kreditbetrag auf das Geschäftsbankkonto überweist, nimmt Blauschneiders Bankguthaben um denselben Betrag zu.
Kurzfristige Bankverbindlichkeiten +   Bank +

Frau Blauschneider kann mit dem Geld auf dem Konto Bank die Maschine finanzieren, muss den Kredit aber nach sechs Monaten zurückzahlen.

AUFGABE 68
Stell dir vor, du bist Mitarbeiter/in beim Unternehmen Blauschneider. Bestimme, welche beiden Bilanzposten sich hier verändern: + oder –?
1. Wir zahlen Wechselgeld aufs Girokonto ein.
2. Wir verkaufen einen gebrauchten Lkw gegen Rechnung.
3. Unser Kunde zahlt die Rechnung aus Fall 2 bar.
4. Wir kaufen die neue Nähmaschine gegen Rechnung.
5. Wir überweisen den Rechnungsbetrag aus Fall 4.

Vier Arten von Bilanzveränderungen

1. Bei Beispiel 1 auf S. 96 haben sich die Posten Büromaschinen und Kasse verändert. Ein Betrag wurde ausgetauscht, er ist von Büromaschinen zu Kasse gewandert bzw. gebucht worden. Beide Posten sind Aktivposten.

Aktivposten Büromaschinen –
Aktivposten Kasse +

Diese Art der Bilanzveränderung heißt **Aktivtausch**. Die Bilanzsumme bleibt gleich.

2. Bei Beispiel 2 auf S. 96 haben sich ebenfalls zwei Posten verändert. Der Passivposten Kurzfristige Bankverbindlichkeiten nimmt wegen des neuen Kredits zu und der Aktivposten Bank wegen der Gutschrift durch die Knetebank auch.

Passivposten Kurzfristige Bankverbindlichkeiten +
Aktivposten Bank +

Dies ist eine **Aktiv-Passiv-Mehrung**. Die Bilanzsumme nimmt zu.

3. Wenn wir nun den Kreditbetrag aus Beispiel 2 nach einem halben Jahr noch nicht zurückzahlen können, kann die Knetebank nach Rücksprache die Kreditlaufzeit verlängern, z. B. auf zwei Jahre. Dadurch erhalten wir kein weiteres Geld, aber mehr Zeit. In der Buchführung nehmen nun der Passivposten Kurzfristige Bankverbindlichkeiten ab und der Passivposten Langfristige Bankverbindlichkeiten zu.

Passivposten Kurzfristige Bankverbindlichkeiten –
Passivposten Langfristige Bankverbindlichkeiten +
Es handelt sich um einen **Passivtausch**. Die Bilanzsumme bleibt gleich.

4. Wenn wir nun den inzwischen langfristig ausgeliehenen Kreditbetrag aus Beispiel 3 nach zwei Jahren zurücküberweisen, nimmt der Aktivposten Bank ab, aber der Passivposten Langfristige Bankverbindlichkeiten auch, weil wir dann ja weniger Schulden bei der Knetebank haben.

Passivposten Langfristige Bankverbindlichkeiten –
Aktivposten Bank –
Dies ist eine **Aktiv-Passiv-Minderung**. Die Bilanzsumme nimmt ab.

> **MERKE**
>
> Bei jedem Geschäftsfall verändern sich zwei Posten der Bilanz. Es kann sich um Aktivposten oder um Passivposten handeln.
>
> Beim **Aktivtausch** und **Passivtausch** ändert sich die Bilanzsumme nicht; bei der **Aktiv-Passiv-Mehrung** nimmt sie zu und bei der **Aktiv-Passiv-Minderung** nimmt sie ab.

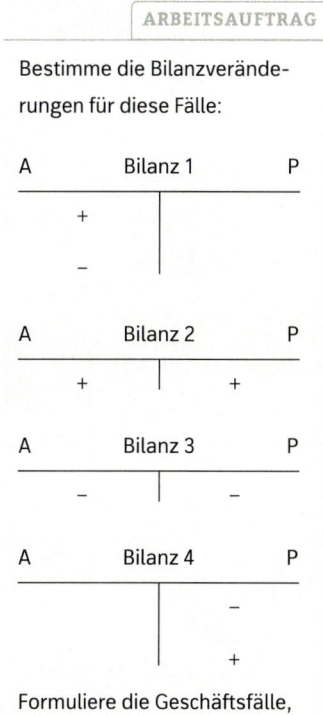

ARBEITSAUFTRAG

Bestimme die Bilanzveränderungen für diese Fälle:

Formuliere die Geschäftsfälle, die zu Bilanz 1 bis 4 geführt haben.

AUFGABE 69

Entscheide, welche Bilanzposten sich hier ändern: + oder –?
Bestimme die Art der Bilanzveränderung.
1. Die Chefin hebt Wechselgeld vom Girokonto ab.
2. Barkauf eines neuen Laptops.
3. Das Unternehmen Blauschneider nimmt einen 10-Jahres-Kredit für die neue Werkhalle auf; der Betrag wird auf dem Geschäftskonto gutgeschrieben.
4. Ein gebrauchter Schrank aus dem Büro der Chefin wird gegen Rechnung verkauft.
5. Die Rechnung für den Bau der neuen Werkhalle trifft ein.
6. Der Rechnungsbetrag aus Fall 4 wird überwiesen.
7. Der Rechnungsbetrag aus Fall 5 wird überwiesen.
8. Wir tilgen einen Teil des 10-Jahres-Kredits aus Fall 3 per Überweisung.

AUFGABE 70

Bestimme die jeweilige Art der Bilanzveränderung für die fünf Geschäftsfälle aus Aufgabe 68:
1. Wir zahlen Wechselgeld aufs Girokonto ein.
2. Wir verkaufen einen gebrauchten Lkw gegen Rechnung.
3. Unser Kunde zahlt die Rechnung aus Fall 2 bar.
4. Wir kaufen die neue Nähmaschine gegen Rechnung.
5. Wir überweisen den Rechnungsbetrag aus Fall 4.

AUFGABE 71

Formuliere den jeweiligen Geschäftsfall, der zu den folgenden Bilanzveränderungen führte:
1. Aktiv-Passiv-Minderung, die Posten Verbindlichkeiten und Bank sind betroffen.
2. Passivtausch, beide Posten haben mit Bankkrediten zu tun.
3. Aktivtausch, die Posten Kasse und Maschinen sind betroffen (hier gibt es zwei mögliche Geschäftsfälle!).
4. Aktiv-Passiv-Mehrung mit den Posten Eigenkapital und Bank.
5. Aktivtausch rund um die Posten Büromöbel- und Geschäftsausstattung und Kasse (zwei Möglichkeiten).
6. Aktiv-Passiv-Minderung, die Posten Kurzfristige Bankverbindlichkeiten und Bank verändern sich.
7. Aktiv-Passiv-Mehrung für die Posten Büromaschinen und Verbindlichkeiten.
8. Aktivtausch für die Posten Forderungen und Bank.

AUFGABE 72

Diskutiere mit deinem Partner, welche Geschäftsfälle zu den Fotos passen. Formuliere anschließend die Geschäftsfälle.

Fall Nr. 1: Zwei Möglichkeiten

Fall Nr. 2: Vier Möglichkeiten

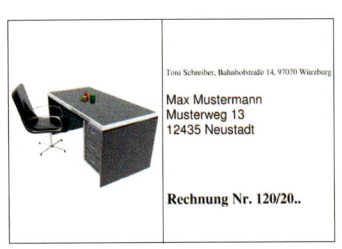

Fall Nr. 3: Zwei Möglichkeiten

4 Die Bilanz wird aufgelöst

Falls Julia Blauschneider bei jedem Geschäftsfall die Bilanz neu schreiben müsste, wäre dies sehr umständlich. Für jeden Bilanzposten richtet sie deshalb eine eigene kleine Rechnung, also ein **Konto** ein, z. B. die Konten „Büromaschinen", „Kasse" und „Verbindlichkeiten". Dabei muss sie unterscheiden, ob es sich um Posten der Aktivseite oder der Passivseite der Bilanz handelt.

Schritt 4

> **MERKE**
>
> Ein Konto sieht ebenso wie die Bilanz wie ein T aus – aber:
> Die linke Seite des Kontos heißt „Soll", die rechte „Haben".
>
> Die Posten der Aktivseite der Bilanz werden zu aktiven Bestandskonten, die Posten der Passivseite der Bilanz zu passiven Bestandskonten.

Das **aktive Bestandskonto** „Büromaschinen" erfasst Anfang Januar den Inventurbestand (Anfangsbestand/AB) im Soll. Er wird aus der Anfangsbilanz ins Konto übertragen. Auch alle Mehrungen/Zugänge unserer Büromaschinen werden nun im Soll eingetragen, es ist die Plus-Seite des Kontos. Die Minderungen/Abgänge werden dagegen auf der Habenseite, der Minus-Seite des Kontos, eingetragen, z. B. der Verkauf des gebrauchten Laptops:

Der Begriff Konto stammt aus dem Italienischen:
il conto = die Rechnung

Soll +	Büromaschinen	– Haben
AB	25.000,00 €	Minderungen
Mehrungen		

Das **passive Bestandskonto** „Verbindlichkeiten" funktioniert genau andersherum. Es nimmt im Haben den Anfangsbestand und alle Mehrungen/Zugänge während des Geschäftsjahres auf.

Im Soll werden demzufolge die Minderungen/Abgänge (z. B. die Begleichung einer Liefererrechnung) erfasst. Bei den passiven Bestandskonten ist also die Habenseite die Plus-Seite und die Sollseite die Minus-Seite.

Soll –	Verbindlichkeiten	+ Haben
Minderungen	AB	130.000,00 €
	Mehrungen	

> **MERKE**
>
> Die Bilanz wird nun in aktive und passive Bestandskonten aufgelöst. Diese beiden Kontenarten funktionieren genau spiegelbildlich, nur die Seiten heißen gleich: links Soll, rechts Haben. Um Schreibarbeit zu sparen, kürzen wir die Bezeichnungen für die Bestandskonten meistens ab. So wird z. B. aus dem Bilanzposten „Forderungen aus Lieferungen und Leistungen" das aktive Bestandskonto „Forderungen an Kunden" oder „FO".

4.1 Eröffnung der Bestandskonten

Bei der Auflösung der Bilanz in Konten wird der Anfangsbestand eines aktiven Bestandskontos im Soll, eines passiven Bestandskontos im Haben eingetragen.

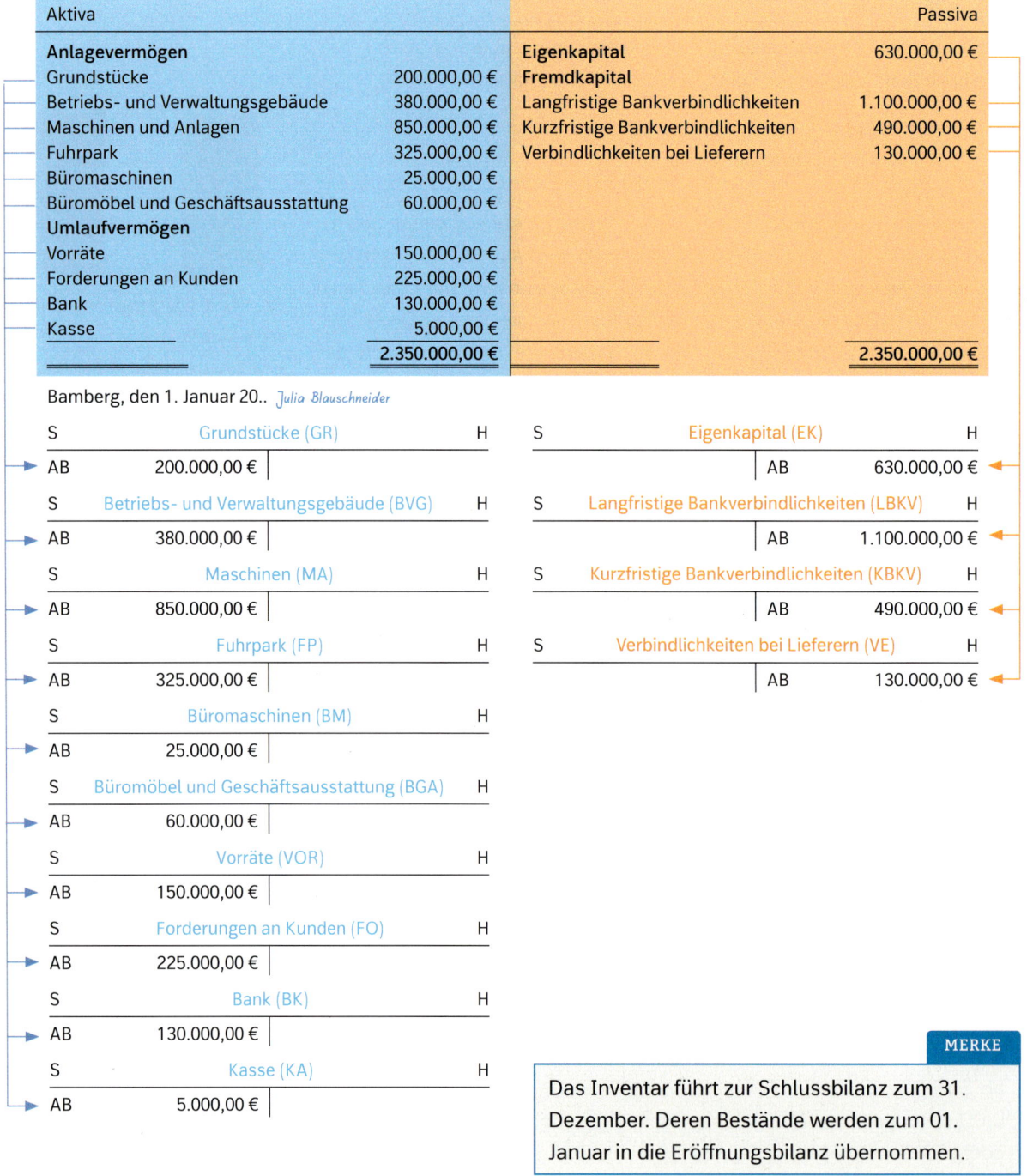

Eröffnungsbilanz
Blauschneider Jeans e. K., Bamberg
zum 1. Januar 20..

Aktiva		Passiva	
Anlagevermögen		Eigenkapital	630.000,00 €
Grundstücke	200.000,00 €	**Fremdkapital**	
Betriebs- und Verwaltungsgebäude	380.000,00 €	Langfristige Bankverbindlichkeiten	1.100.000,00 €
Maschinen und Anlagen	850.000,00 €	Kurzfristige Bankverbindlichkeiten	490.000,00 €
Fuhrpark	325.000,00 €	Verbindlichkeiten bei Lieferern	130.000,00 €
Büromaschinen	25.000,00 €		
Büromöbel und Geschäftsausstattung	60.000,00 €		
Umlaufvermögen			
Vorräte	150.000,00 €		
Forderungen an Kunden	225.000,00 €		
Bank	130.000,00 €		
Kasse	5.000,00 €		
	2.350.000,00 €		**2.350.000,00 €**

Bamberg, den 1. Januar 20.. *Julia Blauschneider*

S	Grundstücke (GR)	H
AB	200.000,00 €	

S	Betriebs- und Verwaltungsgebäude (BVG)	H
AB	380.000,00 €	

S	Maschinen (MA)	H
AB	850.000,00 €	

S	Fuhrpark (FP)	H
AB	325.000,00 €	

S	Büromaschinen (BM)	H
AB	25.000,00 €	

S	Büromöbel und Geschäftsausstattung (BGA)	H
AB	60.000,00 €	

S	Vorräte (VOR)	H
AB	150.000,00 €	

S	Forderungen an Kunden (FO)	H
AB	225.000,00 €	

S	Bank (BK)	H
AB	130.000,00 €	

S	Kasse (KA)	H
AB	5.000,00 €	

S	Eigenkapital (EK)	H
	AB	630.000,00 €

S	Langfristige Bankverbindlichkeiten (LBKV)	H
	AB	1.100.000,00 €

S	Kurzfristige Bankverbindlichkeiten (KBKV)	H
	AB	490.000,00 €

S	Verbindlichkeiten bei Lieferern (VE)	H
	AB	130.000,00 €

MERKE

Das Inventar führt zur Schlussbilanz zum 31. Dezember. Deren Bestände werden zum 01. Januar in die Eröffnungsbilanz übernommen.

III Einführung in die Geschäftsbuchführung

Für jeden Bilanzposten eröffnet Julia Blauschneider nun ein eigenes Konto, indem sie ein T-Konto erstellt und den jeweiligen Anfangsbestand einträgt. Die linke Seite eines T-Kontos heißt „Soll", die rechte Seite heißt „Haben". Je nach Kontenart gelten folgende Regeln:

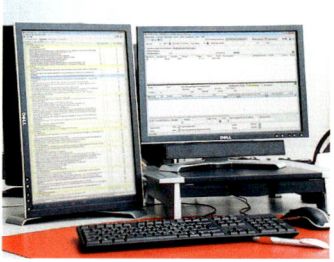

Buchhaltungsprogramm

Posten aus der Aktivseite der Bilanz werden zu aktiven Bestandskonten.	Posten aus der Passivseite der Bilanz werden zu passiven Bestandskonten.
Bei ihnen steht der Anfangsbestand (aus der Bilanz) auf der Sollseite. Auch Mehrungen werden dort eingetragen. Minderungen stehen auf der Habenseite.	Bei ihnen steht der Anfangsbestand (aus der Bilanz) auf der Habenseite. Auch Mehrungen werden dort eingetragen. Minderungen stehen auf der Sollseite.
S aktives Bestandskonto H AB | – + |	S passives Bestandskonto H – | AB | +
Beispiel: Grundstücke, Maschinen, Forderungen, Kasse, ...	Beispiel: Eigenkapital, Verbindlichkeiten, kurzfristige Bankverbindlichkeiten, ...

MERKE

Die linke Seite jedes Kontos heißt „**Soll**". Bei aktiven Bestandskonten stehen dort die Mehrungen, bei passiven Bestandskonten die Minderungen.

Die rechte Seite jedes Kontos heißt „**Haben**". Bei aktiven Bestandskonten stehen dort die Minderungen, bei passiven Bestandskonten die Mehrungen.

AUFGABE 73

Entscheide, ob diese Aussagen richtig oder falsch sind. Verbessere sie in deinem Heft, wenn nötig:
1. Bei einer Barabhebung vom Bankkonto nimmt das Konto Bank auf der Habenseite ab und das Konto Kasse nimmt im Haben zu.
2. Wenn wir bei der Knetebank einen langfristigen Kredit aufnehmen, nehmen die Konten LBKV und Bank im Haben zu.
3. Eine Banküberweisung an unseren Lieferer bedeutet, unser Konto Bank wird im Soll gebucht, das Konto Verbindlichkeiten im Haben.
4. Wenn wir Bargeld aufs Bankkonto einzahlen, verändert sich die Bilanzsumme nicht.
5. Wenn unser Kunde einen Rechnungsbetrag an uns überweist, nehmen unsere Konten Bank und Forderungen ab.
6. Die Sollseite ist die Plusseite (eines Kontos).
7. BwR macht Spaß.

AUFGABE 74

Bei unserer Bilanz tut sich was. Formuliere den Geschäftsfall, der hinter der Veränderung steckt, und bestimme die Art der Bilanzveränderung.

1. Maschinen +   Kasse −
2. Verbindlichkeiten −   Bank −
3. Büromöbel und Geschäftsausstattung −   Forderungen +
4. Langfristige Bankverbindlichkeiten +   Bank +
5. Eigenkapital +   Kasse +
6. Kasse −   Fuhrpark +
7. Forderungen −   Kasse +
8. Verbindlichkeiten +   Büromaschinen +

AUFGABE 75

1. Erstelle anhand der folgenden Anfangsbestände eine Bilanz (Reihenfolge der Posten laut HGB einhalten!).
   Forderungen 26.720,00 €, Eigenkapital ? €, Maschinen 80.000,00 €, Bank 14.000,00 €, langfristige Bankverbindlichkeiten 120.000,00 €, Büromöbel und Geschäftsausstattung 44.800,00 €, Verbindlichkeiten 48.460,00 €, Bargeld 1.800,00 €, Vorräte 60.200,00 €
2. Zeichne die Konten MA, VE und KA und eröffne sie durch das Eintragen des Anfangsbestands.

AUFGABE 76

Aufgabe für Profis: Begründe für jeden dieser Geschäftsfälle, welche beiden Posten der Bilanz sie verändern und auf welcher Seite (Soll oder Haben).

1. Julia Blauschneider kauft einen neuen Lkw gegen Rechnung.
2. Das Kaufhaus Hin & Weg überweist endlich den ausstehenden Betrag.
3. Abends bringt der Azubi die Geldbombe zur Zasterkasse.
4. Blauschneider verkauft eine Lagerhalle; der Käufer zahlt in drei Monaten.
5. Barkauf eines neuen Ordnerdrehregals; das Sekretariat freut sich.
6. Der 2-Jahreskredit für die neue Nähmaschine wird gutgeschrieben.
7. Julia Blauschneider überweist den Rechnungsbetrag aus Fall 1.

Neues Regal für das Sekretariat

Nachttresor für Geldbomben

Lagerhalle

4.2 Zielgeschäfte im Unternehmen Blauschneider

Julia Blauschneider hat mit zahlreichen Geschäftspartnern zu tun – mit Lieferern beim Einkauf und mit Kunden beim Verkauf von Waren. Aufgrund des Vertrauens zwischen den Geschäftsleuten ist es üblich, dass man gekaufte Waren nicht sofort bezahlen muss, sondern „auf Ziel" kauft. Das bedeutet, man erhält eine Zahlungsfrist von z. B. 30 Tagen: „Zahlung fällig am ...". Das Zahlungsziel ist der letzte Tag dieser Frist – bis dahin muss man den Rechnungsbetrag begleichen. Diese Informationen stehen auf der jeweiligen Rechnung:

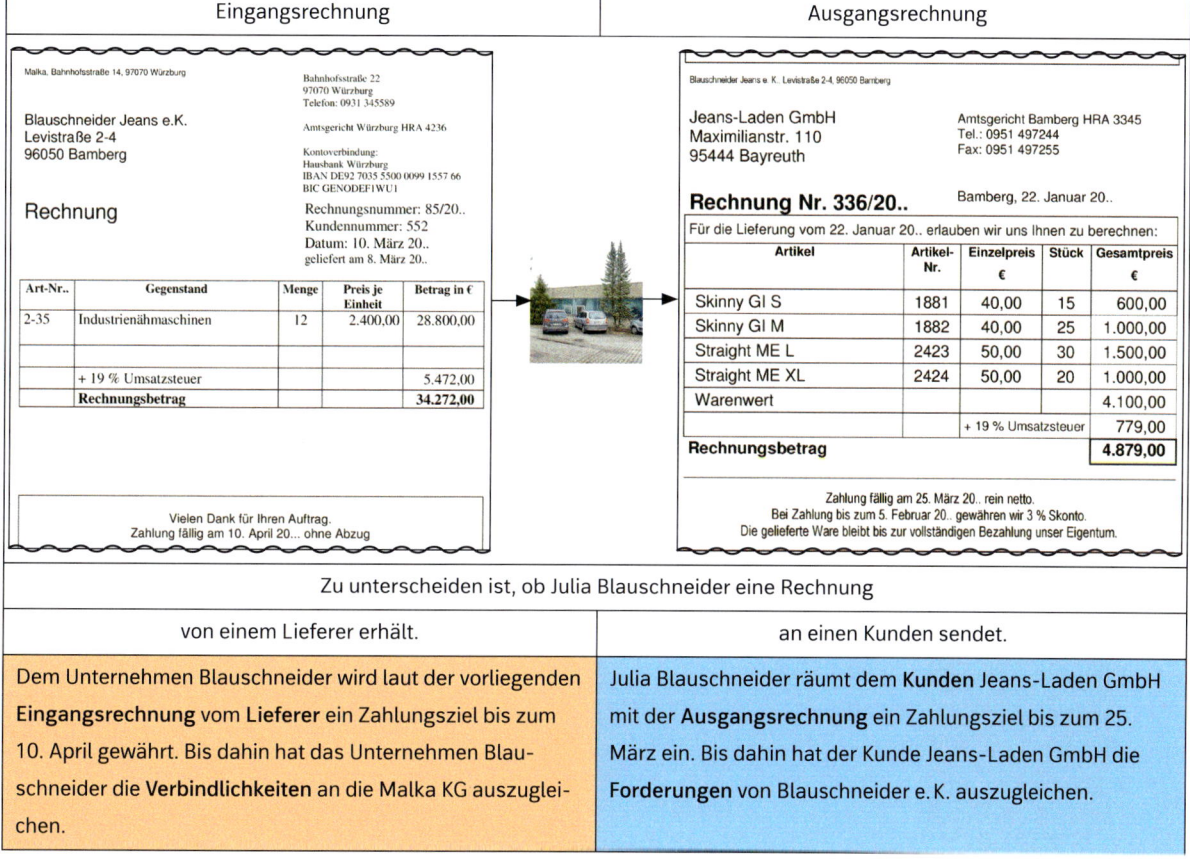

Zu unterscheiden ist, ob Julia Blauschneider eine Rechnung	
von einem Lieferer erhält.	an einen Kunden sendet.
Dem Unternehmen Blauschneider wird laut der vorliegenden **Eingangsrechnung** vom **Lieferer** ein Zahlungsziel bis zum 10. April gewährt. Bis dahin hat das Unternehmen Blauschneider die **Verbindlichkeiten** an die Malka KG auszugleichen.	Julia Blauschneider räumt dem **Kunden** Jeans-Laden GmbH mit der **Ausgangsrechnung** ein Zahlungsziel bis zum 25. März ein. Bis dahin hat der Kunde Jeans-Laden GmbH die **Forderungen** von Blauschneider e. K. auszugleichen.

Folgende Begriffe gehören also zusammen:

Von	An
Lieferern	**Kunden**
erhält das Unternehmen Blauschneider Waren oder Dienstleistungen. Auf der	liefert das Unternehmen Blauschneider die hergestellten Waren aus. Auf der
Eingangsrechnung	**Ausgangsrechnung**
steht, wie viel und bis wann Frau Blauschneider bezahlen muss. Dieser Rechnungsbetrag wird auf dem passiven Bestandskonto „Verbindlichkeiten (VE)" gebucht. Bis zum Zahlungsziel wird sie den Rechnungsbetrag an den Lieferer bezahlen.	steht, wie viel und bis wann der Kunde an Blauschneider zahlen muss. Dieser Rechnungsbetrag wird auf dem aktiven Bestandskonto „Forderungen (FO)" gebucht. Bis zum Zahlungsziel wird der Kunde den Rechnungsbetrag an Blauschneider bezahlen.

Methode

Julia Blauschneider wertet Belege aus

Julia Blauschneider hält die verschiedenen betrieblichen Vorgänge schriftlich bzw. mit Buchhaltungsprogrammen fest. Für Einkäufe und Verkäufe liegen ihr zahlreiche Rechnungen vor. Kontoauszüge der Bank belegen Einzahlungen und Überweisungen vom Geschäftskonto. Nun untersuchen auch wir all diese Belege näher.

Geschäftsfall:
Das Unternehmen Blauschneider kauft 12 Industrienähmaschinen zum Nettowert von 28.800,00 € + 19 % Umsatzsteuer gegen Rechnung.

Malka KG
Fertigungsmaschinen und Industrieroboter
Würzburg

Malka, Bahnhofstraße 14, 97070 Würzburg

Bahnhofsstraße 22
97070 Würzburg
Telefon: 0931 345589

Blauschneider Jeans e.K.
Levistraße 2-4
96050 Bamberg

Amtsgericht Würzburg HRA 4236

Kontoverbindung:
Hausbank Würzburg
IBAN DE92 7035 5500 0099 1557 66
BIC GENODEF1WU1

Rechnung

Rechnungsnummer: 85/20..
Kundennummer: 552
Datum: 10. März 20..
geliefert am 8. März 20..

Art-Nr..	Gegenstand	Menge	Preis je Einheit	Betrag in €
2-35	Industrienähmaschinen	12	2.400,00	28.800,00
	+ 19 % Umsatzsteuer			5.472,00
	Rechnungsbetrag			**34.272,00**

Geschäftsfall:
Blauschneider verkauft 90 Jeans gegen Rechnung an die Jeans-Laden GmbH: 4.879,00 € brutto.

Blauschneider Jeans e. K.
Levistraße 2-4
96050 Bamberg

Blauschneider Jeans e. K., Levistraße 2-4, 96050 Bamberg

Jeans-Laden GmbH
Maximilianstr. 110
95444 Bayreuth

Amtsgericht Bamberg HRA 3345
Tel.: 0951 497244
Fax: 0951 497255

Rechnung Nr. 336/20..

Bamberg, 22. Januar 20..

Für die Lieferung vom 22. Januar 20.. erlauben wir uns Ihnen zu berechnen:

Artikel	Artikel-Nr.	Einzelpreis €	Stück	Gesamtpreis €
Skinny GI S	1881	40,00	15	600,00
Skinny GI M	1882	40,00	25	1.000,00
Straight ME L	2423	50,00	30	1.500,00
Straight ME XL	2424	50,00	20	1.000,00
Warenwert				4.100,00
		+ 19 % Umsatzsteuer		779,00
Rechnungsbetrag				**4.879,00**

Zahlung fällig am 25. März 20.. rein netto.
Bei Zahlung bis zum 5. Februar 20.. gewähren wir 3 % Skonto.
Die gelieferte Ware bleibt bis zur vollständigen Bezahlung unser Eigentum.

Bankverbindung: Regnitzbank Bamberg
IBAN: DE80 7905 5000 1270 0083 74 · BIC: REGBDE88XXX
USt-IdNr. DE 233555621 Steuernr. 178/2945/3428

ARBEITSAUFTRAG

Prüfe,
– ob die angegebenen Beträge stimmen und
– wann die Rechnung an den Jeans-Laden bezahlt werden muss.

Belege auswerten Methode 105

Die zahlreichen Geschäftsfälle im Unternehmen Blauschneider werden mit unterschiedlichen Belegen dokumentiert.

Jeden Tag steht Frau Blauschneider in ihrem Unternehmen vor neuen Herausforderungen und Aufgaben – stellvertretend für die zahlreichen Geschäftsfälle liegen diese Belege vor ihr.

Welche Art von Beleg liegt jeweils vor?

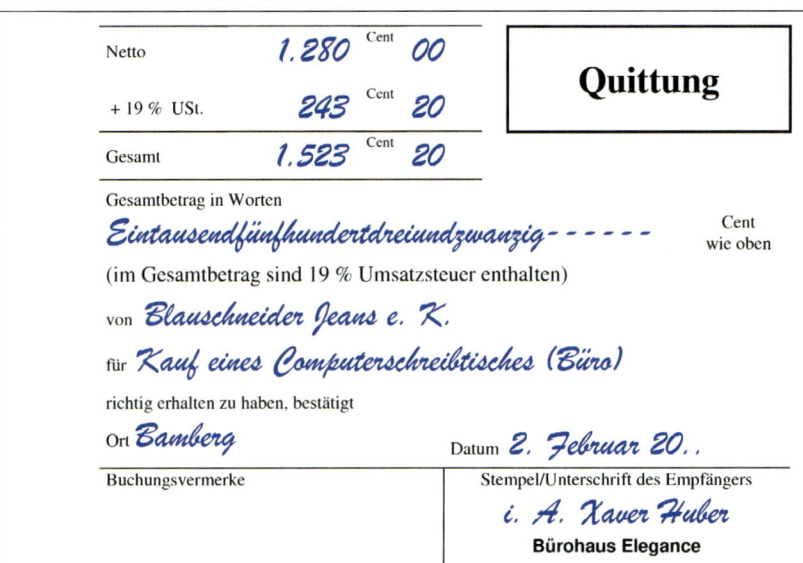

MERKE

Alle Dokumente rund um Geschäftsfälle, mit deren Hilfe man z. B. Preise und Zahlungsfristen beweisen (= belegen) kann, nennt man **Belege**.

ARBEITSAUFTRAG

Wertet aus,
– welche Art von Beleg hier jeweils vorliegt und
– welche Geschäftsfälle hier dokumentiert wurden.

SF Sparkasse Franken

Blauschneider Jeans e. K.

Wir kümmern uns um Ihr Geld

IBAN DE21 7703 0000 0083 7412 70
Sitzungsende in 08:35

Banking beenden

Kontenübersicht   Auftragslisten   SF-Service   Depots   Mailbox

Umsätze anzeigen für: Kontokorrentkonto   aktueller Kontostand   **56.945,39 €**
Kontokorrentkredit: 50.000,00 €

Buchungstag	Wertstellung	Umsatzart	Details	Betrag (€)	Saldo (€)
18.02.20..	18.02.20..	Gutschrift	DE65 7001 0088 0403 0583 25 Sparkasse Franken Kredit Vorgang Nr. 20../456.76	+ 20.350,00	71.294,89
18.02.20..	19.02.20..	Lastschrift	DE34 7001 3392 0496 8855 34 Mandat 554j6ur73j4h5h6j4j Einreicher Finanzamt BA-Süd	- 3.800,00	67.494,89
19.02.20..	20.02.20..	Überweisung	DE12 4002 0055 0394 9911 23 Stoffkontor Hamburg KG Re. Nr. 546/20..	- 8.889,50	58.605,39
19.02.20..	20.02.20..	Auszahlung	DE88 2001 0033 0432 9188 50 Filiale Bahnhofstr. 15	- 1.000,00	57.605,39
19.02.20..	20.02.20..	Überweisung	DE67 3001 1080 0485 8932 34 Büromarkt Hefter	- 660,00	56.945,39

> **MERKE**
> Keine Buchung ohne Beleg!

Bearbeiten der Belege

Dauernd ist bei Blauschneider etwas los – Frau Blauschneider hat reichlich mit Belegen zu tun. So geht sie vor:

- Prüfen der Belege
  - Sachlich richtig? (Richtige Ware? Vereinbarte Liefer- und Zahlungsbedingungen enthalten?)
  - Rechnerisch richtig?
- Sortieren der Belege
  - nach Eingangs-/Ausgangsrechnungen, Kontoauszüge, Quittungen …
  - oder nach Datum
- Nummerieren der Belege
  - z. B. ER 312/20..
- Buchen der Belege
- Ablage in Ordnern bzw. Einscannen der Belege für die EDV

> **INFO**
> Mithilfe der **Elektronischen Datenverarbeitung (EDV)** werden Belege und andere Daten über Computer erfasst und bearbeitet.
>
> Wenn der Originalbeleg (= natürlicher Beleg) verloren gegangen ist, wird ein **Ersatzbeleg** erstellt.

> **DEFINITION**
>
>
>
> **Natürliche Belege**
>
> **Externe Belege = Fremdbelege**
> - Eingangsrechnungen
> - Quittungen von Lieferern
> - Kontoauszüge
> - Briefe von Geschäftspartnern
>
> **Interne Belege = Eigenbelege**
> - Ausgangsrechnungen
> - Lohnlisten
> - Materialentnahmescheine
> - Quittungsdurchschriften für Verkäufe an Kunden

Scanner für Belege

Bedeutung der Belege für Julia Blauschneider

Geschäftsbelege müssen sorgfältig abgelegt und **10 Jahre** lang aufbewahrt werden (Aufbewahrungsfrist gemäß HGB), damit man Geschäftsfälle auch noch nach Jahren überprüfen kann. Unsere Geschäftsleitung oder z. B. das Finanzamt brauchen diese Sicherheit. Die Belege enthalten ungekürzt alle wesentlichen Informationen über einen Geschäftsfall.

AUFGABE 77

1. Überprüfe die Quittung von S. 105. Nenne neun wichtige Informationen, die du ihr entnehmen kannst.
2. Betrachte den Kontoauszug von S. 105 und beantworte folgende Fragen:
   2.1 Ermittle, ob und wie viel Geld Frau Blauschneider im Februar Geld abgehoben hat.
   2.2 Warum hat sie 8.889,50 € überwiesen?
   2.3 Wie viel Euro hat Blauschneider im Moment auf dem Konto?
   2.4 Wie hoch war der Kontostand am Abend des 17.02.20..?
   2.5 Woran erkennst du, dass das Unternehmen Blauschneider eine größere Anschaffung plant?

III Einführung in die Geschäftsbuchführung

Und jetzt mal für Experten ...

ARBEITSAUFTRAG

Analysiere diese vier Belege.
Hilfen findest du auf S. 160.

① **Malka KG**
Fertigungsmaschinen und Industrieroboter
Würzburg

Malka, Bahnhofstraße 14, 97070 Würzburg

Blauschneider Jeans e.K.
Levistraße 2-4
96050 Bamberg

Bahnhofstraße 22
97070 Würzburg
Telefon: 0931 345589

Amtsgericht Würzburg HRA 4236

Kontoverbindung:
Hausbank Würzburg
IBAN DE92 7035 5500 0099 1557 66
BIC GENODEF1WU1

Rechnung

Rechnungsnummer: 85/20..
Kundennummer: 552
Datum: 10. März 20..
geliefert am 8. März 20..

Art.-Nr.	Gegenstand	Menge	Preis je Einheit	Betrag in €
2-35	Industrienähmaschinen	12	2.400,00	28.800,00
	+ 19 % Umsatzsteuer			5.472,00
	Rechnungsbetrag			**34.272,00**

Vielen Dank für Ihren Auftrag.
Zahlung fällig am 10. April 20... ohne Abzug
Bitte bei Zahlungen und Schriftwechsel stets die Rechnungs-Nummer angeben.

② **Blauschneider Jeans e. K.**
Levistraße 2-4
96050 Bamberg

BJ BLAUSCHNEIDER JEANS e.K.

Blauschneider Jeans e. K., Levistraße 2-4, 96050 Bamberg

Jeans-Laden GmbH
Maximilianstr. 110
95444 Bayreuth

Amtsgericht Bamberg HRA 3345
Tel.: 0951 497244
Fax: 0951 497255

Bamberg, 22. Januar 20..

Rechnung Nr. 336/20..

Für die Lieferung vom 22. Januar 20.. erlauben wir uns Ihnen zu berechnen:

Artikel	Artikel-Nr.	Einzelpreis €	Stück	Gesamtpreis €
Skinny Gl S	1881	40,00	15	600,00
Skinny Gl M	1882	40,00	25	1.000,00
Straight ME L	2423	50,00	30	1.500,00
Straight ME XL	2424	50,00	20	1.000,00
Warenwert				4.100,00
		+ 19 % Umsatzsteuer		779,00
Rechnungsbetrag				**4.879,00**

Zahlung fällig am 25. März 20.. rein netto.
Bei Zahlung bis zum 5. Februar 20.. gewähren wir 3 % Skonto.
Die gelieferte Ware bleibt bis zur vollständigen Bezahlung unser Eigentum.

Bankverbindung: Regnitzbank Bamberg
IBAN: DE80 7905 5000 1270 0083 74 – BIC: REGBDE88XXX
USt-IdNr. DE 233555621   Steuernr. 178/2945/3428

③ **SF Sparkasse Franken**

Blauschneider Jeans e. K.

Banking beenden

IBAN DE21 7703 0000 0083 7412 70
Sitzungsende in 08:35

Wir kümmern uns um Ihr Geld

Kontenübersicht   Auftragslisten   SF-Service   Depots   Mailbox

aktueller Kontostand **56.945,39 €**

Umsätze anzeigen für: **Kontokorrentkonto**
Kontokorrentkredit: **50.000,00 €**

Buchungstag	Wertstellung	Umsatzart	Details	Betrag (€)	Saldo (€)
			DE65 7001 0088 0403 0583 25	+ 20.350,00	71.294,89
18.02.20..	18.02.20..	Gutschrift	Sparkasse Franken Kredit Vorgang Nr. 20../456.76		
18.02.20..	19.02.20..	Lastschrift	DE54 7001 3392 0496 8855 34 Mandat 554j6ur73j4h5h6j4j Einreicher Finanzamt BA-Süd	- 3.800,00	67.494,89
19.02.20..	20.02.20..	Überweisung	DE12 4002 0055 0394 9911 23 Stoffkontor Hamburg KG Re. Nr. 546/20..	- 8.889,50	58.605,39
19.02.20..	20.02.20..	Auszahlung	DE88 2001 0033 0432 9188 50 Filiale Bahnhofstr. 15	- 1.000,00	57.605,39
19.02.20..	20.02.20..	Überweisung	DE67 3001 1080 0485 8932 34 Büromarkt Hofter	- 660,00	56.945,39

④ **Quittung**

Netto	1.280	Cent 00
+ 19 % USt.	243	Cent 20
Gesamt	1.523	Cent 20

Gesamtbetrag in Worten

*Eintausendfünfhundertdreiundzwanzig - - - - - *   Cent wie oben

(im Gesamtbetrag sind 19 % Umsatzsteuer enthalten)

von *Blauschneider Jeans e. K.*
für *Kauf eines Computerschreibtisches (Büro)*
richtig erhalten zu haben, bestätigt
Ort *Bamberg*

Buchungsvermerke

Datum *2. Februar 20..*

Stempel/Unterschrift des Empfängers

i. A. Xaver Huber
Bürohaus Elegance

4.3 Würfelspiel: KARRIERELEITER

Ein Würfel, eine Münze pro Mitspieler – und auf geht's! Leitern führen nach oben, Rutschen bergab. Doch Vorsicht,

ZIEL			Ihr seid zahlungsunfähig. → 6 zurück!		
Wie viele Werte gibt es bei den Euroscheinen? → 1 vor!				Wie heißen die Seiten eines Kontos? → 1 vor!	
			Der Staat fördert eure umweltfreundliche Färbung der Jeansstoffe. → 2 vor!		Du fällst wegen Grippe aus. → 1 zurück!
Nenne drei Tätigkeiten bei der Inventur. → 2 vor!	Unser größter Lkw hat einen Unfall. → 3 zurück!			Welche beiden Teile hat das Vermögen? → 1 vor!	
Ab wie vielen Tagen Laufzeit ist ein Kredit langfristig? → 1 vor!				Die neue Designerjeans floppt. → 5 zurück!	
START			Frau Blauschneider unterstützt dein Projekt. → 2 vor!	Nenne drei passive Bestandskonten. → 1 vor!	

III Einführung in die Geschäftsbuchführung

auf der Karriereleiter lauern auch Fallen … ▪ Wissen ▪ Ereignis

Du suchst wichtige Unterlagen vom Stoffhersteller. → 3 zurück!		Wie heißt die rechte Seite der Bilanz? → 3 vor!			Du hast eine wichtige Mail gelöscht. → 2 zurück!
Du wirst wieder nicht befördert. → 4 zurück!	Berechne 10 % von 10,00 €. → 1 vor!		Ziehe 25 % von 80,00 € ab. → 1 vor!		
	Nenne drei aktive Bestandskonten. → 1 vor!	Dein Chef ist gegen deine Ideen. → 3 zurück!			Ziehe 40 % von 100,00 € ab. → 1 vor!
Frau Blauschneider hat einen Lieferrabatt ausgehandelt. → 2 vor!	Du hast Liebeskummer. → 2 zurück!		Deine Präsentation über Jeansherstellung in Pakistan beeindruckt alle. → 3 vor!		
	Dein Lieblingskollege kündigt. → 2 zurück!	Berechne 150 % von 2,00 €. → 1 vor!			Welche drei Posten kommen nach „Maschinen"? → 1 vor!
Berechne 20 % von 600,00 €. → 1 vor!		Ein Kunde ist zahlungsunfähig. → 3 zurück!	Du gewinnst ein Modehaus als neuen Kunden. → 3 vor!		Du flirtest am Kopiergerät. → 2 vor!

5 Julia Blauschneider bucht Geschäftsfälle

5.1 Auswertung von Belegen

Auch Frau Blauschneider liegt der unten stehende Kontoauszug vor. Lies zunächst nach, was die nummerierten Angaben aussagen:

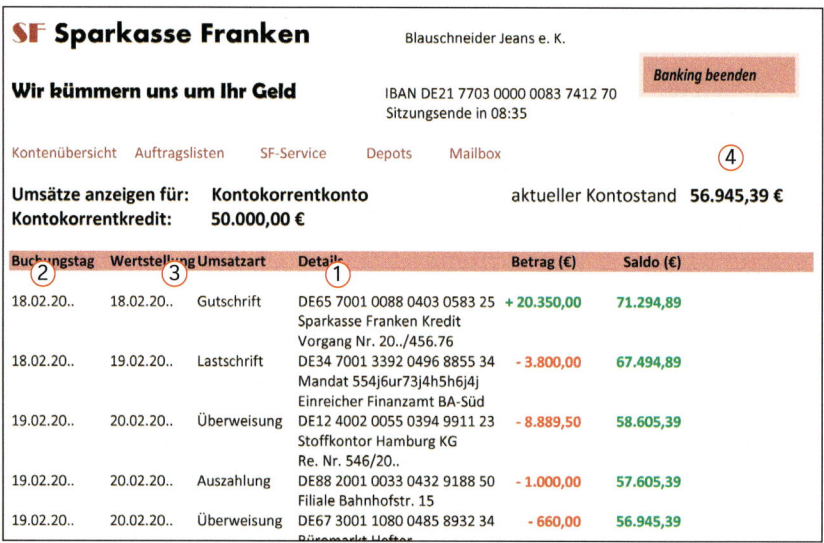

Die Auswertung des Kontoauszuges ergibt unter anderem:

① Es haben sich fünf Geschäftsfälle ereignet, die in der Spalte „Details" kurz beschrieben sind.

② Die Anordnung der Geschäftsfälle erfolgt nach dem Buchungstag (siehe Spalte „BU-Tag").

③ Die Wertstellung besagt, dass an diesem Tag die gebuchten €-Beträge dem Bankkonto gutgeschrieben oder belastet werden.

④ Der alte Kontostand hat sich aufgrund der fünf Geschäftsfälle auf den neuen Kontostand von 56.945,39 € vermindert.

AUFGABE 78

Auf geht's zum Buchen dieser Geschäftsfälle!

1. Überprüfe, was euer Praktikant für den letzten Geschäftsfall notiert hat. Stelle die Buchung gegebenfalls richtig und gib die Bilanzveränderung an. Beschreibe den/die Fehler, den/die der Praktikant gemacht hat.
   KA / + /Soll
   BGA / + /Soll

2. Nenne Frau Blauschneider für die weiteren Geschäftsfälle die beiden erforderlichen Konten, ob + oder − sowie die richtigen Kontenseiten (z. B. Fuhrpark / + / Soll) und die Art der Bilanzveränderung.

AUFGABE 79

Darlehensgutschrift, Rechnungsausgleich
… bist du auch verwirrt? Nein, du kannst die Angaben von Aufgabe 76 auch für folgende Geschäftsfälle nennen:

1. Wir heben von unserem Bankkonto 700,00 € bar ab.
2. Von unserem Bankkonto überweisen wir 1.200,00 € an den Öllieferer.
3. Wir tilgen 2.000,00 € unseres 10-Jahres-Kredits über 65.000,00 € durch Überweisung von unserem Bankkonto.

III Einführung in die Geschäftsbuchführung

Dieselstraße 10
96052 Bamberg
Telefon 0951 912556
Telefax 0951 912566

Autohaus Freundlich e. K.
Neu- und Gebraucht-
wagenverkauf
Lkw - Busse

Autohaus Freundlich * Dieselstraße 10 * 96052 Bamberg

Blauschneider Jeans e. K.
Levistraße 2 – 4
96050 Bamberg

Rechnung
Nr. 12/20..
Datum: 25. Februar 20..
Leistung vom 25. Februar 20..

Fabrikat:	MMX
Fahrgestell-Nr.:	JMBG13D20000567542000
Modellbezeichnung:	40635XXL
Kfz-Brief:	FP280
Pol.-Kennzeichen:	BA BS 207
Schlüssel-Nr.:	19879
Typ:	406 3,0i XXLX
Fahrzeugart:	E-Transporter Hybrid
Karosserie/Aufbau:	4-türig
Farbcode:	SGH8
Farbe:	Magenta
Polsterung:	ANTHRAZIT GEMUSTERT
Bereifung:	395R15 78S
Motor/ccm/KW/PS:	DIESEL/2995/098/134

FAHRZEUGPREIS	124.000,00 €
Nettobetrag	124.000,00 €
USt. 19 %	23.560,00 €
Gesamtbetrag	147.560,00 €

Amtsgericht Bamberg HRA 1344
USt-IdNr. DE 810243520 Steuernr. 116/3902/5871
Zahlung fällig am 25. März 20.. rein netto
Bankverbindung: Sparkasse Franken (BIC BYLADEM1XXX)
IBAN DE39 7703 0000 4805 8284 08

AUFGABE 80

1. Bestimme folgende Angaben aus dem Beleg:
    1.1 Art des Belegs (zwei Begriffe!)
    1.2 Fälligkeit der Zahlung (Zahlungsziel)
    1.3 Zu zahlender Betrag
    1.4 Was wurde gekauft?
    1.5 Rechnungsdatum
    1.6 Die beiden erforderlichen Konten
    1.7 Die richtigen Kontenseiten
    1.8 Art der Bilanzveränderung

2. Erläutere, wofür folgende Abkürzungen stehen:
    2.1 e. K.
    2.2 HRA
    2.3 USt-IdNr.
    2.4 Steuernr.
    2.5 IBAN
    2.6 BIC

3. Der angegebene Fahrzeugpreis liegt 20 % unter dem Listenpreis, da das Fahrzeug ein Auslaufmodell ist. Berechne den Listenpreis.

5.2 Vorkontierung von Belegen

Frau Blauschneider führt eine Vorbereitung der Buchungen mithilfe eines **Vorkontierungsstempels** durch, den sie auf jedem Beleg abdruckt und ausfüllt:

	Konto	Soll	Haben
	Bank	5.950,00	
	Forderungen		5.950,00
BA 304	Gebucht	12. April 20.. Julia Blauschneider	

Zur übersichtlichen Darstellung der Geschäftsfälle kann sie auch ein **Vorkontierungsblatt** erstellen:

Buchungsart	Datum	Soll	Haben	Buchungsnummer		Betrag (€)
①	②	③	④	⑤		⑥
...	...	...	...	...	...	...
...	...	...	...	...	...	...
...	...	...	...	...	...	...
B	0304	Bank (BK)	Forderungen (FO)	304		5.950,00
B	0604	Verbindlichkeiten (VE)	Bank (BK)	305		235.600,00
B	0704	Verbindlichkeiten (VE)	Bank (BK)	306		147.560,00
B	0804	Bank (BK)	Forderungen (FO)	307		93.415,00
B	0904	Kasse (KA)	Bank (BK)	308		3.000,00
B	1004	Bank (BK)	langfr. Bankverbindl. (LBKV)	309		200.000,00

Der Aufbau des Vorkontierungsblattes ähnelt dem Vorkontierungsstempel:
① In der Spalte **Buchungsart** wird für die laufenden Buchungen ein B eingetragen.
② Die Eintragungen erfolgen in der **zeitlichen Reihenfolge** der Geschäftsfälle (Beleg-Datum).
③ Hier ist das Konto einzutragen, das auf der **Sollseite** betroffen ist (z. B. Bank bei einer Mehrung).
④ Hier ist das Konto einzutragen, das auf der **Habenseite** betroffen ist (z. B. Forderungen bei einer Minderung).
⑤ Bei der **Buchungsnummer** handelt es sich um eine fortlaufende Nummer aller Buchungen.
⑥ In dieser Spalte ist der **gebuchte Betrag** einzutragen.

5.3 Unsere Geheimsprache – der Buchungssatz

Um beim Buchen der Geschäftsfälle Zeit zu sparen, hat Julia Blauschneider die Vorkontierungstabelle erstellt. Eine noch einfachere Form der Buchungsanweisung ist der Buchungssatz. Hierbei ist die Anordnung der Konten fest vorgeschrieben:

**Das Konto, welches im Soll betroffen ist, steht links und
das Konto, welches im Haben betroffen ist, steht rechts.**

Durch das Wort „an" werden Soll- und Habenbuchung voneinander getrennt.

Beispiel: Unser Kunde Peter Pagare begleicht seine Schulden bei uns durch Überweisung, 5.950,00 €.

Vier Fragen für jeden Buchungssatz: WAMS

Welche Konten sind betroffen?	Forderungen	Bank
Aktive oder passive Bestandkonten?	aktives Bestandskonto	aktives Bestandskonto
Mehrung (+) oder Minderung (–)?	Minderung	Mehrung
Soll oder Haben?	Haben	Soll

Beim Buchungssatz wird immer zuerst die Sollbuchung genannt:

Bank 5.950,00 € an Forderungen 5.950,00 €

AUFGABE 81

Bilde die Buchungssätze im Unternehmen zu den folgenden Geschäftsfällen – aber bitte langsam, du brauchst viel Konzentration, bis du unsere Geheimsprache sicher beherrschst:

1. Frau Blauschneider hebt 1.200,00 € Bargeld vom Bankkonto ab.
2. Sie verwendet 300,00 € davon für einen neuen Schreibtischstuhl.
3. Frau Blauschneider verkauft einen alten Gabelstapler gegen Rechnung an das Kaufhaus Hin & Weg, 5.500,00 €.
4. Sie überweist 4.500,00 € an die Bank, um einen Halbjahreskredit zu tilgen.
5. Die Rechnung der Werbeagentur für Prospekte (800,00 €) zahlt sie bar.
6. Das Kaufhaus Hin & Weg überweist den fälligen Betrag aus Fall 3.
7. Frau Blauschneider hat einen Vierteljahreskredit für den Kauf eines neuen Kleintransporters aufgenommen. Die Zasterkasse schreibt dem Geschäftskonto 30.000,00 € gut.
8. Der neue Kleintransporter wird gegen Rechnung gekauft: 28.950,00 €.
9. Der Rechnungsbetrag aus Fall 8 wird überwiesen.
10. Frau Blauschneider bringt eine Geldbombe zur Zasterkasse. Sie enthält 4.150,00 €. Am nächsten Morgen wird der Betrag dem Geschäftskonto gutgeschrieben.

MERKE

Jeder Geschäftsfall verändert immer mindestens zwei Bilanzposten.

Davon ist **ein Konto im Soll und ein Konto im Haben** betroffen.

MERKE

SOLL an HABEN

VORSICHT

„an" steht nicht für eine Richtung!

Beim Buchungssatz „Kasse an Bank" nehmen das Konto Kasse zu und das Konto Bank ab – es geht also Geld vom Bankkonto zur Kasse und nicht umgekehrt!

Mit den drei Wörtern im Buchungssatz kannst du Mitschülern aus deiner Wahlpflichtfächergruppe IIIa mitteilen, was im Unternehmen passiert ist. Doch jede Geheimsprache muss intensiv trainiert werden! Auf geht's!

AUFGABE 82

Bilde die Buchungssätze zu den folgenden Geschäftsfällen bei Blauschneider.
1. Barabhebung von unserem Bankkonto, 3.000,00 €.
2. Wir wandeln eine Liefererschuld in eine kurzfristige Bankverbindlichkeit um, 5.000,00 €.
3. Am Monatsende tilgen wir einen Zweijahreskredit durch Banküberweisung, 20.000,00 €.
4. Der Rechnungsbetrag des Heizöllieferers wird überwiesen, 3.120,00 €.
5. Verkauf einer gebrauchten Nähmaschine gegen Rechnung, 400,00 €.
6. Kauf eines Computers für das Büro gegen Kassenquittung, 6.000,00 €.
7. Der Rechnungsbetrag aus Fall 5 wird bar bezahlt.
8. Aus der Erbschaft von Großtante Trude überweist Frau Blauschneider 70.000,00 € auf das Geschäftskonto.
9. Barverkauf des gebrauchten Kleintransporters, 8.000,00 €.

AUFGABE 83

Auf dem Weg zum Experten ... Bilde die Buchungssätze zu den folgenden Geschäftsfällen beim Unternehmen Blauschneider.
1. Das Modehaus FASHION & MORE hat 800,00 € auf unser Bankkonto überwiesen.
2. Wir geben dem Telefon-Laden Dingdong vier Hundert-Euro-Scheine für das neue Smartphone der Chefin.
3. Ein moderner Schreibtisch wird gegen Rechnung gekauft, 900,00 €.
4. Barabhebung vom Geschäftskonto, 2.250,00 €.
5. Kauf eines Laserdruckers gegen Rechnung, 1.500,00 €.
6. Bareinzahlung auf unser Bankkonto, 500,00 € in kleinen Scheinen.
7. Banküberweisung: teilweise Kreditrückzahlung (Lagerhalle), 25.000,00 €.
8. Überweisung des Rechnungsbetrages aus Fall 3.
9. Der Technikshop mahnt den Rechnungsbetrag aus Fall 5 an. Barzahlung, bevor es noch mehr Ärger gibt.

AUFGABE 84

Verstehst du unsere Geheimsprache schon?
Formuliere die Geschäftsfälle.
1. Kasse 500,00 € an Forderungen 500,00 €
2. Bank 20.000,00 € an kurzfristige Bankverbindlichkeiten 20.000,00 €
3. Fuhrpark 88.000,00 € an Verbindlichkeiten 88.000,00 €
4. Forderungen 1.000,00 € an Büromaschinen 1.000,00 €
5. Verbindlichkeiten 88.000,00 € an Bank 88.000,00 €
6. Büromöbel und Geschäftsausstattung 100,00 € an Kasse 100,00 €

WAMS
- **W**elche Konten sind betroffen?
- **A**ktive oder passive Bestandskonten?
- **M**ehrung (+) oder Minderung (–)?
- **S**oll oder Haben?

5.4 Eintragen in die T-Konten

Jeder Geschäftsfall betrifft mindestens zwei Bilanzposten. Julia Blauschneider hat zu Beginn des Geschäftsjahres für jeden Bilanzposten ein Konto eröffnet und trägt nun die Änderungen in diese Konten ein. Diesen Vorgang bezeichnet man als „Buchen". Die Eintragungen gibt der Buchungssatz vor:
- Die Sollbuchung wird auf der Sollseite des einen Kontos eingetragen, die Habenbuchung auf der Habenseite des anderen Kontos.
- Als Zusatzinformation gibt man bei jeder Buchung das so genannte Gegenkonto an.

Geschäftsfall 1: Unser Kunde Peter Pagare begleicht seine Schulden bei uns durch Überweisung, 5.950,00 €.

Buchungssatz:
Bank (BK) 5.950,00 € an Forderungen (FO) 5.950,00 €

Buchung in den Konten:

S	Bank (BK)	H		S	Forderungen (FO)	H
AB	130.000,00 €			AB	225.000,00 €	1. BK	5.950,00 €
1. FO	5.950,00 €						

Geschäftsfall 2: Julia Blauschneider begleicht eine Lieferantenrechnung per Banküberweisung, 35.600,00 €.

Buchungssatz
Verbindlichkeiten (VE) 35.600,00 € an Bank (BK) 35.600,00 €

S	Bank (BK)	H		S	Verbindlichkeiten (VE)	H
AB	130.000,00 €	2. VE	35.600,00 €	2. BK	35.600,00 €	AB	130.000,00 €
1. FO	5.950,00 €						

> **MERKE**
>
> Buchung in den Konten:
> **Immer gelten die Grundregeln der Buchführung:**
> 1. Der Wert, der links (im Soll) gebucht wird, muss auch rechts (im Haben) gebucht werden.
> 2. Zum €-Betrag gibt man das jeweilige Gegenkonto an.
> 3. Der Aufbau des Buchungssatzes und die Buchung in T-Konten sind von der Systematik her gleich.
>
> | Konto in dem **links** gebucht wird (Sollbuchung) €-Betrag | an | Konto in dem **rechts** gebucht wird (Habenbuchung) €-Betrag |

Buchen von Geschäftsfällen in Konten – Übersicht

Bilanz
Blauschneider Jeans e. K., Bamberg
zum 1. Januar 20..
(als Eröffnungsbilanz bei Übernahme des Unternehmens)

Aktiva		Passiva	
Anlagevermögen		Eigenkapital	630.000,00 €
Grundstücke	200.000,00 €	**Fremdkapital**	
Betriebs- und Verwaltungsgebäude	380.000,00 €	Langfristige Bankverbindlichkeiten	1.100.000,00 €
Maschinen und Anlagen	850.000,00 €	Kurzfristige Bankverbindlichkeiten	490.000,00 €
Fuhrpark	325.000,00 €	Verbindlichkeiten bei Lieferern	130.000,00 €
Büromaschinen	25.000,00 €		
Büromöbel und Geschäftsausstattung	60.000,00 €		
Umlaufvermögen			
Vorräte	150.000,00 €		
Forderungen an Kunden	225.000,00 €		
Bank	130.000,00 €		
Kasse	5.000,00 €		
	2.350.000,00 €		**2.350.000,00 €**

Bamberg, den 1. Januar 20.. *Julia Blauschneider*

S	Grundstücke (GR)		H
AB	200.000,00 €		

S	Betriebs- und Verwaltungsgebäude (BVG)		H
AB	380.000,00 €		

S	Maschinen (MA)		H
AB	850.000,00 €		

S	Fuhrpark (FP)		H
AB	325.000,00 €		

S	Büromaschinen (BM)		H
AB	25.000,00 €		

S	Büromöbel und Geschäftsausstattung (BGA)		H
AB	60.000,00 €		

S	Vorräte (VOR)		H
AB	150.000,00 €		

S	Forderungen an Kunden (FO)		H
AB	225.000,00 €	1. BK	5.950,00 €

S	Bank (BK)		H
AB	130.000,00 €	2. VE	35.600,00 €
1. FO	5.950,00 €	4. VE	3.800,00 €
3. LBKV	20.350,00 €	5. VE	8.889,50 €
		6. KA	1.000,00 €
		7. VE	660,00 €

S	Kasse (KA)		H
AB	5.000,00 €		
6. BK	1.000,00 €		

S	Eigenkapital (EK)		H
		AB	630.000,00 €

S	Langfristige Bankverbindlichkeiten (LBKV)		H
		AB	1.100.000,00 €
		3. BK	20.350,00 €

S	Kurzfristige Bankverbindlichkeiten (KBKV)		H
		AB	490.000,00 €

S	Verbindlichkeiten bei Lieferern (VE)		H
2. BK	35.600,00 €	AB	130.000,00 €
4. BK	3.800,00 €		
5. BK	8.889,50 €		
7. BK	660,00 €		

Die Einträge in den T-Konten zeigen den Stand im Unternehmen Blauschneider nach der Buchung der Geschäftsfälle 1 und 2 von Seite 113 und 3 bis 7 aus dem Kontoauszug von Seite 108.

Einführung in die Geschäftsbuchführung — Tandem-Quiz

Testet euch mit diesem Tandem-Quiz. Ein Partner testet den anderen mit diesen Aufgaben, der andere Partner nimmt die Fragen von Seite 122.

	Frage	Antwort
1	Auf welcher Kontenseite steht der Anfangsbestand beim Konto Bank?	Im Soll.
2		
3	Auf welcher Kontenseite nimmt das Konto KBKV ab?	Auf der Sollseite.
4		
5	Bilde den Buchungssatz: Barkauf eines Laptops für 2.300,00 €.	Büromaschinen an Kasse 2.300,00 €
6		
7	Welche Posten bilden das Umlaufvermögen?	Vorräte, Forderungen, Bank, Kasse
8		
9	Berechne 20 % von 50 Bratwürsten.	10 Bratwürste
10		
11	Aus welchen beiden Teilen besteht die Aktivseite der Bilanz?	Anlagevermögen und Umlaufvermögen
12		
13	Bilde den Buchungssatz: Wir verkaufen einen gebrauchten Lkw gegen Rechnung, 10.000,00 €.	Forderungen an Fuhrpark 10.000,00 €
14		
15	Bilde den Buchungssatz: Frau Blauschneider überweist 5.000,00 € aus einer Erbschaft aufs Bankkonto.	Bank an Eigenkapital 5.000,00 €
16		
17	Was ist da passiert? Kasse an Forderungen 150,00 €	Unser Kunde hat die Rechnung über 150,00 € bar bezahlt.
18		
19	Bilde den Buchungssatz: Das Kaufhaus X überweist uns den offenen Rechnungsbetrag, 4.400,00 €.	Bank an Forderungen 4.400,00 €
20		
21	Bilde den Buchungssatz: Teilweise Tilgung des 5-Jahres-Kredits mit 8.000,00 €.	LBKV an Bank 8.000,00 €
22		
23	Bilde den Buchungssatz: Frau Blauschneider hebt 2.500,00 € Wechselgeld vom Bankkonto ab.	Kasse an Bank 2.500,00 €
24		
25	Was ist da passiert? Verbindlichkeiten an Bank 3.000,00 €	Wir überweisen den Rechnungsbetrag von 3.000,00 € an den Lieferer.
26		
27	Welche Art der Bilanzveränderung liegt hier vor? Bank an KBKV 10.000,00 €	Dies ist eine Aktiv-Passiv-Mehrung.

MERKE

	aktives Bestandskonto	
S		H
AB		–
+		

	passives Bestandskonto	
S		H
–		AB
		+

WAMS

- **W**elche Konten sind betroffen?
- **A**ktive oder passive Bestandskonten?
- **M**ehrung (+) oder Minderung (–)?
- **S**oll oder Haben?

AUFGABE 85

Folgende Anfangsbestände liegen dir als Mitarbeiter/-in des Unternehmens **Pietro Katzenfutter e. K.**, Bayreuth, vor:

Vorräte 2.400,00 €, Forderungen 1.500,00 €, Kasse 3.600,00 €, Bank 4.000,00 €, Verbindlichkeiten 2.900,00 €

- Zeichne die fünf T-Konten.
- Eröffne sie durch das Eintragen der Anfangsbestände.
- Bilde die Buchungssätze zu den Geschäftsfällen 1 bis 4 und
- buche in den Konten.

1. Das Wechselgeld wird aufs Bankkonto eingezahlt, 3.300,00 €.
2. Barzahlung des Tiermarkts Katz & Maus, 1.200,00 € für die offene Rechnung.
3. Barabhebung bei der Bank, 700,00 €.
4. Banküberweisung an den Blechdosenlieferer, 1.100,00 €.

AUFGABE 86

Heute arbeitest du beim Unternehmen **Maxi Toys**, Ingolstadt. Folgende Anfangsbestände liegen dir zur Konteneröffnung vor:

Aktiva: Vorräte 8.400,00 €, Forderungen 1.400,00 €, Kasse 800,00 €, Bank 63.700,00 €, Büromöbel und Geschäftsausstattung 40.000,00 €, Maschinen 50.000,00 €

Passiva: Verbindlichkeiten 4.300,00 €, Eigenkapital ? €, kurzfristige Bankverbindlichkeiten 10.000,00 €, langfristige Bankverbindlichkeiten 30.000,00 €

Bilde die Buchungssätze für folgende Geschäftsfälle und trage sie ordnungsgemäß in die T-Konten ein:

1. Die Bank schreibt uns einen Halbjahreskredit für eine neue Spritzgussmaschine gut, 180.000,00 €.
2. Barzahlung der Rechnung für Fußbälle durch den Spielzeugladen „Spielewelt", 700,00 €.
3. Kauf der neuen Spritzgussmaschine gegen Rechnung, 180.000,00 €
4. Banküberweisung des Kaufhauses Kaufmich (Rechnung für Spielsachen), 500,00 €.
5. Der offene Rechnungsbetrag aus Fall 3 wird überwiesen.
6. Ein Drittel des Kredits (Fall 1) wird durch Banküberweisung getilgt.
7. Barverkauf eines Büroregals für 100,00 €.

Spielzeugladen

Spritzgussmaschine

Buchungen deuten und prüfen

Aus Buchungen in Konten oder aus Buchungssätzen kann auf den zugrundeliegenden Geschäftsfall geschlossen werden. Wir sprechen dann von Deutung der Buchungen oder von Buchungslesen. Dabei ist es wichtig, dass die Geschäftsfälle eindeutig beschrieben und die Beträge angegeben werden. Aus dem formulierten Geschäftsfall muss sich der gegebene Buchungssatz eindeutig bilden lassen.

Beispiel 1: Formuliere den Geschäftsfall und den Buchungssatz für die Buchung Nummer 2 im Konto Verbindlichkeiten.

Soll	Verbindlichkeiten (VE)	Haben
2. BK 6.700,00	AB	349.750,00 €
	1. FP	87.000,00 €

Überlegungen:
Im Konto Verbindlichkeiten ist im Soll mit Gegenkonto Bank ein Betrag von 6.700,00 € gebucht.

Verbindlichkeiten ⟶ **nimmt ab**
(passives Bestandskonto) (Bestandsminderung)
im Soll gebucht

Bank (aktives Bestandskonto) ⟶ **nimmt ab**
folglich **im Haben** gebucht (Bestandsmehrung)

Lösung: Banküberweisung an einen Lieferer, 6.700,00 €
Verbindlichkeiten an Bank 6.700,00 €

Beispiel 2: Der Vorgang im unten teilweise abgebildeten Kontoauszug wurde bereits verbucht. Prüfe, ob folgender Buchungssatz stimmt:
Bank an Langfristige Bankverbindlichkeiten 5.000,00 €

Buchungstag	Wertstellung	Umsatzart	Details	Betrag (€)	Saldo (€)
19.04.20..	19.04.20..	Lastschrift	DE65 700100880403058325 Sparkasse Franken Tilgung Fünf-Jahres-Kredit Vorgang Nr. 20../618.12	– 5.000,00	23.594,00

Lösung: Dem Beleg kann man entnehmen, dass 5.000,00 € vom Bankkonto per Lastschrift überwiesen wurden. Die Details verraten, dass es sich um eine Tilgung handelt, also wurde ein Kredit – vermutlich teilweise – zurückgezahlt. Also müsste eine Aktiv-Passiv-Minderung gebucht werden: Eine Abnahme auf dem Bankkonto im Haben und auf dem Konto LBKV im Soll. Der richtige Buchungssatz lautet also:

Langfristige Bankverbindlichkeiten an Bank 5.000,00 €

Der oben angegebene Buchungssatz ist also falsch (Drehfehler). Er muss storniert und neu gebucht werden.

ARBEITSAUFTRAG

Arbeitsauftrag
Formuliere für folgende Buchungssätze die zugrundeliegenden Geschäftsfälle:

1. BK an KA 4.000,00 €
2. VE an BK 2.000,00 €
3. BK an FO 3.000,00 €
4. KA an BK 1.000,00 €
5. BK an KBKV 4.000,00 €

Formuliere die zugrundeliegenden Geschäftsfälle für die Eintragungen im Konto Bank.

Soll	Bank	Haben
AB 43.100,00 €		2. VE 2.000,00 €
1. KA 2.000,00 €		
3. FO 3.000,00 €		

Finanzamt

5.5 Beim Kauf wird Vorsteuer fällig

Beim Kauf der Nähmaschine muss das Unternehmen Blauschneider nicht nur den reinen Warenwert von 28.800,00 € bezahlen. Julia Blauschneider ist gesetzlich verpflichtet, an den Lieferer zusätzlich Vorsteuer zu entrichten, zurzeit 19 % auf den Warenwert, somit 5.472,00 €. Dies kann auch aus dem untenstehenden Beleg entnommen werden.

Malka KG
Fertigungsmaschinen und
Industrieroboter
Würzburg

Malka, Bahnhofsstraße 14, 97070 Würzburg

Bahnhofsstraße 22
97070 Würzburg
Telefon: 0931 345589

Blauschneider Jeans e.K.
Levistraße 2-4
96050 Bamberg

Amtsgericht Würzburg HRA 4236

Kontoverbindung:
Hausbank Würzburg
IBAN DE92 7035 5500 0099 1557 66
BIC GENODEF1WU1

Rechnung

Rechnungsnummer: 85/20..
Kundennummer: 552
Datum: 10. März 20..
geliefert am 8. März 20..

Art-Nr..	Gegenstand	Menge	Preis je Einheit	Betrag in €
2-35	Industrienähmaschinen	12	2.400,00	28.800,00
	+ 19 % Umsatzsteuer			5.472,00
	Rechnungsbetrag			**34.272,00**

Der Lieferer der neuen Nähmaschine berechnet neben dem reinen **Warenwert** zusätzlich **19 % Umsatzsteuer**. Diese Umsatzsteuer wird als Vorsteuer bezeichnet, weil sie auf eine Leistung zu entrichten ist, die bezogen wird.

Nettowert	28.800,00 €
+ Vorsteuer	5.472,00 €
Bruttowert	34.272,00 €

> **MERKE**
>
> Für die **Vorsteuer** wird ein aktives Bestandskonto eingerichtet, das die Umsatzsteuer beim Kauf aufnimmt.

Bei der Bearbeitung des Beleges stellt Julia Blauschneider fest, dass nun – mit der Vorsteuer – bei einem Geschäftsfall mehr als zwei Konten betroffen sind:
- Maschinen (MA),
- Vorsteuer (VORST) und
- Verbindlichkeiten (VE).

5.6 Zusammengesetzte Buchungssätze

Beim Beleg, der auf der linken Seite abgebildet ist, muss Frau Blauschneider auf mehr als zwei Konten buchen – also einen zusammengesetzten Buchungssatz bilden. Zunächst braucht sie dazu wieder die WAMS-Fragen. Ergebnis:
- Maschinen/aktives Bestandskonto/Mehrung/Soll
- Vorsteuer/aktives Bestandskonto/Mehrung/Soll
- Verbindlichkeiten/passives Bestandskonto/Mehrung/Haben

> **WAMS**
> - **W**elche Konten sind betroffen?
> - **A**ktive oder passive Bestandskonten?
> - **M**ehrung (+) oder Minderung (−)?
> - **S**oll oder Haben?

Beim Buchungssatz gibt es nun auf einer Seite, diesmal der Sollseite, zwei Konten. Sie werden untereinander geschrieben. Danach wird die Habenseite gebucht.

Buchungssatz:
Maschinen (MA)   28.800,00 €
Vorsteuer (VORST)   5.472,00 €   an   Verbindlichkeiten (VE) 34.272,00 €

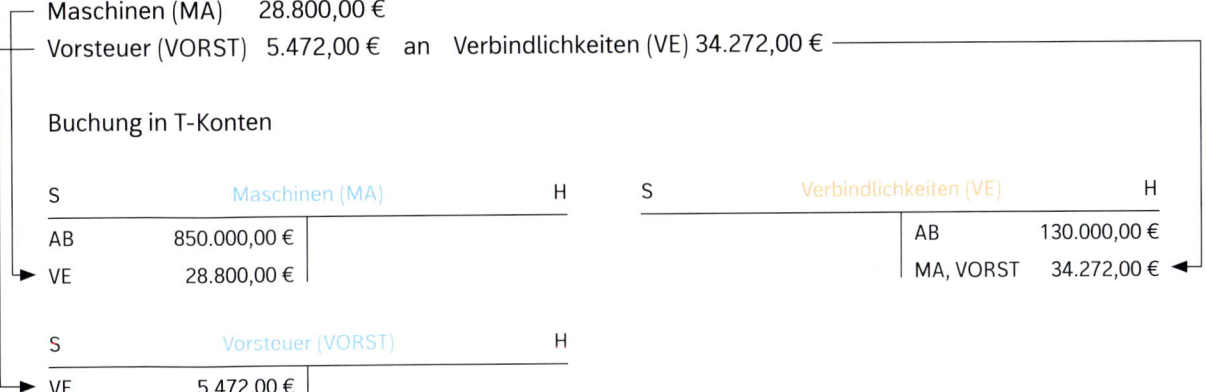

Ein weiterer Geschäftsfall braucht sogar noch mehr Konten:
Frau Blauschneider kauft einen gebrauchten Lieferwagen für 20.000,00 € netto. Sie zahlt 5.000,00 € in bar an, der Rest wird gegen Rechnung bezahlt. WAMS!
- Fuhrpark/aktives Bestandskonto/Mehrung/Soll
- Vorsteuer/aktives Bestandskonto/Mehrung/Soll
- Kasse/aktives Bestandskonto/Minderung/Haben
- Verbindlichkeiten/passives Bestandskonto/Mehrung/Haben

Berechnung des Betrags beim Konto VE: Bruttobetrag − Barzahlung

Buchungssatz:
Fuhrpark (FP)   20.000,00 €
Vorsteuer (VORST)   3.800,00 €   an   Kasse (KA)   5.000,00 €
                                          Verbindlichkeiten (VE)   18.800,00 €

> **MERKE**
> Mach die „Probe":
> Die Summe der Beträge auf der Sollseite muss genauso hoch sein wie die auf der Habenseite.

> **MERKE**
> Die **WAMS-Fragen** helfen dir beim Buchen. Erst alle Sollbuchungen, dann „an" alle Habenbuchungen. Jedem Konto wird sein Betrag zugeordnet.

Testet euch mit diesem Tandem-Quiz. Ein Partner testet den anderen mit diesen Aufgaben, der andere Partner nimmt die Fragen von Seite 117.

	Frage	Antwort
1		
2	Was ist da passiert? Formuliere den Geschäftsfall: Kasse an Bank 400,00 €.	Frau Blauschneider hebt 400,00 € in bar vom Bankkonto ab.
3		
4	Nenne sechs Konten des Anlagevermögens.	Grundstücke, Gebäude, Maschinen, Fuhrpark, Büromaschinen, Büromöbel und Geschäftsausstattung
5		
6	Bilde den Buchungssatz: Das Kaufhaus Hin & Weg zahlt unsere Rechnung endlich bar, 5.000,00 €.	Kasse an Forderungen 5.000,00 €
7		
8	Auf welcher Kontenseite nimmt das Konto Eigenkapital ab?	Auf der Sollseite.
9		
10	In wie viele Konten wird die Passivseite der Bilanz aufgelöst?	4 (EK, KBKV, LBKV, VE)
11		
12	Berechne 60 % von 3.000 Nieten.	1.800 Nieten
13		
14	Wie berechnet man das Reinvermögen (Eigenkapital) im Inventar?	Summe des Vermögens minus Summe der Schulden
15		
16	Bilde den Buchungssatz: Die Knetebank schreibt uns einen Halbjahreskredit über 22.000,00 € gut.	Bank an KBKV 22.000,00 €
17		
18	Was ist ein Betriebsstoff? Nenne ein Beispiel.	Er geht nicht in das Produkt ein und wird verbraucht. Beispiel: Schmieröl, Strom, ...
19		
20	Was ist da passiert? Forderungen an BGA 6.000,00 €	Verkauf gebrauchter Büroregale für 6.000,00 € gegen Rechnung.
21		
22	Welche Art der Bilanzveränderung liegt hier vor? Verbindlichkeiten an Bank 300,00 €	Aktiv-Passiv-Minderung
23		
24	Bilde den Buchungssatz: Bareinzahlung auf das Geschäftsbankkonto, 3.120,00 €.	Bank an Kasse 3.120,00 €
25		
26	Kopfstand! Nenne die vier Posten des Umlaufvermögens in umgekehrter Reihenfolge.	Kasse, Bank, Forderungen, Vorräte
27		

Checke deine Fehler – und vermeide sie künftig!

Fehler zeigen dir, bei welchen Lerninhalten du noch Lücken hast. Ärgere dich nicht zu sehr – du hast sicher das meiste richtig gemacht.

Conto-7-Lernstrategien für Hausaufgaben oder Klassenarbeiten

Leichtsinnsfehler
- Schreibst du Fachbegriffe falsch?
- Vergisst du Konten oder Teile der Lösung?

Hier hilft mehr Konzentration! Lerne Begriffe wie Vokabeln. Markiere wichtige Infos in den Aufgaben.

falsche Konten
- Hast du z. B. BK statt KA verwendet?
- Hast du einen Einkauf statt einen Verkauf gebucht?

Übe regelmäßig und gründlich! Formuliere den Geschäftsfall in deinen Worten.

verdrehter Buchungssatz
- Hast du einen Buchungssatz (oder Teile davon) falsch herum hingeschrieben?

Dir fehlt Grundwissen! Lerne, wie aktive und passive Bestandskonten funktionieren. Wende die WAMS-Regeln konzentriert an.

falsche Berechnungen
- Hast du einen Rabatt oder die UST falsch berechnet?
- Hast du berechnete Beträge falsch zugeordnet?

Übe die Berechnungen täglich! Notiere bei Buchungssätzen, welcher Betrag wohin kommt.

fehlende Fachbegriffe
- Fallen dir manche Begriffe nicht ein?
- Weißt du nicht, was sie bedeuten?

Hier hilft nur beständiger Fleiß!

Nutze Klebezettel!
Klebe dir wichtige Begriffe/Buchungssätze/Berechnungen zu Hause dahin, wo du oft vorbeikommst. So prägen sie sich im Vorbeigehen ein.

Nutze dein BwR-Buch Conto 7!
Mit deinen Conto 7-Strategien schaffst du es!
Auf der Seite „So wirst du ein BwR-Experte!" (im vorderen Umschlag) findest du weitere Tipps!

Finanzamt

5.7 Beim Verkauf wird Umsatzsteuer fällig

Beim Verkauf der alten Computeranlage darf das Unternehmen Blauschneider nicht nur den reinen Warenwert von 5.000,00 € berechnen. Der Kunde muss zusätzlich Umsatzsteuer bezahlen, zurzeit 19 % auf den Warenwert, also hier 950,00 €. Dies kann aus dem unten stehenden Beleg entnommen werden.

Blauschneider Jeans e. K.
Levistraße 2-4
96050 Bamberg

Blauschneider Jeans e.K., Levistraße 2-4, 96050 Bamberg

Wolfgang J. Schick
Holzweg 6
82065 Baierbrunn

Amtsgericht Bamberg HRA 3345
Tel.: 0951 497244
Fax: 0951 497255

Rechnung 0112/20..   Bamberg, 3. März 20..

Für die Lieferung vom 28. Februar 20.. erlauben wir uns Ihnen zu berechnen:

Artikel	Artikel-Nr.	Einzelpreis €	Stück	Gesamtpreis €
gebrauchte Computeranlage				5.000,00
Warenwert				5.000,00
		+ 19 % Umsatzsteuer		950,00
				5.950,00

Zahlung fällig bis zum 3. April 20.. netto
Die gelieferte Ware bleibt bis zur vollständigen Bezahlung unser Eigentum.

Bankverbindung: Regnitzbank Bamberg
IBAN: DE80 7905 5000 1270 0083 74 – BIC: REGBDE88XXX
USt-IdNr. DE 233555621   Steuernr. 178/2945/3428

> **MERKE**
>
> So rechnest du die Umsatzsteuer richtig aus:
>
> **Vom Nettowert:**
>
> $\dfrac{5.000,00 \cdot 19}{100} = 950,00$
>
> **Vom Bruttowert**
>
> $\dfrac{5.950,00 \cdot 19}{119} = 950,00$
>
> Die Umsatzsteuer beim Verkauf wird auf dem passiven Bestandskonto „Umsatzsteuer" gebucht.

Blauschneider als Verkäufer der Computeranlage berechnet neben dem reinen **Warenwert** zusätzlich **19 % Umsatzsteuer**. Diese Umsatzsteuer ist auf eine Leistung zu entrichten, die für den Kunden erbracht wird.

Nettowert	5.000,00 €
+ Umsatzsteuer	950,00 €
Bruttowert	5.950,00 €

Rechnungsbeträge sind immer Bruttobeträge; sie schließen die Umsatzsteuer mit ein (einschließlich Umsatzsteuer, inklusive Umsatzsteuer).

Buchungssatz:
Forderungen (FO) 5.950,00 €   an   Büromaschinen (BM) 5.000,00 €
                                    Umsatzsteuer (UST)   950,00 €

III Einführung in die Geschäftsbuchführung

AUFGABE 87

1. Bei der Berechnung der Umsatzsteuer fällt meistens der volle (19 %) und manchmal der ermäßigte Steuersatz (7 %) an. Berechne die „?".

	Nettowert	Umsatzsteuer bei 7 %	Umsatzsteuer bei 19 %	Bruttowert
1	3.000,00 €	?		?
2	?		38,00 €	?
3	?	?		107,00 €
4	50.000,00 €		?	?
5	?	63,00 €		?
6	?		?	4.760,00 €

> **INFO**
>
> Der allgemeine Umsatzsteuersatz beträgt zurzeit 19 %.
>
> Der ermäßigte USt-Satz von 7 % wird auf Grundnahrungsmittel, Bücher, Zeitschriften usw. erhoben.
>
> Umsatzsteuerfrei (0 %) sind z. B. Leistungen von Ärzten und Banken sowie der Kauf von Briefmarken.

2. Analysiere die folgenden Buchungssätze und formuliere die Geschäftsfälle. Achte auf die korrekte Angabe brutto oder netto.

2.1 FP   30.000,00 €
    VORST   5.700,00 €   an   VE   35.700,00 €

2.2 BM   2.000,00 €
    VORST   380,00 €   an   KA   2.380,00 €

AUFGABE 88

Dieser Kontoauszug gibt Informationen zu sechs Geschäftsfällen im Unternehmen Blauschneider.

```
Kontoauszug              Nummer 145      IBAN DE80 7905 5000 1270 0083 74
23. Mai 20.. / 08:45 Uhr Seite 1 / 1     BIC: REGBDE88XXX
                                         Blauschneider e. K.

Bu. Tag  Wert    Bu. Nr.  Erläuterungen                                    Betrag €
08.05.   08.05.  1556     Bareinzahlung                                    10.000,00 +
10.05.   11.05.  1557     Lastschrift (Dauerauftrag): Abbuchung für         8.000,00 -
                          Darlehensrückzahlung
11.05.   13.05.  1558     Gutschrift: Überweisung von Maxl Graf für Rechnung v.  870,00 +
                          10. Mai 20.. (gebr. Lagerregale)
12.05.   14.05.  1559     Überweisung an Fa. Senftl (Maschinenfabrik) zum  22.530,00 -
                          Rechnungsausgleich, Rg.-Nr. 754 v. 28. März 20..
14.05.   15.05.  1560     Bareinzahlung vom Kunden Maier                    8.120,00 +
18.05.   22.05.  1561     Scheckgutschrift für Verkauf eines gebrauchten    1.000,00 +
                          Kopiergerätes
                                                          ------------------------
Kontokorrentkredit  EUR 50.000,00      alter Kontostand    EUR  287.125,00 +
                                       neuer Kontostand   EUR  276.585,00 +
                                                          ------------------------
Bahnhofstraße 22 – 24   Tel.: 0951 224455
96047 Bamberg           FAX: 0951 224466

                        Regnitzbank Bamberg
```

1. Beschreibe die sechs Geschäftsfälle (nummeriere nach dem Datum der Wertstellung).
2. Bilde zu jedem Geschäftsfall den Buchungssatz.
3. Laut Kontoauszug liegen Zahlungen von Maxl Graf und an die Maschinenfabrik Senftl vor. Analysiere, welche ursprünglichen Geschäftsfälle die Zahlungen jeweils ausgelöst haben.
4. Bei der Überweisung von Maxl Graf ist die Umsatzsteuer enthalten. Berechne den Nettowert.

> **ARBEITSAUFTRAG**
>
> Recherchiere, wie der derzeitige Bundesfinanzminister und der bayerische Finanzminister heißen.

ARBEITSAUFTRAG

1. Analysiere die Belege 1 und 2.
2. Zu Beleg 1 wurde bei Blauschneider folgender Buchungssatz gebildet – prüfe, ob er stimmt und stelle ihn ggf. richtig:

BGA 14.200,00 €
VORST 2.689,00 € an VE 16.898,00 €

3. Bilde nun auch den Buchungssatz zu Beleg 2.
4. Eröffne das T-Konto „Kasse" (AB 1.130,00 €) und trage den Buchungssatz zu Beleg 2 richtig ein.

Blauschneider Jeans e. K.
Levistraße 2-4
96050 Bamberg

Blauschneider Jeans e. K., Levistraße 2-4, 96050 Bamberg

Viola Wagner Immobilien
Hauptstr. 5
96114 Hirschaid

Amtsgericht Bamberg HRA 3345
Tel.: 0951 497244
Fax: 0951 497255

Rechnung 0064/20..   Bamberg, 26. Juni 20..

Für die Lieferung vom 19. Juni 20.. erlauben wir uns Ihnen zu berechnen:

Artikel	Artikel-Nr.	Einzelpreis €	Stück	Gesamtpreis €
gebrauchte Registraturschränke	BK-0012	355,00	40	14.200,00
Warenwert				14.200,00
		+ 19 % Umsatzsteuer		2.698,00
				16.898,00

Zahlung fällig am 3. April 20.. netto
Die gelieferte Ware bleibt bis zur vollständigen Bezahlung unser Eigentum.

Bankverbindung: Regnitzbank Bamberg
IBAN: DE80 7905 5000 1270 0083 74 – BIC: REGBDE88XXX
USt-IdNr. DE 233555621   Steuernr. 178/2945/3428

Beleg 1

			Quittung
Netto	500	Cent 00	
+ 19% USt.	95	Cent 00	
Gesamt	595	Cent 30	

Gesamtbetrag in Worten

Fünfhundertfünfundneunzig - - - - - - - - - - - - - Cent wie oben

(im Gesamtbetrag sind 19 % Umsatzsteuer enthalten)

von *Frau Öztosun / Blauschneider Jeans e. K.*

für *Lagerregale*

richtig erhalten zu haben, bestätigt

Ort *Bamberg*   Datum *23. Mai 20..*

Buchungsvermerke   Stempel/Unterschrift des Empfängers

Martin Hampel
Baufix

Beleg 2

Zusammenfassung

Zum Geschäftsjahresende wird die **Inventur** durchgeführt. Dazu werden die Vermögensgegenstände und die Schuldenwerte in Listen genau erfasst (zählen, messen, wiegen) und bewertet.

Das **Inventar** ist ein ausführliches Bestandsverzeichnis der Vermögenswerte, der Schulden und des Reinvermögens in Staffelform. Das Vermögen untergliedert sich in Anlage- und Umlaufvermögen, die Schulden in lang- und kurzfristige. Die genauen Posten findest du auf Seite 88.

Aus dem Inventar wird eine Kurzfassung namens **Bilanz** in T-Kontenform entwickelt:

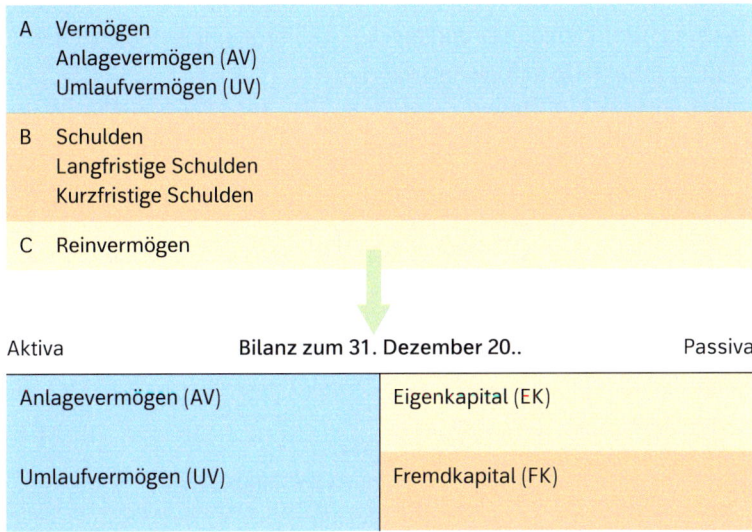

Die **Bilanzgleichung** muss stets erfüllt sein:

$$\text{Aktiva} = \text{Passiva}$$

$$AV + UV = EK + FK$$

Die **Grundsätze ordnungsmäßiger Buchführung** müssen eingehalten werden, z. B. dass die Buchführung klar und übersichtlich sein muss.

Um die laufenden Geschäftsfälle zu erfassen, wird die Bilanz **in Konten aufgelöst**. Die Posten der Aktivseite werden zu aktiven Bestandskonten, die der Passivseite zu passiven Bestandskonten. Diese Kontenarten funktionieren wie Spiegelbilder:

Beispiel:
Grundstücke, Maschinen, Forderungen, Kasse, ...

Beispiel:
Eigenkapital, Verbindlichkeiten, kurzfristige Bankverbindlichkeiten, ...

Zusammenfassung

Unternehmen kaufen in der Regel gegen Rechnung ein. Auf den Rechnungen ist ein Zahlungsziel angegeben, bis zu dem der Rechnungsbetrag zu zahlen ist (z. B. 4 Wochen, 20.07.20...). Deshalb heißen Käufe bzw. Verkäufe gegen Rechnung auch „Kauf auf Ziel" oder „Zielverkauf".

Gegenüber Lieferern hat das Unternehmen Blauschneider **Verbindlichkeiten aufgrund von Eingangsrechnungen** beim Kauf von Waren oder Dienstleistungen.

Gegenüber Kunden hat Blauschneider **Forderungen aufgrund von Ausgangsrechnungen** beim Verkauf von eigenen Erzeugnissen.

Diese Forderung bzw. Verbindlichkeit besteht, bis gezahlt wird.

Belege sind Urkunden und Grundlage für die Eintragungen in den Konten. Sie müssen 10 Jahre lang aufbewahrt werden.

Buchungssätze sind eine kurze Buchungsanweisung. Egal welche Kontenart, die Sollseite wird zuerst genannt und nach „an" folgt die Habenseite:

Sollbuchung   an   Habenbuchung

> Beachte die **WAMS**-Fragen:
> - **W**elche Konten sind betroffen?
> - **A**ktive oder passive Bestandskonten?
> - **M**ehrung oder Minderung?
> - **S**oll oder Haben?

Geschäftsfälle verursachen Änderungen in der Bilanz. Das Eintragen der Änderungen in Konten heißt **Buchen**. Dabei gilt:

> **Keine Buchung ohne Beleg! Keine Buchung ohne Gegenbuchung!**

Das **Prüfen**, ob ein Beleg und der dazugehörige Buchungssatz übereinstimmen, ist sehr wichtig! Falsche Buchungssätze müssen storniert, also zurückgebucht werden.

Bei jedem Kauf bzw. Verkauf fällt **Umsatzsteuer** an, die an den Staat abgeführt werden muss. Der allgemeine Steuersatz beträgt 19 %. Vom Warenwert (Nettobetrag) werden 19 % Umsatzsteuer berechnet und aufgeschlagen, so erhält man den Bruttobetrag. Vom Bruttobetrag zum Nettobetrag gelangt man, indem man durch den vermehrten Grundwert teilt.

Nettobetrag	~ 100 %
+ Umsatzsteuer	~ 19 %
Bruttobetrag	~ 119 %

Durch die Umsatzsteuer entstehen **zusammengesetzte Buchungssätze**, bei denen auf einer Seite zwei Konten stehen. Die Summe der Beträge der Sollseite muss der der Habenseite entsprechen!

IV Buchhalterische Erfassung des betrieblichen Produktionsprozesses

In diesem Kapitel lernst du ...

... wie der betriebliche Produktionsprozesses dargestellt wird,

... optimale Entscheidungen bei der Beschaffung von Werkstoffen zu treffen,

... Käufe von Werkstoffen sowie Verkäufe von Fertigerzeugnissen in der Buchhaltung zu erfassen.

1 Betrieblicher Produktionsprozess

Der betriebliche Produktionsprozess ist bei Blauschneider wie bei vielen Produktionsunternehmen in drei große Arbeitsbereiche untergliedert: **Beschaffung, Fertigung und Absatz**. Übergeordnet gibt es den Bereich Verwaltung, in dem alle Ausgaben und Einnahmen erfasst werden.

Die **Beschaffung (Einkauf)**, auch Materialwirtschaft genannt, kümmert sich um die Materialbestellung für die Produktion. Sie prüft das Material vor der Produktion auf Qualität und gibt dieses an den Bereich **Fertigung (Produktion)** weiter. Der Bereich **Absatz (Verkauf)** sorgt dafür, dass die hergestellten Produkte von Kunden gekauft werden.

Eine Aufgabe des **Verwaltungsbereichs,** insbesondere des betrieblichen Rechnungswesens ist es, alle Ausgaben (Kosten), die durch den Einkauf von Werkstoffen entstehen, zu erfassen. Im Bereich Absatz ist es die Aufgabe alle Einnahmen, die durch den Verkauf von Fertigprodukten erzielt werden zu erfassen.

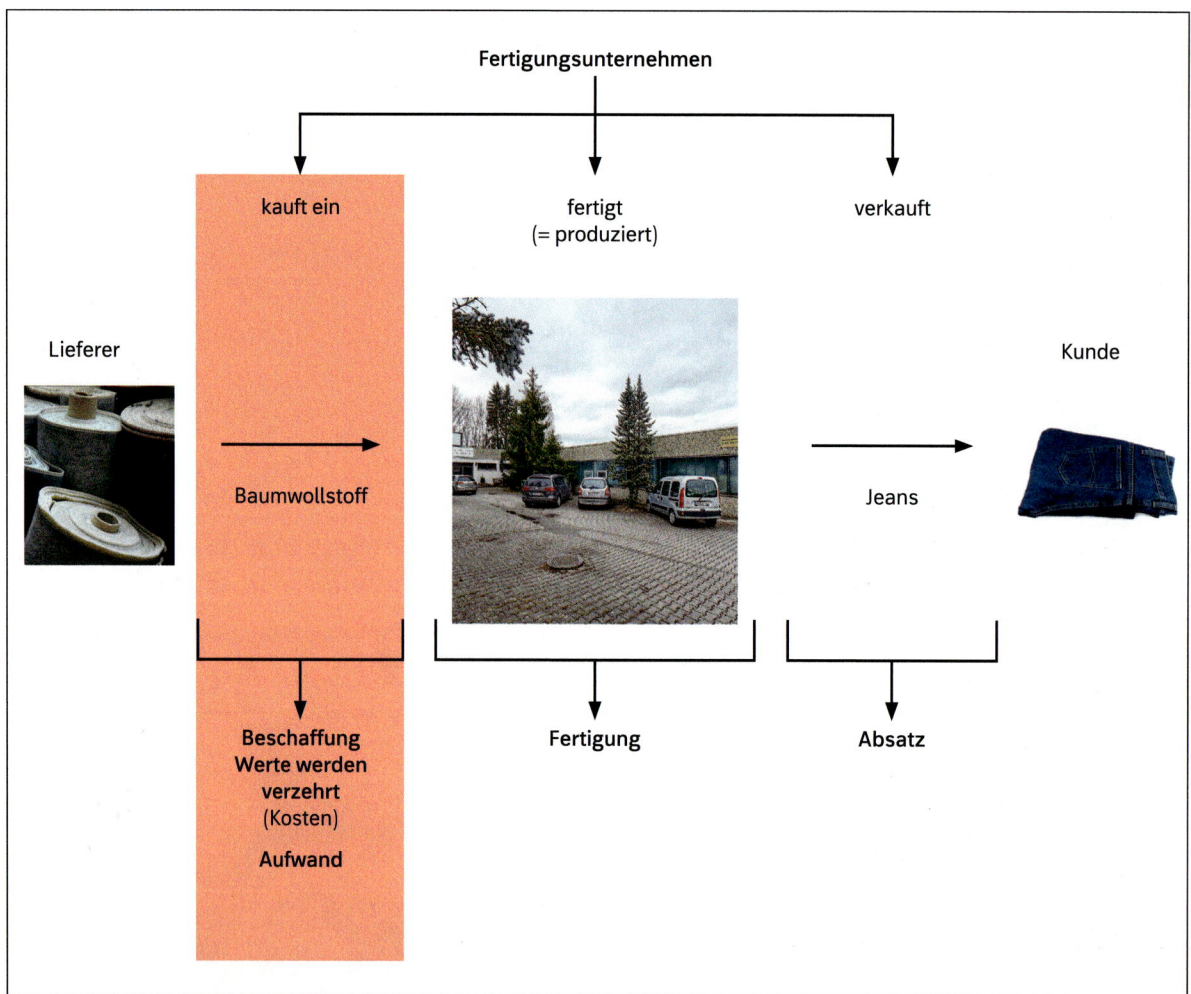

IV Buchhalterische Erfassung des betrieblichen Produktionsprozesses

AUFGABE 89

Die Erklärung des betrieblichen Produktionsprozesses erfolgt mit unterschiedlichen Fachbegriffen. Nenne jeweils einen weiteren Begriff für Beschaffung, Fertigung, Absatz.

AUFGABE 90

Skizziere die Bereiche eines betrieblichen Produktionsprozesses für ein Unternehmen, das Möbel herstellt. Verwende dazu folgende Begriffe:

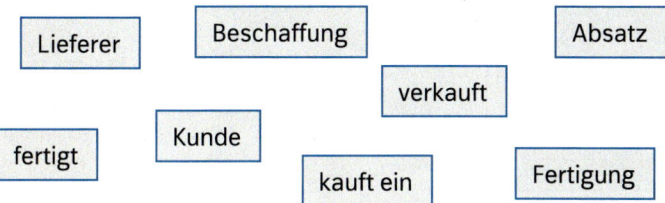

AUFGABE 91

Erstelle ein Erklärvideo zur Darstellung des betrieblichen Produktionsprozesses.

DEFINITION

Erklärvideo
Film, in dem auf einfache Weise skizzenhaft dargestellt wird, wie etwas funktioniert.

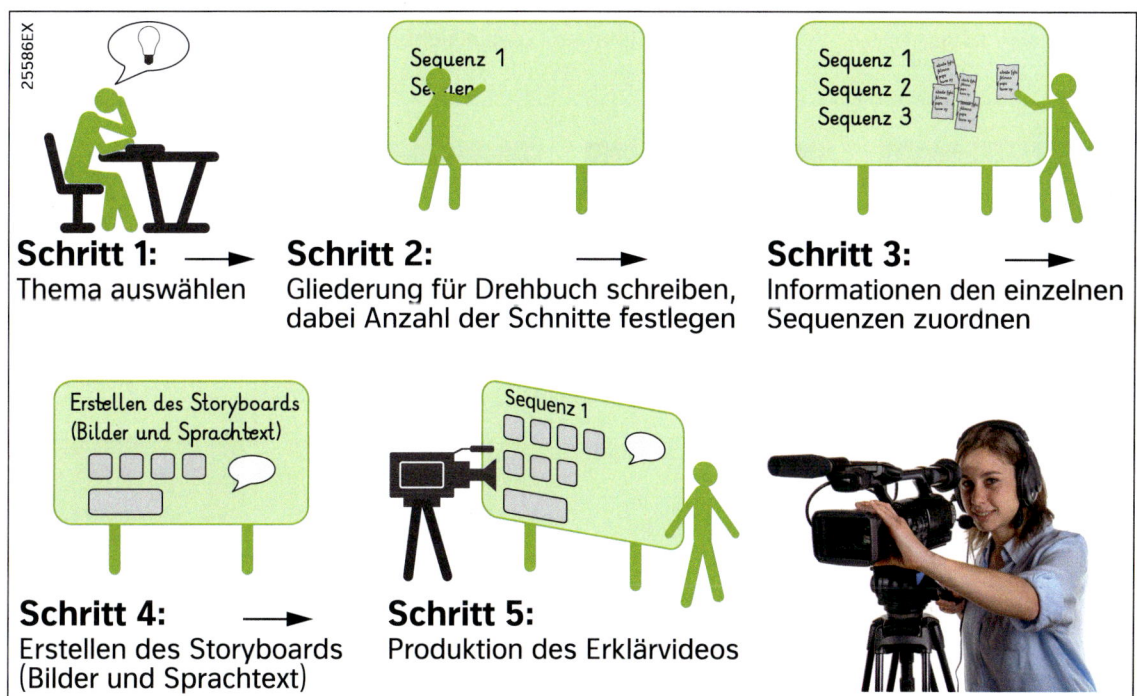

5 Schritte zur Erstellung eines Erklärvideos

1.1 Werkstoffarten

Werkstoffe, die zur Produktion von Fertigerzeugnissen eingesetzt werden, lassen sich in vier Arten untergliedern:

Rohstoffe	Fremdbauteile	Hilfsstoffe	Betriebsstoffe
Hauptbestandteil wird verarbeitet	Bestandteil wird eingesetzt	Nebenbestandteil wird verarbeitet	kein Bestandteil wird verbraucht
z. B. Denimstoff, Futterstoff	z. B. Reißverschlüsse, Etiketten	z. B. Nieten, Knöpfe, Garn	z. B. Nähmaschinenöl, Strom, Gas, Hydrauliköl

> **INFO**
> Beim Kauf der Werkstoffe muss das Unternehmen auf ökologische (umweltschonend, recyclingfähig) und ökonomische Faktoren (Kosten) achten.

AUFGABE 92
1. Ordne aus der dargestellten Bildergalerie Roh-, Hilfs- und Betriebsstoffe einer Möbelfabrik zu und benenne sie.
2. Prüfe, welcher Werkstoff **nicht** im Unternehmen Blauschneider verwendet wird: Baumwollstoff, Schmierfett, Knöpfe, Nähgarn, Stahlplatten, Spezialkleber, Gas.

Angebote für Werkstoffe vergleichen

Für die Produktion der Jeanshosen werden große Mengen von Werkstoffen benötigt. In diesem Zusammenhang hat Julia Blauschneider eine Reihe von Fragen zu klären:

1	Haben die Werkstoffe die notwendige Qualität?
2	Wie hoch ist der Kaufpreis?
3	Ist der Lieferer zuverlässig?
4	Wie lange ist die Lieferzeit?
5	Gibt es einen Rabatt?
6	Fallen zusätzliche Kosten für den Transport an?

INFO

Die Antworten auf nebenstehende Fragen erhält Julia Blauschneider vor der Beschaffung von Werkstoffen von jeweils unterschiedlichen Anbietern.

Sofortrabatte

Bevor ein Lieferer an Julia Blauschneider ein schriftliches Angebot für den benötigten Denimstoff abgibt, wird häufig vorab ein Preisnachlass ausgehandelt. Sofortrabatte werden sofort vom Listenpreis abgezogen.

DEFINITION

Ein **Rabatt** (von ital.: rabattere = abschlagen, abziehen) ist ein Nachlass vom Listenpreis einer Ware, den der Lieferer aus bestimmten Gründen gewährt. Die Berechnung erfolgt bereits vorab, sodass er im Angebot des Lieferers bereits enthalten ist.

Julia Blauschneider bittet per E-Mail um einen Sofortrabatt.

AUFGABE 93

Systematisiere zusammen mit deinem Banknachbarn die oben stehenden Fragen.

AUFGABE 94

Arbeite zusammen mit deinem Banknachbarn heraus, welche Gründe es gibt, dass ein Rabatt gewährt wird.

Unter bestimmten Voraussetzungen ist es möglich, vom Lieferer einen Nachlass auf den Listenpreis zu erhalten, z. B.:

Art des Rabatts	Grund für den Rabatt
Treuerabatt	langjährige Geschäftsverbindung
Mengenrabatt	Kauf großer Mengen
Wiederverkäuferrabatt	für Wiederverkäufer, z. B. Großhändler
Neukundenrabatt	Gewinnung von Neukunden
Jubiläumsrabatt	Feier einer langen Firmentradition

Berechnung des Sofortrabatts

Julia Blauschneider konnte 12 % Sofortrabatt aushandeln. Die **Berechnungsgrundlage** (Grundwert, 100 %) **ist der Listeneinkaufspreis** von hier 25.000,00 € für den Denimstoff.

> **FORMEL**
>
> 100 % ≙ 25.000,00 €
> 12 % ≙ x €
>
> $$x = \frac{25.000,00 \cdot 12}{100}$$
>
> x = 3.000,00
>
> Der Lieferrabatt beträgt 3.000,00 €.

INFO

Prozentrechnung

Vgl. Lernbereich 1, ab S. 20.

AUFGABE 95

Ein Lieferer bietet Julia Blauschneider für den Kauf von 200 Rollen Nähgarn einen Listenpreis von insgesamt 8.000,00 €. Blauschneider erhält auf Nachfragen 8 % Rabatt.

1. Nenne die Werkstoffart.
2. Begründe, um welche Art von Rabatt es sich handeln könnte.
3. Berechne die Höhe des Rabatts in Euro.

AUFGABE 96

Skizziere, vor welchem Problem der Mann in dieser Karikatur steht.

Das preisgünstigste Angebot

Julia Blauschneider holt bei verschiedenen Lieferern Angebote ein, um sie zu vergleichen. Entscheidend für die Ermittlung des preisgünstigsten Angebots ist für Julia Blauschneider der Warenwert. Der Warenwert ist der Preis, der den für Denimstoff nach Abzug eines Rabatts und ohne Berücksichtigung der Umsatzsteuer gezahlt werden soll.

Für die Produktion der Frühjahrskollektion werden bei Blauschneider zehn Ballen 101 Japan Denim Jeansstoff in der Waschung „mittelblau" benötigt. Sie hat beim Lieferer Blue4u AG einen Treuerabatt von 10 % aushandeln können. Zum Vergleichen fragte sie beim Lieferer Denimkontor GmbH nach einem Angebot. Dieses Unternehmen gewährt ab einer Bestellung von 20 Ballen einen Mengenrabatt. Diese beiden Angebote liegen ihr nun vor.

> **DEFINITION**
>
> *Warenwert*
> Nettopreis, der für ein Produkt nach Abzug von Rabatt gezahlt werden soll.

> **INFO**
>
> Fragen zur Auswertung von Angeboten:
>
> ① Wer ist der Empfänger des Angebots?
> Blauschneider ist der Empfänger, da das Unternehmen im Adressfeld angesprochen wird.
>
> ② Um welchen Werkstoff handelt es sich hierbei?
> Denimstoff ist für das Unternehmen Blauschneider ein Rohstoff, da er als Hauptbestandteil des Produkts verbraucht wird.
>
> ③ Wie hoch ist der Warenwert?
> Der Warenwert beträgt 14.040,00 €.
>
> ④ Welche Lieferbedingung liegt vor?
> Lieferung frei Haus. So fallen für Blauschneider keine zusätzlichen Kosten an.
>
> ⑤ Welche Zahlungsbedingung liegt vor?
> Blauschneider muss innerhalb von 30 Tagen bezahlen.

Blue4u AG
Am Isarufer 10
80999 München

Tel.: 089 613588
Fax: 089 613599

Blauschneider Jeans e. K.
Levistraße 2 – 4 ①
96050 Bamberg

München, 18. Oktober 20..

Angebot

Kundennummer: 24665

Blue4u AG
Am Isarufer 10
80999 München
Amtsgericht München HRB 4522
Tel. 089 613588
Fax 089 613599

Sehr geehrte Frau Blauschneider,

wir beziehen uns auf Ihre telefonische Anfrage und bieten Ihnen die gewünschte Ware zu folgenden Bedingungen an:

Pos.	Ballen	Einzelpreis €	Gegenstand ②	Gesamtpreis €
1	10	1.560,00	101 Japan Denim Jeansstoff	15.600,00
			abzüglich 10 % Rabatt	1.560,00
			Warenwert	③ 14.040,00
			Frachtkosten und Abladen ④	0,00
			+ 19 % Umsatzsteuer	2.667,60
			Gesamtbetrag	**16.707,60**

Vorstand: Prof. Dr. Thorsten Menisch; Dr. Eugen Löffler
Aufsichtsratsvorsitzender: Dr. Karsten Albrecht
USt-IdNr. DE 879234567 Steuernr. 123/4579/2316

Zahlbar innerhalb von 30 Tagen nach Erhalt der Rechnung, ohne Abzug. ⑤
Bankverbindung: Spar-Bank München
BIC: KLALDEFX, IBAN: DE14 7005 8000 0007 2233 56

Denimkontor GmbH
Am Hafen 200
20095 Hamburg

Tel.: 040 124578
Fax: 040 124579

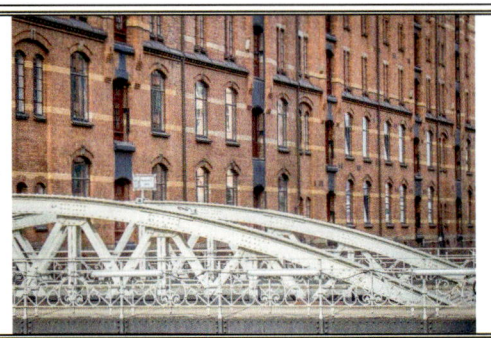

Blauschneider Jeans e. K.
Levistraße 2 – 4
96050 Bamberg

Hamburg, 20. Oktober 20..

Angebot

Kundennummer: 13581

Sehr geehrte Frau Blauschneider,

Bezug nehmend auf Ihre Anfrage unterbreiten wir Ihnen folgendes Angebot:

Denimkontor GmbH
Am Hafen 200
20095 Hamburg

Amtsgericht Hamburg HRB 2222
Steuer-Nr. 557/1452/8853
USt-Id-Nr. 579624853

Pos.	Ballen	Einzelpreis €	Gegenstand	Gesamtpreis €
1	10	1.400,00	101 m Japan Denim Jeansstoff	14.000,00
			abzüglich 0 % Rabatt	0,00
			Warenwert	14.000,00
			Frachtkosten und Abladen	0,00
			+ 19 % Umsatzsteuer	2.660,00
			Gesamtbetrag	**16.660,00**

Zahlbar innerhalb von 30 Tagen nach Erhalt der Rechnung, rein netto.

AUFGABE 97

1. Werte Angebot 2 aus; beantworte dazu die Fragen von Seite 135 (Angebot 1).
2. Gib Julia Blauschneider eine Begründung, für welches Angebot sie sich deiner Meinung nach entscheiden sollte.

Die beiden Angebote enthalten neue Fachbegriffe, die zu klären sind:

Angebot 1 Blue4u AG	Angebot 2 Denimkontor GmbH
Listeneinkaufspreis	
Der Nettopreis, der auf der Angebotspreisliste des Lieferers steht.	
1.560,00 € je Ballen • 10 Ballen = 15.600,00 €	1.400,00 € je Ballen • 10 Ballen = 14.000,00 €
Rabatt	
Unter bestimmten Voraussetzungen ist es möglich, vom Lieferer einen Nachlass auf den Listenpreis zu erhalten, z. B. • Treuerabatt (für langjährige Geschäftsverbindung) • Mengenrabatt (für den Kauf großer Mengen) • Wiederverkäuferrabatt (für Wiederverkäufer, z. B. Großhändler) • Neukundenrabatt (Sonderrabattaktion) • Jubiläumsrabatt (Sonderrabattaktion)	
10 % von 15.600,00 € = 1.560,00 €	Kein Rabatt
Warenwert	
Nettopreis, der nach dem Abzug von Rabatt bezahlt werden soll. Wenn der Lieferer keinen Rabatt gewährt, entspricht der Listenpreis dem Warenwert.	
14.040,00 €	14.000,00 €
Es gibt noch weitere Gesichtspunkte, die den Preis des Angebots beeinflussen können. Diese Preisminderungen und Preiserhöhungen werden erst in der achten Jahrgangsstufe berechnet und gebucht:	
Zahlungsbedingungen	
• **Zahlungsziel:** Der späteste Termin, an dem der Käufer den Rechnungsbetrag bezahlen muss. Bezahlt er danach, fallen Verzugszinsen und evtl. Mahngebühren an. • **Skontoabzug:** Das ist ein Preisnachlass dafür, dass der Käufer innerhalb einer bestimmten Frist (Skontofrist) nach Rechnungsstellung bezahlt. Wenn der Käufer also schnell bezahlt und damit nicht bis zum Zahlungsziel wartet, darf er noch 1 bis 3 % Skonto abziehen. Nach der Skontofrist muss der volle Rechnungsbetrag bezahlt werden, es ist kein Abzug mehr möglich (= rein netto).	
Lieferbedingungen (Transportbedingungen)	
• Frei Haus, d. h. der Lieferer übernimmt die Transportkosten. Der Kunde erhält die Lieferung, ohne für den Transport zahlen zu müssen. • Ab Werk, d. h. der Käufer muss die Transportkosten bezahlen. Es fallen also „Bezugskosten" an, die auch auf der Rechnung stehen.	

Julia Blauschneider vergleicht Angebote.

1.3 Berücksichtigung weiterer wirtschaftlicher Gesichtspunkte

Der rechnerische Vergleich ergibt, dass Angebot 2 um 40,00 € günstiger ist:

Warenwert (Angebot 1)	14.040,00 €
– Warenwert (Angebot 2)	14.000,00 €
Preisvorteil bei Angebot 2	40,00 €

In eine wirtschaftliche Bewertung müssen aber zusätzliche Überlegungen einfließen. Julia Blauschneider vergleicht deshalb noch weitere Gesichtspunkte:

Angebot 1 Blue4u AG	Angebot 2 Denimkontor GmbH
Qualität der Ware	
Ist es ein bekannter Lieferer, so kann Julia Blauschneider die Qualität der Ware einschätzen, was für sie von großer Bedeutung ist.	
Julia Blauschneider kennt aus der langjährigen Geschäftsbeziehung durch ihren Vater die ausgezeichnete Ware von Blue4u.	Denimkontor GmbH ist für Julia Blauschneider ein unbekanntes Unternehmen. Sie kennt die Qualität der Ware noch nicht.
Lieferzeit	
Ein reibungsloser Produktionsverlauf erfordert kurze Lieferzeiten.	
Julia Blauschneider weiß aus Erfahrung, dass Blue4u innerhalb weniger Tage zuverlässig liefert.	Die Lieferzeit ist Julia Blauschneider nicht bekannt. Sie sollte deshalb noch erfragt werden.
Sitz des Lieferers	
Vorteilhaft ist es, wenn der Lieferer in der Nähe ist, da z. B. bei Serviceleistungen oder Beanstandungen nur kurze Wege nötig sind.	
München ist näher bei Bamberg.	Hamburg ist vergleichsweise weit weg.
Erfahrungen mit dem Lieferer **Freundlichkeit – Beschwerdemanagement – Flexibilität**	
Ist es ein ihr bereits bekannter Lieferer, so kann Julia Blauschneider deren Zuverlässigkeit und die Art der Zusammenarbeit einschätzen.	
Bei Blue4u ist Blauschneider langjähriger Kunde. Julia Blauschneider weiß von ihrem Vater, dass er mit dem Lieferer immer sehr zufrieden war.	Denimkontor GmbH ist für Julia Blauschneider ein neuer Lieferer, mit dem sie bisher keine Erfahrung hat.

Julia Blauschneider entscheidet sich für Angebot 1, obwohl es um 40,00 € teurer ist. Denn für sie ist es wichtiger, dass ...
- die **Qualität der Ware** sehr hohen Anforderungen genügt, da sie selbst für anspruchsvolle Kunden produziert.
- die bestellte **Ware innerhalb kurzer Zeit sicher geliefert** wird.
- der Lieferer ein **zuverlässiger Geschäftspartner** ist.

> **MERKE**
>
> **Angebotsvergleich**
> Der Vergleich von Angeboten erfolgt immer in zwei Schritten:
> - Vergleich des Warenwerts
> - Bewertung weiterer wirtschaftlicher Gesichtspunkte

> **MERKE**
>
> **Entscheidung für eines der Angebote**
> Man gibt eine Begründung für eines der Angebote:
> z. B. Angebot 1 ist teurer, aber folgende wirtschaftliche Überlegungen sprechen dafür: ...
> Angebot 2 ist günstiger, aber ...

Betrieblicher Produktionsprozess

Verwaltung		
Beschaffung	Produktion	Absatz

Werkstoffe

Rohstoffe	Fremdbauteile	Hilfsstoffe	Betriebsstoffe
Hauptbestandteil wird verarbeitet	Bestandteil wird eingesetzt	Nebenbestandteil wird verarbeitet	kein Bestandteil wird verbraucht
z. B. Denimstoff, Futterstoff	z. B. Reißverschlüsse, Etiketten	z. B. Nieten, Knöpfe, Garn	z. B. Nähmaschinenöl, Strom, Gas, Hydrauliköl

Rabatt

Unter bestimmten Voraussetzungen ist es möglich, vom Lieferer einen Nachlass auf den Listenpreis zu erhalten, z. B.:
- Treuerabatt (für langjährige Geschäftsverbindung),
- Mengenrabatt (für den Kauf großer Mengen),
- Wiederverkäuferrabatt (für Wiederverkäufer, z. B. Großhändler),
- Neukundenrabatt (Sonderrabattaktion),
- Jubiläumsrabatt (Sonderrabattaktion).

Warenwert

Preis, der für ein Produkt nach einem Abzug von Rabatt bezahlt werden soll.

Angebotsvergleich

Der Vergleich von Angeboten erfolgt immer in zwei Schritten:
- Preisvergleich: Vergleich des Warenwerts
- Bewertung weiterer wirtschaftlicher Gesichtspunkte

In eine wirtschaftliche Bewertung müssen **weitere Überlegungen** einfließen, z. B.:
- gute Qualität der Ware,
- kurze Lieferzeit,
- gute Erfahrungen mit dem Lieferer/Zuverlässigkeit,
- Sitz des Lieferers,
- ...

2 Jetzt kannst du entscheiden ....

AUFGABE 98

Analysiere die beiden Angebote.

AUFGABE 99

Vervollständige folgenden Text zu den beiden Angeboten, indem du die Begriffe in deinem Heft notierst.

Das Unternehmen Nieten und mehr e. K. hat die Rechtsform ① . Der Unternehmer haftet daher genau wie Julia Blauschneider mit seinem ② Vermögen. Das Unternehmen Knopfschuppen GmbH ist im Handelsregister in der Abteilung ③ geführt. Das ④ beträgt jeweils 30 Tage. Ein weiterer Abzug vom Rechnungsbetrag ist nicht möglich, d. h. die Zahlung erfolgt rein ⑤ .

AUFGABE 100

Begründe, für welches Angebot sich Julia Blauschneider deiner Meinung nach entscheiden soll.

Nieten und mehr e. K.
An der Promenade 20
94034 Passau

Tel.: 0851 44330
Fax: 0851 44331

Blauschneider Jeans e. K.
Levistraße 2 – 4
96050 Bamberg

Passau, 22. Oktober 20..

Angebot

Kundennummer: 1236

Nieten und mehr e. K.
An der Promenade 20
94034 Passau
Tel. 0851 44 33 0
Fax 0851 44 33 1

Amtsgericht Passau HRA 1303
USt-IdNr. DE 214585621
Steuernr. 187/2997/1424

Sehr geehrte Frau Blauschneider,

wir beziehen uns auf Ihre telefonische Anfrage und bieten Ihnen die gewünschte Ware zu folgenden Bedingungen an:

Pos.	Stück	Einzelpreis €	Gegenstand	Gesamtpreis €
1	5000	0,50	Metallknöpfe Jeans klassisch	2.500,00
			abzüglich 8 % Rabatt	200,00
			Warenwert	2.300,00
			Frachtkosten und Abladen	0,00
			+ 19 % Umsatzsteuer	437,00
			Gesamtbetrag	**2.737,00**

Bankverbindung: Bank Passau
BIC: GENODEF1XXX, IBAN DE96 7499 0000 1528 6658 00

Nieten und mehr e. K. ist Julia Blauschneiders Vater als ein langjähriger, sehr zuverlässiger Lieferer bekannt. Die Ware wurde bisher immer in einwandfreier Qualität pünktlich zum vereinbarten Termin innerhalb weniger Tage geliefert.

Knopfschuppen GmbH
Stadionstraße 5
44141 Dortmund

Tel.: 0231 888810
Fax: 0231 888920

Blauschneider Jeans e. K.
Levistraße 2 – 4
96050 Bamberg

Dortmund, 22. Oktober 20..

Angebot

Kundennummer: 2489

Knopfschuppen GmbH
Stadionstraße 5
44141 Dortmund

Amtsgericht Dortmund HRB 2104
☏ 0231 888810
🖷 0231 898920

Sehr geehrte Frau Blauschneider,

wir beziehen uns auf Ihre telefonische Anfrage und bieten Ihnen die gewünschte Ware zu folgenden Bedingungen an:

Pos.	Stück	Einzelpreis €	Gegenstand	Gesamtpreis €
1	5000	0,52	Metallknöpfe Jeans klassisch	2.600,00
			abzüglich 15 % Rabatt	390,00
			Warenwert	2.210,00
			Frachtkosten und Abladen	0,00
			+ 19 % Umsatzsteuer	419,90
			Gesamtbetrag	**2.629,90**

Zahlbar innerhalb von 60 Tagen nach Erhalt der Rechnung, ohne Abzug.

Bankverbindung: Bank Dortmund
BIC BDORDE33XXX, IBAN DE56 4475 0199 0047 8587 5574

Die **Knopfschuppen GmbH** ist für Julia Blauschneider ein neuer Lieferer. Der Lieferer bietet einen besonderen Neukundenrabatt. Die Lieferzeit beträgt allerdings 14 Tage.

3 Erfolgsvorgänge

Bei den bisherigen Geschäftsfällen veränderten sich Bestände des Vermögens (aktive Bestandskonten) und des Fremdkapitals (passive Bestandskonten); das Eigenkapital blieb bislang unberührt.

Julia Blauschneider möchte aber ihr Eigenkapital erhöhen und einen **Unternehmenserfolg** erzielen, der für sie Einkommen darstellt. In der **Erfolgsrechnung** stellt sie den Erfolg des Unternehmens fest (Gewinn oder Verlust).

In der Beschaffung werden für die Produktion Roh-, Hilfs- und Betriebsstoffe gekauft und verbraucht bzw. Fremdbauteile eingesetzt (**Werteverzehr**). Dabei entsteht für Blauschneider zunächst ein **Aufwand** (Kosten), der das Eigenkapital mindert.

Beim **Verkauf** der Fertigerzeugnisse werden **Werte geschaffen** und ein **Ertrag** (Leistung) erzielt, der das Eigenkapital erhöht.

Da diese Aufwendungen und Erträge das Eigenkapital und damit den Unternehmenserfolg verändern, spricht man hier von **Erfolgsvorgängen**.

> **MERKE**
>
> **Unternehmenserfolg**
> Das Ziel eines jeden Unternehmens ist es, Gewinn zu erwirtschaften und damit das Eigenkapital zu erhöhen.

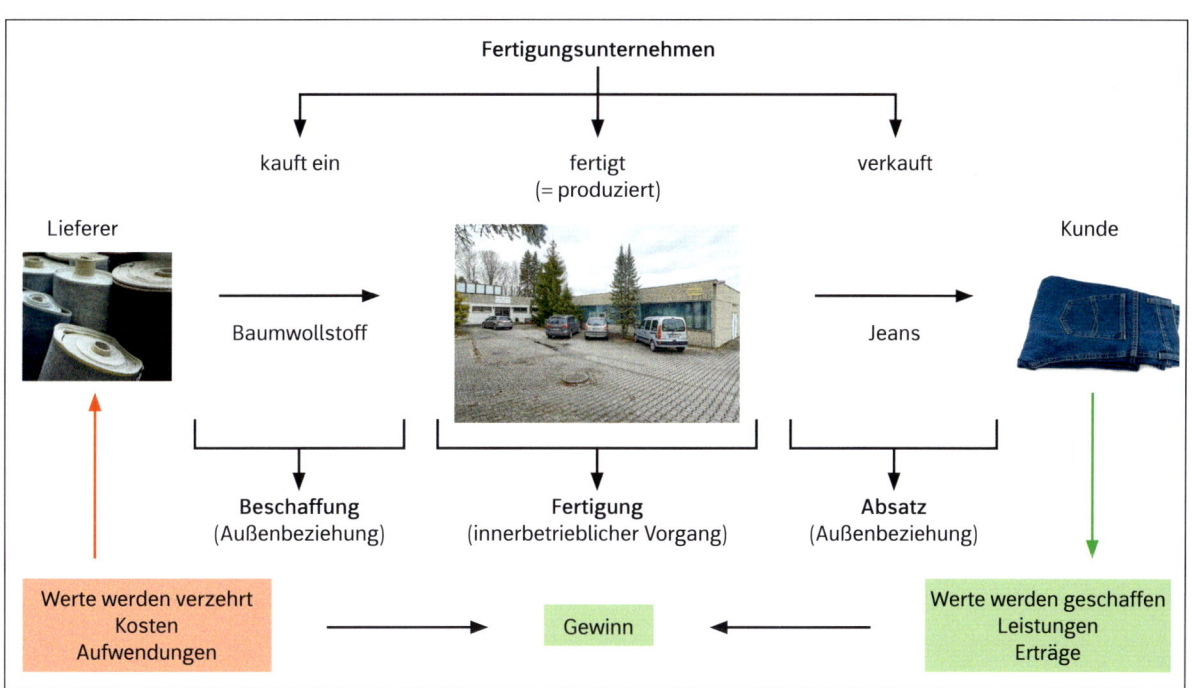

S	Eigenkapital (passives Bestandskonto)	H
Eigenkapitalminderungen Durch den Verbrauch von Werkstoffen entstehen **Aufwendungen**.	**Eigenkapitalmehrungen** Durch den Verkauf von Fertigerzeugnissen entstehen **Erträge**.	

Aus Gründen der Übersichtlichkeit wird nicht jeder Erfolgsvorgang im passiven Bestandskonto Eigenkapital gebucht.

3.1 Buchhalterische Erfassung von Einkaufsvorgängen

Erfolgsvorgänge werden in Unterkonten des Eigenkapitals gebucht, in Aufwandskonten und Ertragskonten.

Einkauf von Werkstoffen
Der Werteverzehr bei der Beschaffung von Werkstoffen wird in **Aufwandskonten** erfasst:

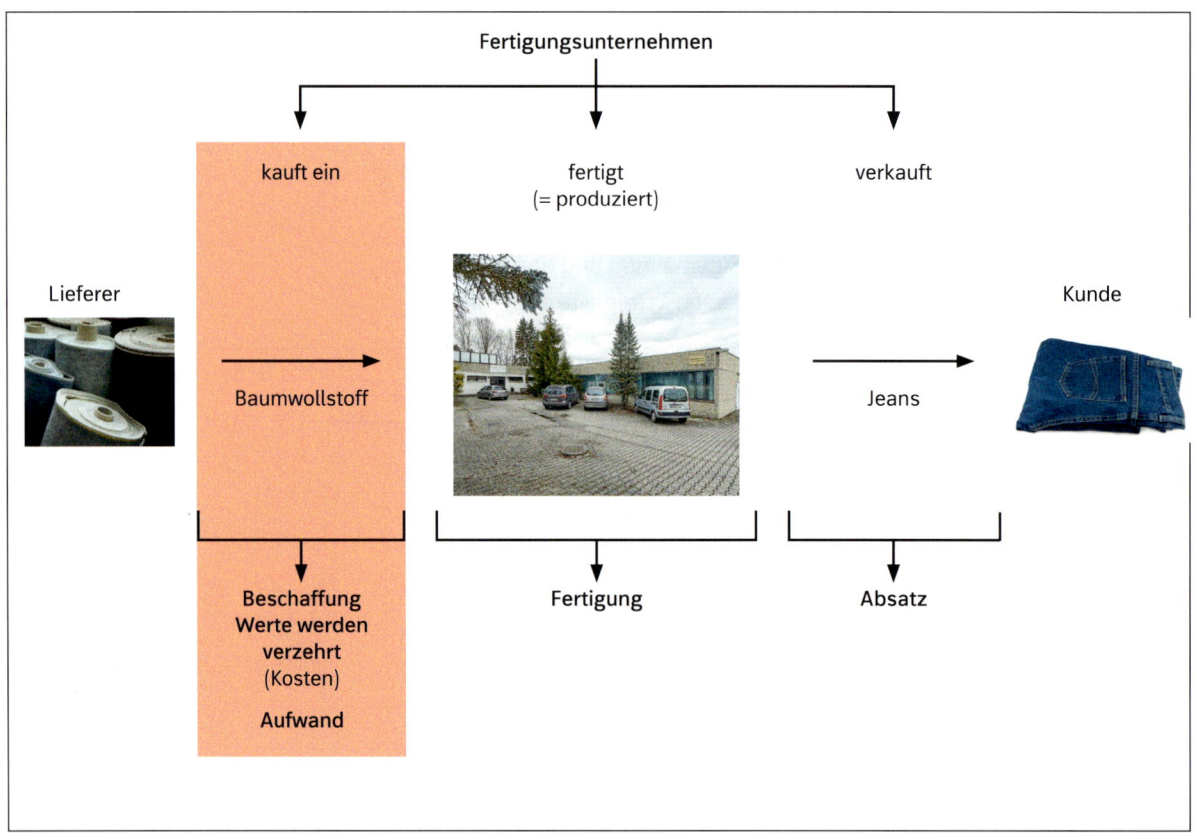

Da es sich bei Aufwendungen um Unterkonten des passiven Bestandskontos Eigenkapital handelt, werden **Aufwendungen im Soll** gebucht.

S	Eigenkapital (passives Bestandskonto)	H
Eigenkapitalminderungen Durch den Verbrauch von Werkstoffen entstehen **Aufwendungen**.	Eigenkapitalmehrungen	

S	Aufwandskonto	H
Aufwendungen werden im Soll gebucht.		

3.2 Einkauf von Werkstoffen

Rohstoffe

Der Kauf von Werkstoffen wird zu Nettopreisen (Warenwert) im jeweiligen Aufwandskonto gebucht. Die beim Einkauf anfallende Umsatzsteuer wird vom Warenwert berechnet und an den Lieferer bezahlt. Sie wird im aktiven Bestandskonto Vorsteuer (VORST) gebucht.

Rechnung

Rechnungsnummer: 4256-20..
Kundennummer: 24665

Blue4u AG
Am Isarufer 10
80999 München
Amtsgericht München HRB 4522
Tel. 0201 613588
Fax 0201 613599

Wir lieferten Ihnen am 27.11.20..:

Pos.	Ballen	Einzelpreis €	Gegenstand	Gesamtpreis €
1	5	1.500,00	101 Japan Denim Jeansstoff	15.000,00
			abzüglich Rabatt	0,00
			Warenwert	15.000,00
			Frachtkosten und Abladen	0,00
			+ 19% Umsatzsteuer	2.850,00
			Rechnungsbetrag	**17.850,00**

Vorstand: Prof. Dr. Thorsten Menisch; Dr. Eugen Löffler
Aufsichtsratsvorsitzender: Dr. Karsten Albrecht
Ust-IdNr. DE 879234567 Steuernr. 123/4579/2316

> **INFO**
>
> **Auswertung des Beleges:**
>
> **1. Bestimme die Belegart.**
> Es liegt ein Fremdbeleg, eine Eingangsrechnung von Blue4u AG, vor.
>
> **2. Beschreibe den Sachverhalt des Beleges.**
> Blauschneider hat Denimstoff (Rohstoffe) gegen Rechnung zum Warenwert von 15.000,00 € gekauft.
>
> **3. Erkläre den Begriff Rohstoff.**
> Rohstoffe, hier Denimstoff, werden bei einem Lieferer gekauft. Sie werden in der Produktion als Hauptbestandteil verarbeitet.
>
> **4. Nenne zwei weitere Arten von Werkstoffen.**
> Hilfsstoffe, Betriebsstoffe.

Auswertung des Beleges zum Bilden des Buchungssatzes			Soll	Haben
Warenwert (Nettobetrag)	100 %	Rohstoffe werden bei der Fertigung verbraucht (= Werteverzehr). Es handelt sich um einen Aufwand für Rohstoffe, der im Konto **Aufwendungen für Rohstoffe (AWR)** erfasst wird.	AWR	
+ Umsatzsteuer	19 %	Die **Vorsteuer (VORST)** muss zunächst an den Lieferer bezahlt werden. Sie wird später vom Finanzamt zurückgefordert.	VORST	
Rechnungsbetrag (Bruttobetrag)	119 %	Der Rechnungsbetrag ist die gesamte **Verbindlichkeit (VE)** gegenüber dem Lieferer einschließlich der Umsatzsteuer.		VE

Buchungssatz:

AWR	15.000,00 €			
VORST	2.850,00 €	an	VE	17.850,00 €

Buchen in T-Konten:

S	AWR	H
VE 15.000,00 €		

S	VE	H
	AWR, VORST	17.850,00 €

S	VORST	H
VE 2.850,00 €		

ARBEITSAUFTRAG

1. Werte den Beleg aus.
2. Nenne drei verschiedene Rabattarten.
3. Besorge dir ein Überweisungsformular und fülle es aus, um damit die Rechnung zu begleichen.

MERKE

Sofortrabatte
Sofortrabatte **mindern den Einkaufspreis**. Sofortrabatte werden auf der Rechnung ausgewiesen. Sie **werden aber sofort vom Listenpreis abgezogen und nicht gebucht.**

Hilfsstoffe

Nieten und mehr e. K.
An der Promenade 20
94034 Passau

Tel.: 0851 44 33 0
Fax: 0851 44 33 1

Blauschneider Jeans e. K.
Levistraße 2 – 4
96050 Bamberg

Passau, 25. Oktober 20..

Rechnung

Rechnungsnummer: 42056-20..
Kundennummer: 191303

Nieten und mehr e. K.
An der Promenade 20
94034 Passau
Tel. 0851 44330
Fax 0851 44331

Amtsgericht Passau HRA 1303
USt-IdNr. DE 214585621
Steuernr. 187/2997/1424

Wir lieferten Ihnen am 01.12.20..:

Pos.	Stück	Einzelpreis €	Gegenstand	Gesamtpreis €
1	5000	0,50	Metallknöpfe Jeans klassisch	2.500,00
			abzüglich 8 % Rabatt	200,00
			Warenwert	2.300,00
			Frachtkosten und Abladen	0,00
			+ 19% Umsatzsteuer	437,00
			Gesamtbetrag	**2.737,00**

Zahlungsbedingungen: 25. November 20.. rein netto/ bis 5. Dez. 20.. 3 % Skonto
Die Ware bleibt bis zur vollständigen Bezahlung Eigentum der Nieten und mehr e. K.
Bankverbindung: Bank Passau
BIC: GENODEF1XXX, IBAN: DE96 7499 0000 1528 6658 00

Auswertung des Beleges zum Bilden des Buchungssatzes					Soll	Haben
Listeneinkaufspreis	100 %		Der Listeneinkaufspreis ist der Preis laut Liste, den der Lieferer dem Unternehmen Blauschneider zunächst anbietet.		Diese beiden Beträge werden nicht gebucht.	
- Liefererrabatt	10 %		Aus besonderen Gründen erhält das Unternehmen Blauschneider vom Lieferer einen Sofortrabatt.			
Warenwert	90 %	100 %	Hilfsstoffe werden bei der Fertigung verbraucht. Dieser Werteverzehr wird im Konto **Aufwendungen für Hilfsstoffe (AWH)** erfasst.		AWH	
+ Umsatzsteuer		19 %	Die **Vorsteuer (VORST)** muss zunächst an den Lieferer bezahlt werden.		VORST	
Rechnungsbetrag		119 %	Der Rechnungsbetrag ist die gesamte **Verbindlichkeit (VE)** gegenüber dem Lieferer einschließlich der Umsatzsteuer.			VE

Buchungssatz:

| AWH | 2.300,00 € | | | |
| VORST | 437,00 € | an | VE | 2.737,00 € |

Betriebsstoffe

Allgäuchem
Chemische Werke AG
Postfach 17722
87600 Kaufbeuren

Blauschneider Jeans e. K.
Levistraße 2 - 4
96050 Bamberg

Allgäuchem – Chemische Werke AG
Postfach 17722
Goethestraße 17
87600 Kaufbeuren
Telefon: 08341 456666
Telefax: 08341 456667

Rechnung
Nr. 365/20..
22. Mai 20..

Amtsgericht Kaufbeuren HRB 1284

Bankverbindung
Handelsbank Kaufbeuren
BIC GENODEF1KFB
IBAN DE36 7346 0046 0000 8667 89

Für die Lieferung vom 16. Mai 20.. erlauben wir uns zu berechnen:

Menge	Li. St.	Einzelpreis €	Gegenstand	Gesamtpreis €
50	Li.	49,00	Hydrauliköl	2.450,00
			+ 19 % Umsatzsteuer	465,50
			Rechnungsbetrag	**2.915,50**

Zahlungsbedingung: sofort rein netto.

Die gelieferte Ware bleibt bis zur vollständigen Bezahlung unser Eigentum.
Vorstand: Prof. Dr. Erich Müller, Dr. Karl Vogel
Aufsichtsratsvorsitzender: Dr. Josef Pfeil
USt-IdNr. DE 786543987   Steuernr. 332/5472/1553

> **ARBEITSAUFTRAG**
>
> **Auswertung des Beleges**
>
> Nenne die Fachbegriffe für folgende Abkürzungen:
> - e. K.
> - HRA

Auswertung des Beleges zum Bilden des Buchungssatzes			Soll	Haben
Warenwert	100 %	Betriebsstoffe werden bei der Fertigung verbraucht. Dieser Werteverzehr wird im Konto **Aufwendungen für Betriebsstoffe** (**AWB**) erfasst.	AWB	
+ Umsatzsteuer	19 %	Die **Vorsteuer** (**VORST**) muss zunächst an den Lieferer bezahlt werden.	VORST	
Rechnungsbetrag	119 %	Der Rechnungsbetrag ist die gesamte **Verbindlichkeit** (**VE**) gegenüber dem Lieferer einschließlich der Umsatzsteuer.		VE

Buchungssatz:

AWB	2.450,00 €			
VORST	465,00 €	an	VE	2.915,00 €

Buchen in T-Konten:

S	AWB	H
VE 2.450,00 €		

S	VE	H
	AWB, VORST	
	2.915,00 €	

S	VORST	H
VE 465,00 €		

Hydrauliköl

Fremdbauteile

Geschäftsfall:
Unternehmen Blauschneider kauft Reißverschlüsse gegen Rechnung. Der Rechnungsbetrag lautet auf 5.117,00 €.

Auswertung des Beleges zum Bilden des Buchungssatzes			Soll	Haben
Warenwert	100 %	Fremdbauteile werden bei der Fertigung verbraucht. Dieser Werteverzehr wird im Konto **Aufwendungen für Fremdbauteile (AWF)** erfasst.	AWF	
+ Umsatzsteuer	19 %	Die **Vorsteuer (VORST)** muss zunächst an den Lieferer bezahlt werden.	VORST	
Rechnungsbetrag	119 %	Der Rechnungsbetrag ist die gesamte **Verbindlichkeit (VE)** gegenüber dem Lieferer einschließlich der Umsatzsteuer.		VE

Buchungssatz:

AWF	4.300,00 €				
VORST	817,00 €	an	VE		5.117,00 €

Nebenrechnung		
Warenwert	4.300,00 €	100%
+ Umsatzsteuer	817,00 €	19%
Rechnungsbetrag	5.117,00 €	119%

Buchen in T-Konten:

S	AWF	H		S	VE	H
VE	4.300,00 €				AWF, VORST	5.117,00 €

S	VORST	H
VE	817,00 €	

Geschäftsfall:
Julia Blauschneider begleicht den Rechnungsbetrag in Höhe von 5.117,00 € durch Banküberweisung.

Buchungssatz:

VE		an	BK	5.117,00 €

Buchen in T-Konten:

S	BK	H		S	VE	H
	VE	5.117,00 €		BK	5.117,00 €	AWF, VORST 5.117,00 €

Reißverschlüsse

IV Buchhalterische Erfassung des betrieblichen Produktionsprozesses

AUFGABE 101
Formuliere Antworten zu folgenden Fragen zur Beschaffung von Werkstoffen:
1. Wie wirken sich Sofortrabatte beim Einkauf aus?
2. Welche Rabattarten kennst du?
3. Wie werden Sofortrabatte buchhalterisch behandelt?
4. Warum gewährt ein Lieferer Rabatt, obwohl dies seine Einnahmen mindert?

AUFGABE 102
Berechne die fehlenden Werte und bilde anschließend jeweils den Buchungssatz für den Kauf von Futterstoff gegen Rechnung bei den beiden günstigsten Lieferern.

	Listen-einkaufspreis	Sofortrabatt	Warenwert
1.	12.000,00 €	15 %	?
2.	37.000,00 €	25 %	?
3.	?	20 %	7.200,00 €
4.	?	10 %	9.000,00 €

AUFGABE 103
Bilde die Buchungssätze für folgende Geschäftsfälle bei Blauschneider:
1. Kauf von Knöpfen gegen Rechnung, Listenpreis 12.000,00 €, Lieferung frei Haus.
2. Julia Blauschneider begleicht den offenen Rechnungsbetrag zu 1. per Banküberweisung.
3. Blauschneider liegt eine Eingangsrechnung über den Kauf von Nähmaschinenöl vor. Listeneinkaufspreis 670,00 €, abzüglich 10 % Jubiläumsrabatt.
4. Julia Blauschneider kauft Futterstoff gegen Rechnung, Listeneinkaufspreis 56.000,00 €, abzüglich 12 % Rabatt.
5. Julia Blauschneider liegt eine Eingangsrechnung über den Kauf von Denimstoffen vor. Listenpreis 4.200,00 €, abzüglich 10 % Treuerabatt.
6. Blauschneider erhält eine Eingangsrechnung über den Kauf von Nähgarn zum Listenpreis von 3.600,00 €, abzüglich 15 % Rabatt.
7. Blauschneider kauft Hydrauliköl gegen Rechnung, Listenpreis 4.800,00 €, abzüglich 20 % Mengenrabatt.
8. Blauschneider begleicht den offenen Rechnungsbetrag zu 6. per Onlinebanking.

AUFGABE 104
Diskutiere mit deinem Banknachbarn, ob folgende Aussagen richtig oder falsch sind. Verbessere sie, wenn nötig, in deinem Heft:
1. Der Bereich Einkauf wird auch Materialwirtschaft genannt.
2. Die Aufgabe der Beschaffung ist es, die Löhne für die Mitarbeiter auszuzahlen.
3. Zahlungsziel „rein netto" bedeutet, dass man beim Rechnungsausgleich die Umsatzsteuer abziehen darf.
4. Ein Treuerabatt wird gewährt, wenn eine langjährige Geschäftsbeziehung besteht.
5. Der Listenpreis ist entscheidend beim Kauf von Werkstoffen.

Richtig rechnen!

Futterstoff für Jeanstaschen

AUFGABE 105

1. Analysiere Beleg 1 (vgl. Beleganalyse).
2. Bearbeite folgende Aufgaben:
   - 2.1 Um welchen Werkstoff handelt es sich?
   - 2.2 Der Lieferer gewährt einen Rabatt. Nenne zwei Beispiele für Rabattarten.
   - 2.3 Wie wird der Rabatt buchhalterisch behandelt?
   - 2.4 Welche Lieferbedingung liegt hier vor?
   - 2.5 Wann endet das Zahlungsziel?
3. Bilde den Buchungssatz zu Beleg 1.
4. Analysiere Beleg 2 (vgl. Beleganalyse).
5. Nenne ein weiteres Beispiel für Fremdbauteile.
6. Bilde den Buchungssatz zu Beleg 2.
7. Beantworte folgende Fragen zu Beleg 3:
   - 7.1 Was belegt ein Kontoauszug?
   - 7.2 Von welcher Einrichtung wird ein Kontoauszug erstellt?
   - 7.3 Welche Zahlungsbedingung (vgl. Beleg 1) hat Julia Blauschneider in Anspruch genommen?
   - 7.4 Wie viel Geld hat Blauschneider noch auf dem Geschäftsbankkonto?
8. Bilde den Buchungssatz zu Beleg 3.

Beleg 1

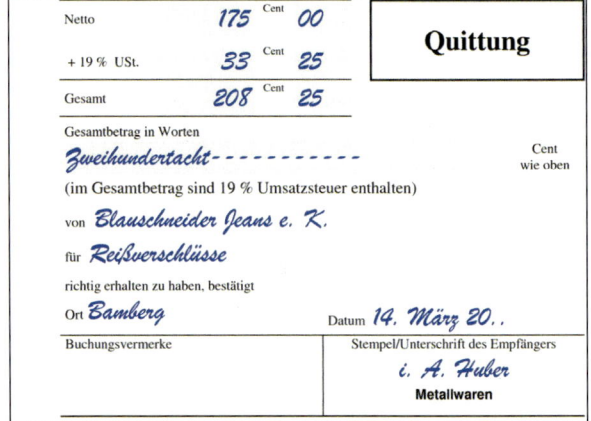

Beleg 2

Beleg 3

AUFGABE 106

Bilde die Buchungssätze für folgende Geschäftsfälle beim Unternehmen Blauschneider:
1. Blauschneider nimmt bei der Frankenbank Bamberg einen Bankkredit mit einer Laufzeit von fünf Jahren auf. Die Bankgutschrift beträgt 80.000,00 €.
2. Bei Blauschneider geht eine Rechnung vom Lieferer eines Hydrauliköls ein; Listenpreis 2.800,00 €, abzüglich 8 % Rabatt.
3. Blauschneider begleicht eine Rechnung in Höhe von 5.220,00 € per Banküberweisung.

AUFGABE 107

Bearbeite die Aufgaben zur Infografik.
1. Worüber gibt diese Infografik Auskunft?
2. Um welche Maßeinheit handelt es sich hier?
3. Begründe, weshalb ein Balkendiagramm verwendet wurde.
4. Woher stammen die Daten für die Infografik?
5. Begründe die Richtigkeit folgender Aussage: „Der größere Teil, ca. drei Viertel der Wertschöpfung Deutschlands, wird mittlerweile von im weitesten Sinne Dienstleistungsunternehmen erwirtschaftet."

AUFGABE 108

Bilde die Buchungssätze
1. für den Beleg des Unternehmens Reiß.
2. für den Rechnungsausgleich am 2. Januar durch Banküberweisung.

AUFGABE 109

Bilde die Buchungssätze für folgende Geschäftsfälle bei Blauschneider:

1. Blauschneider kauft Denimstoff gegen Rechnung, Listenpreis 56.000,00 €.
2. Blauschneider liegt eine Eingangsrechnung über den Kauf von Spülmittel vor. Listeneinkaufspreis 420,00 €, abzüglich 10 % Liefererrabatt.
3. Blauschneider erhält eine Eingangsrechnung über den Kauf von Reißverschlüssen: Listenpreis 3.600,00 €, abzüglich 15 % Rabatt.
4. Julia Blauschneider begleicht den offenen Rechnungsbetrag zu 3. per Onlinebanking.
5. Blauschneider kauft Hydrauliköl gegen Rechnung, Listeneinkaufspreis 4.800,00 €, abzüglich 20 % Mengenrabatt.
6. Julia Blauschneider begleicht den offenen Rechnungsbetrag zu 5. per Onlinebanking.

AUFGABE 110

Julia Blauschneider liegen folgende drei Belege vor:

1. Beantworte folgende Fragen:
   1.1 Wie lange müssen Belege laut HGB aufbewahrt werden?
   1.2 Wer hat neben Julia Blauschneider noch Interesse an den aufbewahrten Belegen?
2. Formuliere jeweils den Geschäftsfall.
3. Bilde jeweils den Buchungssatz.

Beleg 1

Beleg 3

Beleg 2

Zusammenfassung

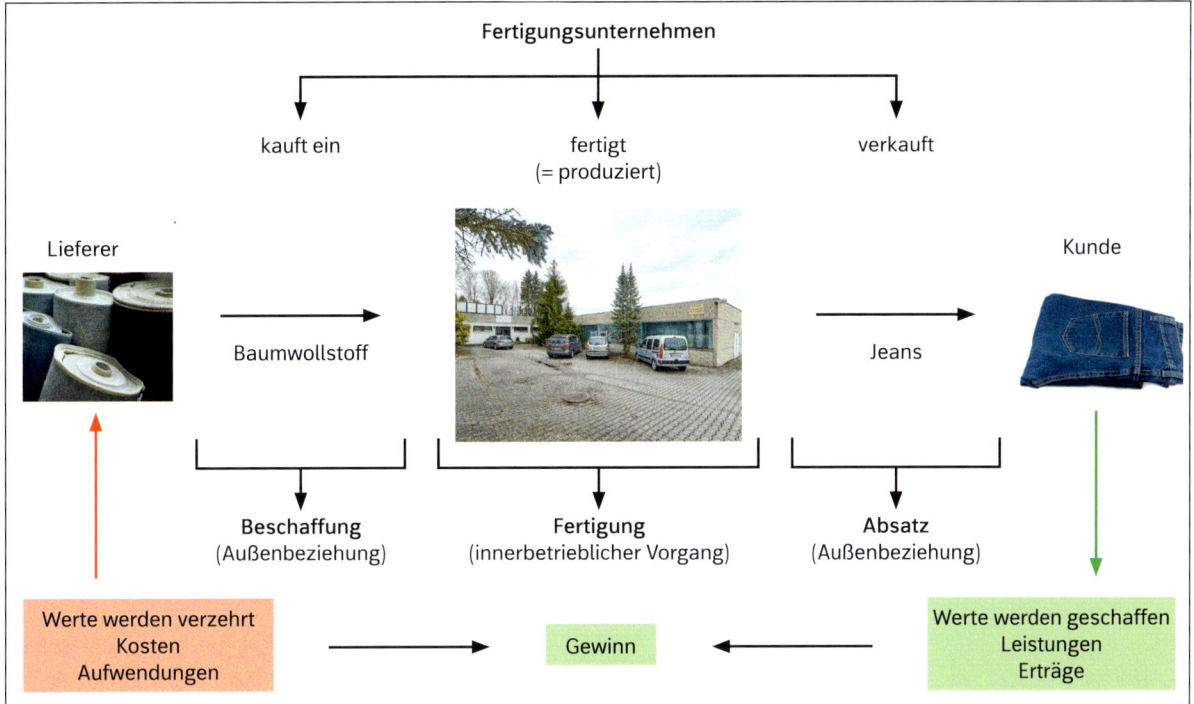

Unternehmenserfolg

Das Ziel eines jeden Unternehmens ist es, Gewinn zu erwirtschaften und damit das Eigenkapital zu erhöhen. Man spricht auch davon, einen positiven Unternehmenserfolg zu erzielen.

Die Buchführung umfasst nicht nur die Bestandsrechnung (Rechnen und Buchen in aktiven und passiven Bestandskonten), sondern auch die Erfolgsrechnung (Rechnen und Buchen in Erfolgskonten, den Aufwands- und Ertragskonten).

Je nach Art des Werkstoffeinsatzes wird in folgenden Aufwandskonten gebucht:

Werkstoff	Aufwandskonto	Abkürzung
Rohstoffe	Aufwendungen für Rohstoffe	AWR
Fremdbauteile	Aufwendungen für Fremdbauteile	AWF
Hilfsstoffe	Aufwendungen für Hilfsstoffe	AWH
Betriebsstoffe	Aufwendungen für Betriebsstoffe	AWB

Auf einen Blick – Schlagwörter zum Einkauf

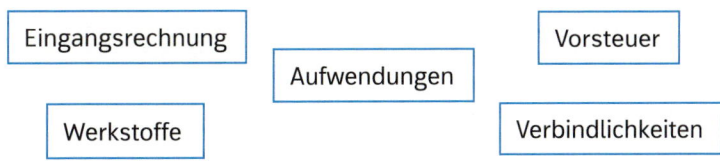

4 Verkauf von Fertigerzeugnissen

4.1 Umsatzerlöse als Erträge

Julia Blauschneider hat in ihrem Unternehmen Aufwendungen durch den Verbrauch von Werkstoffen bei der Produktion. Andererseits entstehen aber auch durch die Herstellung und den Verkauf der Jeanshosen Werte. Diese Fertigerzeugnisse sind betriebliche Leistungen. Beim **Verkauf der Fertigerzeugnisse** werden Leistungen umgesetzt (Umsatz) und dabei Einnahmen (Erlöse) erzielt. Diese Umsatzerlöse stellen Erträge dar, die das Eigenkapital erhöhen.

> **DEFINITION**
>
> *Umsatzerlöse*
> Wenn ein Unternehmen seine eigenen Produkte verkauft, erzielt es Umsatzerlöse, also Einnahmen. Diese übersteigen hoffentlich die Ausgaben für Material, Personal usw., sodass ein Gewinn erzielt wurde.

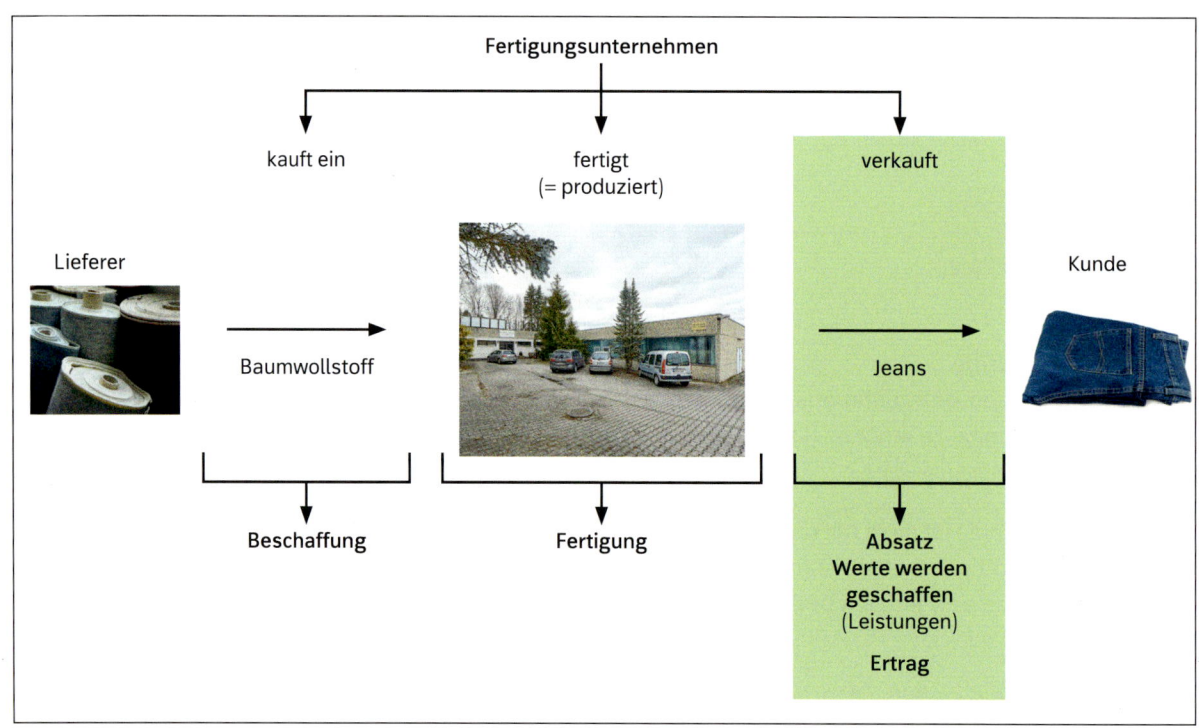

> **DEFINITION**
>
> *Fertigerzeugnisse*
> Fertigerzeugnisse oder eigene Erzeugnisse werden durch die eigene Produktion hergestellt und an Kunden verkauft.

Damit es übersichtlich bleibt, wird nicht jeder **Erfolgsvorgang**, d. h. der Einkauf von Werkstoffen oder der Verkauf von Fertigerzeugnissen, im passiven Bestandskonto Eigenkapital gebucht, sondern auf Ertragskonten:

Da es sich bei Erträgen um Unterkonten des passiven Bestandskontos Eigenkapital handelt, werden **Erträge als Mehrung im Haben** gebucht.

S	Eigenkapital (passives Bestandskonto)	H
Eigenkapitalminderungen Durch den Verbrauch von Werkstoffen entstehen **Aufwendungen**.		Eigenkapitalmehrungen Durch den Verkauf von Fertigerzeugnissen entstehen **Erträge**.

S	Ertragskonto	H
		Erträge werden im Haben gebucht.

4.2 Buchen beim Verkauf von Fertigerzeugnissen

Buchen von Umsatzerlösen

Im Unternehmen Blauschneider wurde folgende Ausgangsrechnung erstellt:

Blauschneider Jeans e. K.
Levistraße 2-4
96050 Bamberg

Blauschneider Jeans e. K., Levistraße 2-4, 96050 Bamberg

Modehaus Kepler
Maxstraße 7
95444 Bayreuth

Amtsgericht Bamberg HRA 3345
Tel.: 0951 497244
Fax: 0951 497255

Rechnung 5984/20.. Bamberg, 14.03.20..

Für die Lieferung vom 13.03.20.. erlauben wir uns Ihnen zu berechnen:

Artikel	Artikel-Nr.	Einzelpreis €	Stück	Gesamtpreis €
„Midsummer"	JHM 27/27	72,00	50	3.600,00
10 % Rabatt				360,00
Warenwert				3.240,00
		+ 19 % Umsatzsteuer		615,60
			Rechnungsbetrag:	3.855,60

Zahlung fällig am 14.04.20..
Bei Zahlung bis zum 24.03.20.. gewähren wir 2 % Skonto.
Die gelieferte Ware bleibt bis zur vollständigen Bezahlung unser Eigentum.

> **ARBEITSAUFTRAG**
>
> Uns liegt ein Eigenbeleg vor, nämlich eine Ausgangsrechnung an Modehaus Kepler.
>
> Ordne den Begriffen und Daten im Formular folgende Bezeichnungen zu: Rechnungsnummer, Rechnungsdatum, Lieferdatum, Artikelbezeichnung, Artikelnummer, Stückpreis, Stückzahl, Rabatt, Warenwert, Zahlungsziel, Skontofrist, Skonto, Listenpreis, Umsatzsteuer, Rechnungsbetrag

Auswertung des Beleges zum Bilden des Buchungssatzes			Soll	Haben
Warenwert	100 %	Die Jeanshosen sind im Unternehmen Blauschneider hergestellte Fertigerzeugnisse. Der Nettowert von 3.240,00 € wird von Julia Blauschneider eingenommen (**erlöst → Umsatzerlöse**). Er wird im Konto Umsatzerlöse für eigene Erzeugnisse (UEFE) erfasst.		UEFE
+ Umsatzsteuer	19 %	Die Umsatzsteuer muss dem Kunden zusätzlich zum Warenwert berechnet werden. Sie ist später an das Finanzamt abzuführen.		UST
Rechnungsbetrag	119 %	Die gesamte Forderung (Warenwert + Umsatzsteuer) geht an den Kunden. Der Kunde muss bis zum Erreichen des Zahlungszieles den Betrag von 3.855,60 € bezahlt haben.	FO	

Buchungssatz:

FO	3.855,60 €	an	UEFE	3.240,00 €
			UST	615,60 €

Buchen in T-Konten:

S	FO	H		S	UEFE	H		S	UST	H
UEFE, UST					FO 3.240,00 €				FO 615,60 €	
3.855,60 €										

AUFGABE 111

Diskutiere mit deinem Partner folgende Aussagen rund um den Verkauf.
1. Es gibt einen anderen Begriff für „Verkauf".
2. Die Produkte, die Blauschneider produziert, werden mit einem Fachbegriff bezeichnet.
3. Umsätze haben keine Auswirkung auf den Erfolg des Unternehmens.
4. Erträge werden direkt im Konto Eigenkapital gebucht.

AUFGABE 112

Entscheide, ob folgende Aussagen richtig oder falsch sind. Verbessere sie in deinem Heft, wenn nötig:
1. Der Bereich Verkauf wird auch Fertigung genannt.
2. Zahlungsziel „rein netto" bedeutet, dass man beim Rechnungsausgleich nichts abziehen darf.
3. Ein gewährter Kundenrabatt wird erst bei Zahlung gewährt.
4. Jeder Erfolgsvorgang, z. B. der Verkauf von Fertigerzeugnissen, wird im passiven Bestandskonto Eigenkapital gebucht.
5. Erträge werden im Haben gebucht.

AUFGABE 113

Hier ist einiges durcheinander geraten:
Ordne die Begriffe den Bereichen Einkauf bzw. Verkauf zu:

Forderungen		Vorsteuer
Eingangsrechnung		Verbindlichkeiten
Ertrag		Warenwert
Warenwert		Ausgangsrechnung
Fertigerzeugnisse		Fremdbauteile

AUFGABE 114

Bilde die Buchungssätze für folgende Geschäftsfälle bei Blauschneider:
1. Julia Blauschneider verkauft Boyfriend-Jeans gegen Rechnung, Listenpreis 12.000,00 €.
2. Blauschneider kauft Futterstoff gegen Rechnung, 7.600,00 € netto.
3. Julia Blauschneider liegt ein Kontoauszug mit einer Bankgutschrift des Rechnungsbetrags zu Fall 1 vor.
4. Julia Blauschneider kauft Metallknöpfe gegen Rechnung. Listenpreis 9.000,00 €, Treuerabatt 12 %.
5. Julia Blauschneider begleicht den offenen Rechnungsbetrag zu 4. per Onlinebanking.
6. Blauschneider liegt eine Ausgangsrechnung über den Verkauf von Jeansjacken vor, Rechnungsbetrag 1.428,00 €.

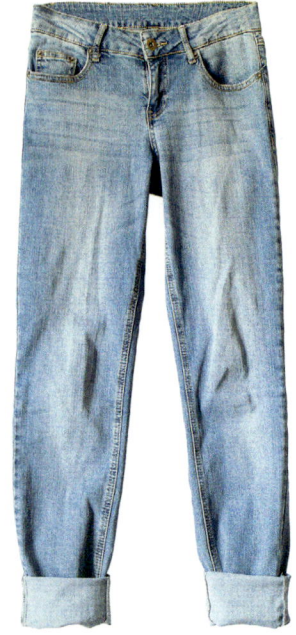

Boyfriend-Jeans

Metallknöpfe

AUFGABE 115

Buchhaltungsprobleme? Nicht mit deiner Hilfe.

Bilde die Buchungssätze zu folgenden Geschäftsfällen:

1. Blauschneider liegt eine Ausgangsrechnung über den Verkauf von Jeanshosen (Modell „5-pocket") vor. Listenpreis 670,00 €, abzüglich 10 % Kundenrabatt.
2. Blauschneider kauft Denimstoff gegen Rechnung, Listenpreis 7.600,00 €.
3. Julia Blauschneider begleicht den offenen Rechnungsbetrag zu 2. per Banküberweisung.
4. Blauschneider verkauft eine Jeansjacke gegen Barzahlung, netto 82,00 €.
5. Blauschneider kauft Maschinenöl gegen Rechnung, Listenpreis 560,00 €, abzüglich 8 % Rabatt.

Rabatt

AUFGABE 116

Und jetzt anders herum:

Formuliere die Geschäftsfälle für folgende Buchungssätze.

1. FO   35.700,00 €   an   UEFE   30.000,00 €
                                       UST   5.700,00 €

2. AWH   2.000,00 €
    VORST   380,00 €   an   VE   2.380,00 €

3. VE   an   BK   2.380,00 €

4. FO   1.725,50 €   an   UEFE   1.450,00 €
                                       UST   275,50 €

5. BK   an   FO   1.725,50 €

```
Kontoauszug              Nummer 105      IBAN DE80 7905 5000 1270 0083 74
28. Juli 20.. / 08:55 Uhr  Seite 1 / 1    BIC: REGBDE88XXX
                                          Blauschneider e. K.

Bu. Tag   Wert     Bu. Nr.   Erläuterungen                                   Betrag €

27.07.    27.07.   9967      Zahlungseingang Thessi Liebig, Re-Nr. 0055      25.061,40 +
                             vom 27.05.20..

                                          ------------------------------------
Kontokorrentkredit   EUR  50.000,00        alter Kontostand    EUR   12.317,07 +
                                           neuer Kontostand    EUR   37.378,47 +
                                          ------------------------------------
Bahnhofstraße 22 – 24       Tel.: 0951 224455
96047 Bamberg               FAX: 0951 224466

                                                    Regnitzbank Bamberg
```

Beleg 1

AUFGABE 117

Bearbeite die Aufgaben zu Beleg 1.
1. Welche Art von Beleg liegt vor?
2. Was wird mit dieser Art von Beleg nachgewiesen?
3. Formuliere den Geschäftsfall.
4. Bilde den Buchungssatz zum vorliegenden Beleg.
5. Wie viel Geld hat Blauschneider auf dem Geschäftsbankkonto?

AUFGABE 118

Bearbeite die Aufgaben zu Beleg 2.
1. Was belegt eine Quittung?
2. Wie lautet der Bruttobetrag?
3. Um welche Art von Werkstoff handelt es sich?
4. Bilde den Buchungssatz.

```
                    dahaam BauMarkt
                     Bayreuther Straße 3
                      96047 Bamberg
           TEL. 0951 7806670   FAX 0951 7806675
                      Öffnungszeiten:
          Montag bis Freitag    08.30 - 20.00 Uhr
          Samstag               08.00 - 16.00 Uhr
          ***KUNDENBELEG BARZAHLUNG***

47890456798   SPEZIALSCHMIERMITTEL
    1 STK                                           8,99
47890233452   BLITZ REINIGUNGSMITTEL
    10 LITER                                      128,49
47890755372   DESTILLIERTES WASSER
    5 KANISTER                                     44,50
-----------------------------------------------------------
ZU ZAHLEN                         EUR             181,98
BAR                               EUR             200,00
-----------------------------------------------------------
RÜCKGELD                          EUR              18,02

  MWST-CODE    UMSATZ-INKL.   MWST-Anteil
   19,00 %  MWST=1    181,98       29,06
  763/02/875   6428   03.06.20..   15:30

          Vielen Dank für Ihren Einkauf!
           Ihre dahaam BauMarkt-Gruppe
```

Beleg 2

AUFGABE 119

Du bist ein Beleg-Experte, beweise es! Analysiere den Beleg anhand der folgenden Fragen:

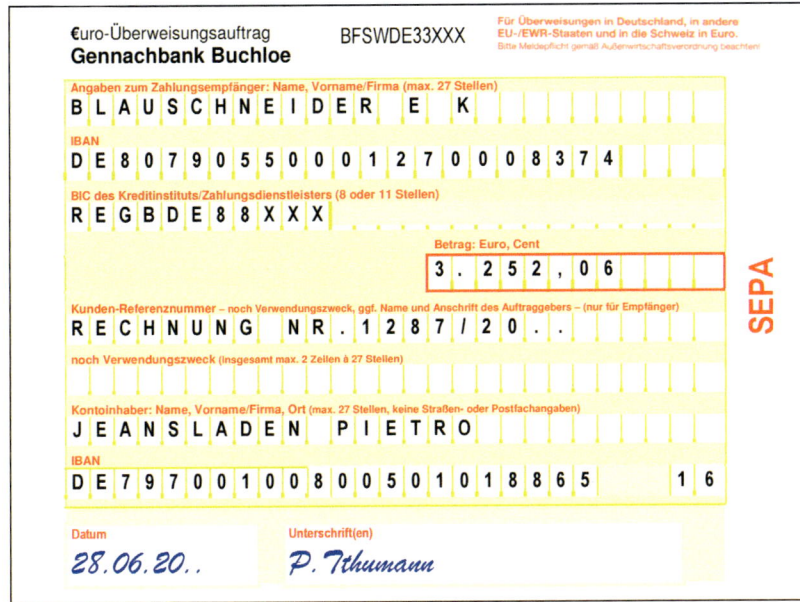

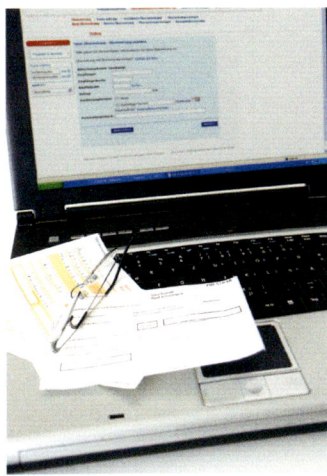

Onlinebanking

1. Ist es ein Eigen- oder ein Fremdbeleg?
2. Welcher Geschäftsfall liegt zugrunde?
3. Damit du diese Überweisung buchen kannst, wartest du auf einen weiteren Beleg. Welchen?
4. Bilde den Buchungssatz für den vorliegenden Beleg.

AUFGABE 120

Bilde die Buchungssätze für folgende Geschäftsfälle beim **Eishersteller Leckerschmecker**. (Beachte: Bei Lebensmitteln liegt der USt-Satz bei 7 %.)

1. Verkauf von Wassereis gegen Rechnung für 200,00 € netto.
2. Kassenquittung: Einkauf von Reinigungsmitteln, 23,80 € brutto.
3. Leckerschmecker verkauft Milcheis gegen Rechnung: Listenpreis 4.000,00 €, abzüglich 25 % Rabatt.
4. Eingangsrechnung für den Kauf von Milch für 6.000,00 € netto, 20 % Mengenrabatt.
5. Eingangsrechnung: Heizöl für 6.500,00 € netto.
6. Der Kontoauszug für die Überweisung für Fall 1 liegt vor.
7. Der Betrag aus 3. wird bar vorbeigebracht.
8. Der fällige Betrag für 4. wird überwiesen.
9. Der fällige Betrag für 5. wird überwiesen.
10. Die Realschule Bamberg bestellt für ihr Schulfest 6.000 Liter Speiseeis in unterschiedlichen Geschmacksrichtungen. Auf den Listenpreis von 8.500,00 € handelt sie 10 % Sonderrabatt aus. Das Eis wird gegen Rechnung ausgeliefert.

Speiseeisherstellung

158 Zusammenfassung

IV Buchhalterische Erfassung des betrieblichen Produktionsprozesses

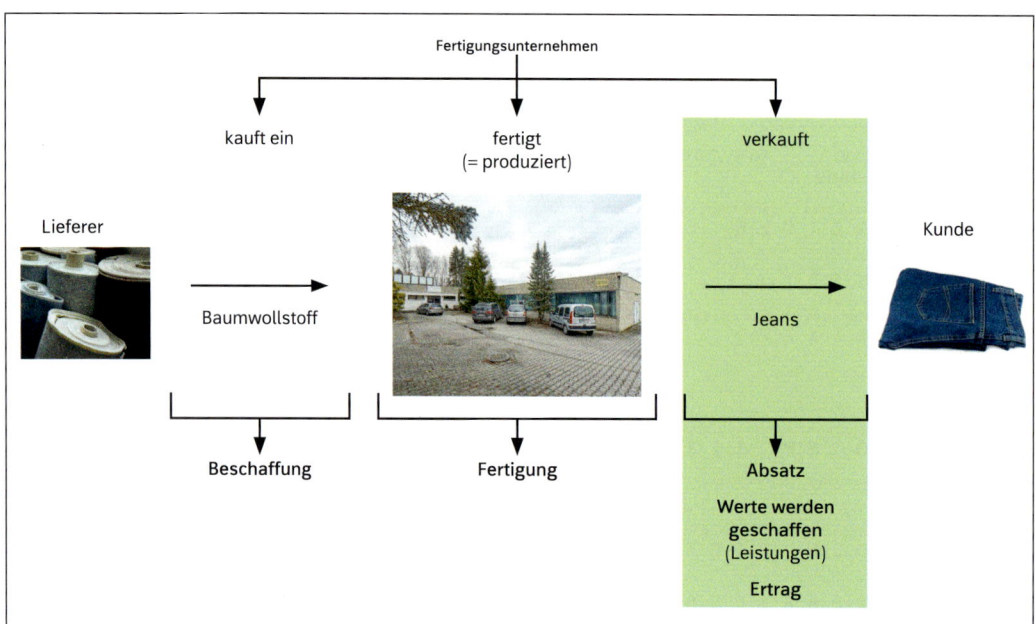

Beim **Verkauf der Fertigerzeugnisse** werden Leistungen umgesetzt (Umsatz) und dabei Einnahmen (Erlöse) erzielt. Diese **Umsatzerlöse stellen Erträge dar**, die das Eigenkapital erhöhen.

Ein gewährter Rabatt wird sofort abgezogen (= Sofortrabatt). **Sofortrabatte mindern den Verkaufspreis** und damit die Erlöse aus den verkauften Fertigerzeugnissen.

Achtung Verwechslungsgefahr!!

Verwechslungsgefahr

Einkauf	Verkauf
Eingangsrechnung	Ausgangsrechnung
Lieferer	Kunde
Werkstoffe (Roh-, Hilfs-, Betriebsstoffe und Fremdbauteile)	Fertigerzeugnisse
Aufwand	Ertrag
Warenwert	Warenwert
Vorsteuer	Umsatzsteuer
Verbindlichkeiten	Forderungen

Buchungssatz Einkauf gegen Rechnung:

| AW... | 100,00 € | | | |
| VORST | 19,00 € | an | VE | 119,00 € |

Buchungssatz Verkauf gegen Rechnung:

| FO | 119,00 € | an | UEFE | 100,00 € |
| | | | UST | 19,00 € |

Hilfestellungen

Seite 19, Aufgabe 14.7
- In welchen Bereichen könnte die Familie sparen?
- Welche Ausgaben könnten sie verringern?
- Woher können zusätzliche Einnahmen kommen?
- Was könnten z. B. die Kinder beisteuern?

Seite 76, Aufgabe 47
- Infrastrukturen: Ver- und Entsorgungseinrichtungen, Bildungseinrichtungen, Kommunikation, Verkehr usw.
- Verkehr: Verkehrslage, Anbindung an Straße, Bahn, Wasserwege, Nähe zu Flughäfen
- politische und soziale Situation: Stabilität, Sicherheit der Investition, sozialer Friede, Streikhäufigkeit
- Steuern, Abgaben: z. B. Höhe der Hebesätze für Gewerbesteuer
- Umweltauflagen: Standards, Kosten
- staatliche Wirtschaftsförderung: Steuerentlastungen, Darlehen, Investitionszulagen, Infrastruktur, Bereitstellung von Gelände
- Arbeitskräfte: Zahl, Qualifikation, Löhne, Lohnnebenkosten
- natürliche Bedingungen: Klima, mögliche Naturkatastrophen
- Material: Preise, Lage zum Beschaffungsmarkt, Entfernung, Standorte von Zulieferern
- Energiequellen: Kosten, Verfügbarkeit
- Absatzmarkt: Größe, Entfernung, Konkurrenz
- Werbewirksamkeit des Standortes: z. B. made in Germany
- persönliche Gründe: Vorlieben, Bindung an den Heimatraum
- Wohn- und Freizeitwert: landschaftlicher Reiz, kulturelles Angebot, Erholungswert, Verfügbarkeit von Wohnraum und Bauplätzen.

Seite 98, Aufgabe 69
Schreibe die angegebenen Bilanzposten nebeneinander und füge ein Plus oder Minus zum jeweiligen Posten hinzu – wie du es aus den Geschäftsfällen herauslesen kannst. Bei Nr. 1 solltest du also „Verbindlichkeiten –" und „Bank –" notieren. Beide Posten nehmen ab, da es sich um eine Aktiv-Passiv-Minderung handelt.

Seite 98, Aufgabe 71
Was kann passiert sein? Wenn das Bankguthaben abnimmt, haben wir jemandem Geld überwiesen. Da gleichzeitig die Verbindlichkeiten bei Lieferern abnehmen, hat ein Lieferer das Geld erhalten, vermutlich für eine Rechnung. Du könntest also z. B. notieren: „Überweisung an einen Lieferer für seine Rechnung über Baumwollstoffe" (oder ein anderes sinnvolles Produkt). Bei 5. gibt es zwei Möglichkeiten... denke daran, dass du Büromöbel neu kaufen und gebraucht verkaufen könntest …

Seite 102, Aufgabe 76
Hier solltest du lieber langsam und gründlich vorgehen, da sich sonst leicht Flüchtigkeitsfehler einschleichen! Überlege zunächst, welche Posten sich bei Fall 1 verändern. Der Lkw gehört zu Fuhrpark, die Rechnung zu Verbindlichkeiten, da wir den Lkw ja bei einem Lieferer kaufen. Nun musst du überlegen, welche Kontenarten VE und FP sind. Und diese Kontenart sagt dir zum Schluss, auf welcher Seite sich etwas verändert. Wir kaufen einen Lkw, das Konto FP nimmt also zu – wie jedes andere aktive Bestandskonto auf der Sollseite. Nun überlege das gleiche für das Konto VE.

Seite 107, Arbeitsauftrag:
Beleg 1:
- Eigen- oder Fremdbeleg?
- Was wurde gekauft?
- Was bedeutet KG?
- Wann ist das Zahlungsziel?
- Auf welchen Konten wird gebucht?

Beleg 2:
- Eigen- oder Fremdbeleg?
- Wie hoch ist der Bruttobetrag?
- Wann fand die Lieferung statt?
- Auf welchen Konten wird gebucht?

Beleg 3:
- Belegdatum?
- Aussteller des Beleges?
- Fremd- oder Eigenbeleg?
- Wie viele Tage sind erfasst?
- Haben wir mehr eingezahlt oder mehr abgehoben?

Beleg 4:
- Eigen- oder Fremdbeleg?
- Wer hat ihn ausgestellt?
- Warum steht der Betrag auch in Worten drauf?
- Auf welchen Konten wird gebucht?

Seite 113/114, Aufgaben 81 und 82:
Beachte die WAMS-Regeln, arbeite gründlich und konzentriert! Bei A 81/1 musst du z. B. besonders aufpassen, da der Buchungssatz zunächst einfach wirkt – die Konten Bank und Kasse kennst du sicher gut – aber es gibt ihn ja in zwei Versionen: BK an KA oder KA an BK. Wenn du nun nach den WAMS-Regeln arbeitest, stellst du beim M des WAMS fest, dass bei einer Barabhebung das Bankkonto abnimmt, der Kassenbestand aber zu. Nun musst du noch die Regeln für das aktive Bestandskonto beachten und du kannst festlegen, ob dies jeweils auf der Soll- oder auf der Habenseite passiert.

Seite 118, Aufgabe 86:
Beim Eröffnen und Eintragen in T-Konten nicht ungeduldig werden. Arbeite sauber und übersichtlich. Lies ggf. noch mal auf Seite 115 nach, wie aktive und passive Bestandskonten funktionieren. Trage zunächst die Anfangsbestände richtig ein. Bilde den Buchungssatz für Fall 1 nach den WAMS-Regeln. Wenn du Soll- und Habenbuchung richtig gemacht hast, kannst du den Buchungssatz in die T-Konten eintragen. Du brauchst (Tipp!) für Fall 1 KBKV und BK. Das Konto MA brauchst du nicht, da hier lediglich der Kredit gutgeschrieben wird! Durch die Gutschrift erhöht sich der Bestand auf dem Konto Bank, aber wir haben auch mehr kurzfristige Bankverbindlichkeiten. Trage den Betrag von der Sollseite im Buchungssatz in die Sollseite des T-Kontos ein und umgekehrt. Vergiss nicht die Angabe des Gegenkontos!

Seite 126, Arbeitsauftrag:
Beleg 1:
- Belegdatum?
- Aussteller des Beleges?
- Fremd- oder Eigenbeleg?
- Was wurde gekauft?
- Wann ist das Zahlungsziel?
- Auf welchen Konten wird gebucht?

Beleg 2:
- Eigen- oder Fremdbeleg?
- Wer hat ihn ausgestellt?
- Warum steht der Betrag auch in Worten drauf?
- Auf welchen Konten wird gebucht?

Seite 140, Aufgabe 98:
- Wer ist der Empfänger des Angebotes?
- Um welchen Werkstoff handelt es sich hierbei?
- Wie hoch ist der Warenwert?
- Welche Lieferbedingung liegt vor?
- Welche Zahlungsbedingung liegt vor?

Seite 148, Aufgabe 105:
Beleg 1:
- Belegdatum?
- Aussteller des Beleges?
- Fremd- oder Eigenbeleg?
- Was wurde gekauft?
- Wann ist das Zahlungsziel?
- Auf welchen Konten wird gebucht?

Beleg 2:
- Eigen- oder Fremdbeleg?
- Wer hat ihn ausgestellt?
- Was wurde gekauft?
- Auf welchen Konten wird gebucht?

Stichwortverzeichnis

Absatz 74, 130
Aktives Bestandskonto 99 ff.
Angebote 123, 135
Angebotsvergleich 138
Arbeitskraft 80
Aufwandskonten 142
Ausgangsrechnung 103, 153

Bargeld 32 ff., 35
Barzahlung 33
Belege 104 ff., 110, 112
Beschaffung 84, 144
Bestandskonto 100
Betriebserkundung 64
Betriebsleitung 81
Betriebsmittel 79
Betriebsstoffe 145
BIC 38
Bilanz 91, 99
Bilanzveränderungen 97
Buchungslesen 119
Buchungssatz 113, 121

Dauerauftrag 39
Dienstleistungsunternehmen 55

Eigenkapitalkonto 152
Eingangsrechnung 143
Einkommen 10 f.
Einkommensverwendung 12
Erfolgsvorgänge 152
Erklärvideo 131
Ertragskonten 152

Fertigerzeugnisse 152
Fertigung 74, 130
Fertigungsunternehmen 54, 74
Fremdbauteile 146

Geschäftsfälle 96, 110
Girokarte 40 f.

Grundsätze ordnungsmäßiger Buchführung 94
Handelsgesetzbuch 86
Hilfsstoffe 144

IBAN 38
Inventar 88, 93
Inventur 87

Konsumentscheidungen 13
Kontoauszug 27

Lastschrift 39
Lernstrategien 123
Lieferbedingungen 137
Listeneinkaufspreis 137

Onlinebanking 42 ff.
Outsourcing 55

Passives Bestandskonto 99 ff.
Produktionsfaktoren 78
Prozentrechnung 20

Quittung 27

Rabatt 30, 133, 137
Rechtsformen 72
Rohstoffe 143

Schulden 13 ff.
Sofortrabatt 133 f.
Skonto 30

Standort 70 ff.

T-Konten 115

Überweisung 38
Umsatzerlöse 152
Umsatzsteuer 25, 124

Umweltschutz 58 ff.
Unternehmen 50
Unternehmenserfolg 141
Unternehmensgründung 86, 86
Unternehmensziele 57

Verwaltung 74, 130
Vorkontierung 112
Vorsteuer 120
Vertrieb 74

WAMS 113
Warenwert 135
Werkstoffe 78, 132
Wirtschaftsbereiche 50 f., 52
Wirtschaftswandel 52

Zahlungsbedingungen 137
Zahlungskarten 40
Zahlungsverkehr 32 ff.
Zielgeschäfte 103

Von den farbig markierten Begriffen findest du eine Definition auf der angegebenen Seite.

162 Methode

> **INFO**
>
> Infografiken machen Zahlen und Entwicklungen anschaulich und besser verstehbar und zeigen auf einen Blick den Sachverhalt auf. Wichtig dabei ist, dass man die Darstellungen richtig lesen und auswerten kann.

Symbole

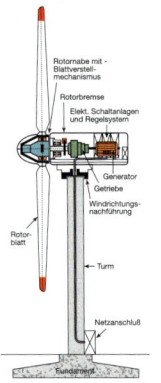

Aufbau eines Windrads

Karte von Deutschland

Über die Darstellung von Zahlen in Infografiken

Informationen können durch Texte, Bilder oder Infografiken übermittelt werden. Der Name Infografik zeigt bereits, dass diese eine Verbindung von Information und Grafik darstellt. Vielleicht ist dir der Begriff „Schaubild" vertrauter. Damit ist die Verbindung von statistischem Zahlenmaterial mit Bildern gemeint. Diese Form der Infografik ist in Zeitungen, Zeitschriften und Büchern sehr weit verbreitet. Es gibt aber auch viele weitere, wie Symbole (Icons, Piktogramme, Markenlogos), erklärende Schaubilder (z. B. wie funktioniert ein Computer?), Karten und sonstige grafische Darstellungen.

Wie geht man bei der Analyse einer Infografik vor?

① Beachte zunächst die **Überschriften** der Infografiken. Sie geben oft schon Auskunft über den Inhalt der dargestellten Zahlen.

② **Teilüberschriften** oder zusätzliche Texte verdeutlichen die dargestellten Zahlen.

③ Besonderes Augenmerk musst du auf die **Maßeinheiten** (z. B. €) legen.

④ Die **Form der Grafik** gibt Hinweise auf die dargestellten Zahlen (z. B. Liniendiagramm für eine Entwicklung, Säulendiagramm für einen Vergleich, Kreisdiagramm für den prozentualen Anteil).

⑤ Die **Quellenangabe** der dargestellten Zahlen darf nie fehlen. Sie gibt dir Auskunft, woher die Daten kommen, die hier bildlich dargestellt sind.

⑥ Die Angabe, wer diese Grafik **herausgibt**, kann dir helfen einzuschätzen, ob diese Darstellung objektiv ist.

Methode

Die am häufigsten verwendeten Diagrammarten (Diagrammtypen)
Einige Diagrammarten kennst du schon aus dem Geographieunterricht.

- **Säulendiagramm:**
  Es ist besonders geeignet für die Darstellung eines Vergleichs von Werten, z. B. durchschnittliche monatliche Niederschlagsmenge von Januar bis Dezember.
- **Balkendiagramm:**
  Es ist besonders geeignet, um die Rangfolge von Werten darzustellen, z. B. die größten Autohersteller nach verkauften Pkws.
- **Liniendiagramm:**
  Diese Diagrammart eignet sich besonders gut für die Darstellung eines allgemeinen Trends von Werten in einem bestimmten Zeitablauf, z. B. Temperaturwerte im Laufe eines Jahres.
- **Kreisdiagramm:**
  Es eignet sich für die Darstellung von Anteilen eines Ganzen, insbesondere für Prozentanteile, z. B. für die Aufteilung der Autokosten pro Jahr.

Säulendiagramm

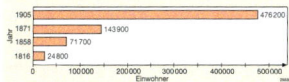
Balkendiagramm

Liniendiagramm

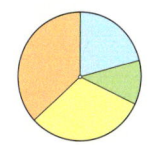
Kreisdiagramm

Die Analyse des Schaubildes auf der linken Seite liefert folgende Ergebnisse:
① Konsum von Jugendlichen
② Einnahmen und Ausgaben von Kindern und Jugendlichen im Jahr 2017
③ in Mrd. Euro
④ Balkendiagramm
⑤ iconkids & youth
⑥ Globus

AUFGABE
Analysiere folgende Infografik anhand der sechs Schritte.

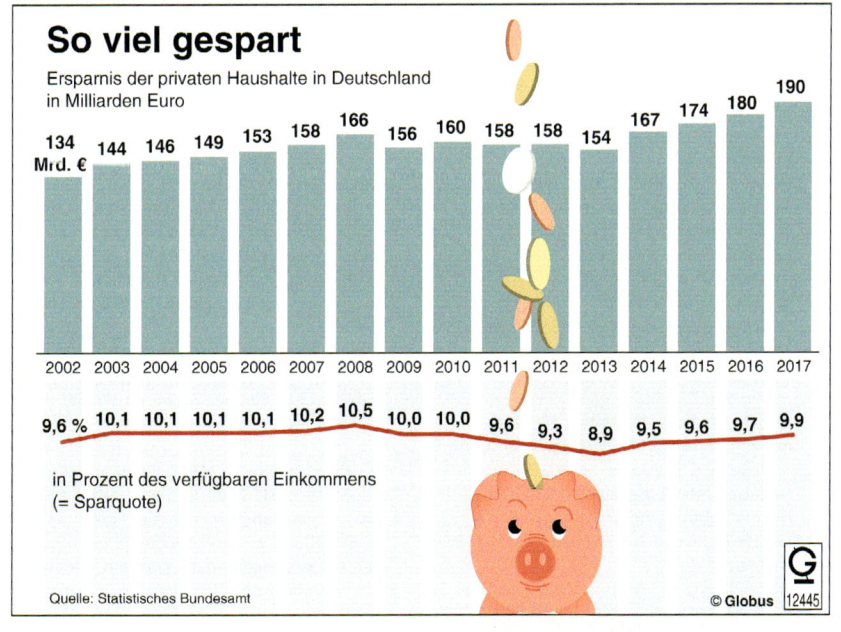

INFO
Das **Statistische Bundesamt** ist der führende Anbieter amtlicher statistischer Informationen in Deutschland. Es ist eine selbstständige Bundesoberbehörde und gehört zum Geschäftsbereich des Bundesministeriums des Innern, das die Dienstaufsicht ausübt. Es hat seinen Sitz in Wiesbaden.

A1PIX - Your Photo Today, Ottobrunn: G. Niessner 43 li.
action press, Hamburg: REX FEATURES LTD. 24 o.; XINHUA 53 Mi.
adpic Bildagentur, Köln: V. Thoermer 90 u.li.
Agenda Informationssysteme GmbH & co. KG, Rosenheim: 101.
akg-images GmbH, Berlin: Bildarchiv Monheim 71 re.; Erich Lessing 9 u.
alamy images, Abingdon/Oxfordshire: FLPA 61 u.3.v.re.; Lyon, Adrian 64 Mi.; Purestock 15 Bild 1.
Anders ARTig Werbung + Verlag GmbH, Braunschweig: 90 u.Mi.
Arend, Jörg, Wedel: 53 re.o.
Axel Springer SE, Berlin: BILD Infografik 16 u.li.
Barajas, Benito, Dortmund: 51 Mi.re.
Bergmoser + Höller Verlag AG, Aachen: 52 Mi., 71 u.
Bertram, Marco, Berlin: 52 u.li. |bpk-Bildagentur, Berlin: Erich Andres 52 u.re.
Bundesdeutscher Arbeitskreis für Umweltwusstes Management (B.A.U.M.) e.V., Hamburg: 59 re.o.
Bundesministerium für Ernährung und Landwirtschaft (BMEL), Bonn: 162 li.o.
Bundesverband der Deutschen Volksbanken und Raiffeisenbanken, Berlin: 38 re.o.
Bundesverband deutscher Banken e.V., Berlin: Deutsche Bundesbank/eigene Berechnungen 16 o.
Caro Fotoagentur, Berlin: Claudia Hechtenberg 61 u.li.; Klemmer 50 li.u.; Ruffer 50 Mi.2.v.u.
Castelle, Essen: 61 o.3.v.li., 61 o.3.v.re.
Catprint Media GmbH, Langenhagen: 22 o.
Colourbox.com, Odense: 149 re.u.
Decker, Ingmar. (www.acheckt.de), Berlin: 155 u.
Dobers, Joachim, Göttingen: 90 o.re.
dreamstime.com, Brentwood: Ginasanders 23 o.; Kevintate 118 re.; Minh Tang 58 o.; Tomas1111 79 Mi.2.v.u.
Druwe & Polastri, Cremlingen/Weddel: 56 li.o.
ecopix Fotoagentur, Berlin: Schulz 53 re.u.
EHI Retail Institute e.V., Köln: EHI-Studie Online-Payment 2017 48.
EURO Kartensysteme GmbH, Frankfurt am Main: 40, 40 li.u., 41 li., 47.
Eyferth, Konrad, Berlin: 65 3.v.o.
F1online, Frankfurt/M.: Ojo Images 64 o.; Thomas Nuehnen 61 o.2.v.li.
Fabian, Michael, Hannover: 79 li.u.
Feldhaus, Hans-Jürgen, Münster: 2, 3, 65, 66, 72, 103 re., 104, 107, 108, 109, 124, 126, 153.
Fischinger, Mareen, Köln: für Atelier Gardeur GmbH 82 o.
FOTOATELIER AM HAFEN, Straubing: 2, 8 li.Mi., 8 li.Mi., 8 li.u., 9 o.re., 10 Mi., 10 o., 50, 60 re.o., 66, 67, 68, 70 li., 72, 73 re., 74, 74 li.2.v.o., 74 li.o., 75, 80 o., 81, 81 re.2.v.u., 81 re.o., 81 re.u., 82, 86, 87 o., 90 o.Mi., 90 o.li., 96 u., 102 re., 103 Mi., 130 Mi., 133 u., 137, 141, 142, 151, 152, 158;
Fotofinder GmbH, Berlin: IPN-Stock 98 o.li.
fotolia.com, New York: 3, 62 o., 86 Mi., 98 o.re.; (michanolimit) 162 li.o.; 3star 79 re.2.v.o.; Amith, Ilan 67 u.re.; André Reichardt 31 u.; Anthony Leopold 26 li.; beermedia.de 2, 103 li., 104, 107, 120; Berg, Martina 61 u.3.v.li.; BillionPhotos.com 2, 13 o.; bluedesign 52 o.; bluedesign/Oliver Boehmer 28 o.; Brad Pict 155 o.;

Constantinos 81 li.; contrastwerkstatt 15 Bild 2, 56 li.u., 74 li.u.; Damelio 12 li.; ehrenbergbilder 23 u., 56 Mi., 80 Mi., 86 re; electriceye 132 u.2.v.li.; endostock 74 li.2.v.u.; eyetronic 60 li.2.v.u.; Falko Matte 91 u.; FM2 90 u.re.; fottoo 87 u.; Friedberg 39 re.o.; genialbaron 98 u.Mi.; Gina Sanders 55 re.Mi., 61 o.2.v.re.; Globalflyer 145 u.; goldbany 60 li.o.; Gundolf Renze 132 Mi.2.v.re.; Heim, Ramona 79 Mi.2.v.o.; Herbie 61 o.re.; Himmelssturm 25 u.li.; Ingo Sch. 130 re., 141, 142, 151, 152, 158; JackF 11 o.; jeffMetzger 25 o.re.; Jiri Hera 64 u.; Johann Frank 50 re.u.; juniart 40 li.o.; K. Tavrov 22 u.; K.C. 99 u.; Kautz15 33 re.Mi.; knirzporz 140 re.; lapencia 145 o.; Lechner, Joachim 28 u.; maho 24 u.; makaule 2; Marco Herrndorff 54 li.u.; markus marb 162 li.o.; Martina Berg 102 li.u.; michaeljung 158 u.; miket 86 li.o.; nasir116 154 re.; nicole_huber 61 o.li.; philipimage 131; Photographee.eu 60 re.u.; PhotographyByMK 50 li.2.v.u.; Picture-Factory 147 li.; RBecker 18 o.; rcx 86 li.u.; Robert Kneschke 79 re.u., 123 o.; Rolf Dobberstein 132 Mi.2.v.li.; sabonisr 150 re.u.; SC-Photo 55 re.o.; schinsilord 123 Mi.; Schlierner 86 li.o.; seen 43 re.u.; Starpics 65 2.v.u.; StudioLaMagica 54 li.Mi.; Susanne Wustmann 98 u.li.; SyB 86 li.Mi.; Thaut Images 2, 111; the_builder 17 re.u.; thingamajiggs 61 li.o.; Thomas Reimer 123 u.; Tilo Grellmann 60 li.u.; Tobif82 24 Mi.; Trueffelpix 3, 13 Mi., 14, 14, 68 u.; Tsiumpa 26 re.; Visty 133 o.; VRD 2; WavebreakmediaMicro 86 li.o., 86 li.o., 91, 91, 91 o., 96, 96, 96, 96 o., 99, 99, 99, 99, 99 o.; Yang, Stefan 38 re.u.; Yuriy Shevtsov 42 li.; © Trueffelpix 3.
Getty Images, München: Sawayasu Keith Tsuji 43 re.o.
GOTS Global Organic Textile Standard, Euskirchen: 59 re.
Greiner, Alois, Braunschweig: 58 u.
Gøttske, Martin, Cercivento (Udine): 14 2.v.o.
Henzler, J., Nürtingen: 79 re.2.v.u.
Imago, Berlin: HRSchulz 157 u.
imu-Infografik, Duisburg: 59 li.
Infografik DIE WELT, Berlin: 37 u.; © Europäische Zentralbank (EZB) 46.
iStockphoto.com, Calgary: danishkhan 82 u.re.; Koji_Ishii 82 u.Mi.; Nikada 22 Mi.; Stopboxstudio 2, 78 2.v.o., 130 li., 132 o.li., 139, 141, 142, 151, 152, 158.
Jahreis, M., München: 8 o., 94.
Jöckel, Stefan, Neumünster: 33 re.o.
JOKER: Fotojournalismus, Bonn: Alexander Stein 20 o.
juniors@wildlife Bildagentur GmbH, Hamburg: Harms, D. 60 li.2.v.o.
Keystone Pressedienst, Hamburg: Volkmar Schulz 61 u.2.v.re.; Volksmar Schulz 86 li.Mi.
Krenzke, Magdeburg: 120 li., 124.
Langner & Partner Werbeagentur GmbH, Hemmingen: 33 u.
Lyß, Dr. Guido, Wolfenbüttel: 132 Mi.re.
mauritius images GmbH, Mittenwald: Alamy 93; Rosenfeld 50 li.2.v.u.
Nebel, Jürgen, Muggensturm: 50 Mi.2.v.o.
Netzhaut, Dortmund: D. Hoppe 15 Bild 6.
Oesterreichische Nationalbank OeNB, Wien: 37 o.
OKAPIA KG - Michael Grzimek & Co., Frankfurt/M.: Stirrup 51 o.li.

PantherMedia GmbH (panthermedia.net), München: megastocker 132 u.li.; Norbert Dr. Lange 102 li.o.; Robert Biedermann 33 re.u.; Trautmann, Arne 50 Mi.u.
Picture-Alliance GmbH, Frankfurt/M.: 32 re., 50 re.2.v.o.; Arco Images 15 Bild 5; Charisius, Christian 63 o.li.; dieKLEINERT.de/M. Grolik 14 2.v.u.; dpa 54 li.o.; dpa infografik 34 u.; dpa-infografik 10 re., 12 re., 15, 21 u., 38, 44 o., 54, 55 li., 56 re., 73, 149, 162 re., 163; dpa/A. Warnecke 47 Mi.; dpa/Carsten Rehder 15 Bild 7; dpa/Dedert, Arne 34 o.; dpa/Elke Wentker 86 li.Mi.; dpa/F. Rumpenhorst 53 re.Mi.; dpa/Felber, Tobias 79 li.2.v.u.; dpa/H. Schröder/Cocon-Verlag 15 Bild 8; dpa/Oliver Stratmann 15 Bild 4; dpa/Peter Kneffel 29 re.; dpa/Roland Weihrauch 51 o.re.; dpa/Ronald Wittek 79 li.2.v.o.; dpa/W. Langefeld 50 re.2.v.u.; Eibner-Pressefoto 53 li.; K. Lenz 40 re.; Luftbild Bertram/ blickwinkel 71 li.o.; moodboard 15 Bild 3; ZB/Berliner Verlag/Archiv 52 u.Mi.; ZB/Büttner, Jens 79 Mi.u.; ZB/Grimm, Peer 41 re., 47; ZB/K.Schindler 58 2.v.u.; ZB/Oliver Killig 51 Mi.li.; ZB/P. Endig 79 Mi.o., 79 li.o.; ZB/P. Förster 58 2.v.o.; ZB/W. Grubitzsch 118 li.
PolarNEWS AG, Zürich: Thorsten Milse, Getty Images 14 Mi.
Schäfer, Jutta, Euskirchen: 2, 32 li. Schlierf, Birgit + Olaf, Lachendorf: 162 li.o.
Shutterstock.com, New York: AnnaBabich 75 u.li.; armmit 147 re.; Beastly Productions 63 u., 82 u.li.; donatas1205 132 o.2.v.re., 139; Dragon Images 55 re.u.; Evgeny Starkov 63 o.re.; goir 78 Mi.; Hadrian 65 3.v.u.; jooh 78, 132 o.re., 139; Maximus256 16 u.re.; nnattalli 60 Mi.u.; photolinc 78 o.; Qureshi, Rehan 82 Mi.re.; Steinar 30; yanami 149 li.
Simper, Manfred, Wennigsen: 61 u.2.v.li.
Sperling Info Design GmbH, Gehrden: 20 u.
Stiftung Warentest, Berlin: 13 u.
stock.adobe.com, Dublin: aopsan 146; Boehmer, Oliver 69; CROSS DESIGN 62 u.; Dmitry Monastyrskiy 132 u.2.v.re.; donatas1205 2, 78, 140 li., 144, 150; Dron 157 o.re.; Eléonore H 18 u.; knlml 135, 137, 138, 148; kon 132 u.re.; ldprod 45; leno2010 106; leyag 132 o.2.v.li., 139; MaxWo 19 o.; nyul 17 re.o.; PeJo 39 re.u.; picsfive 154 li.u.; powell83 136, 137, 138; refresh(PIX) 132 Mi.li.; Rynio Productions 68 Mi.; Spegalskiy, Alexander 75 o.re.; Tarzhanova 154 li.o.; the_lightwriter 51 re.
Tegen, Hans, Hambühren: 61 u.re.
Thinkstock, Sandyford/Dublin: kadmy Titel.
toonpool.com, Berlin, Castrop-Rauxel: RABE 134.
Trebels, Rüdiger, Düsseldorf: 92.
ullstein bild, Berlin: Bonn-Sequenz 80 u.
Wellinghorst, Rolf, Quakenbrück: 79 re.o.
Werbefotografie Weiss GmbH, Gersthofen: 33 o., 40 re., 60 Mi.o., 65 2.v.o., 65 3.v.o., 65 o.
© Europäische Zentralbank (EZB), Frankfurt/M.: 11 u., 19 u., 25 u.re., 35, 35, 35, 35, 36.

Wir arbeiten sehr sorgfältig daran, für alle verwendeten Abbildungen die Rechteinhaberinnen und Rechteinhaber zu ermitteln. Sollte uns dies im Einzelfall nicht vollständig gelungen sein, werden berechtigte Ansprüche selbstverständlich im Rahmen der üblichen Vereinbarungen abgegolten.

Methode

Auswerten einer Rechnung

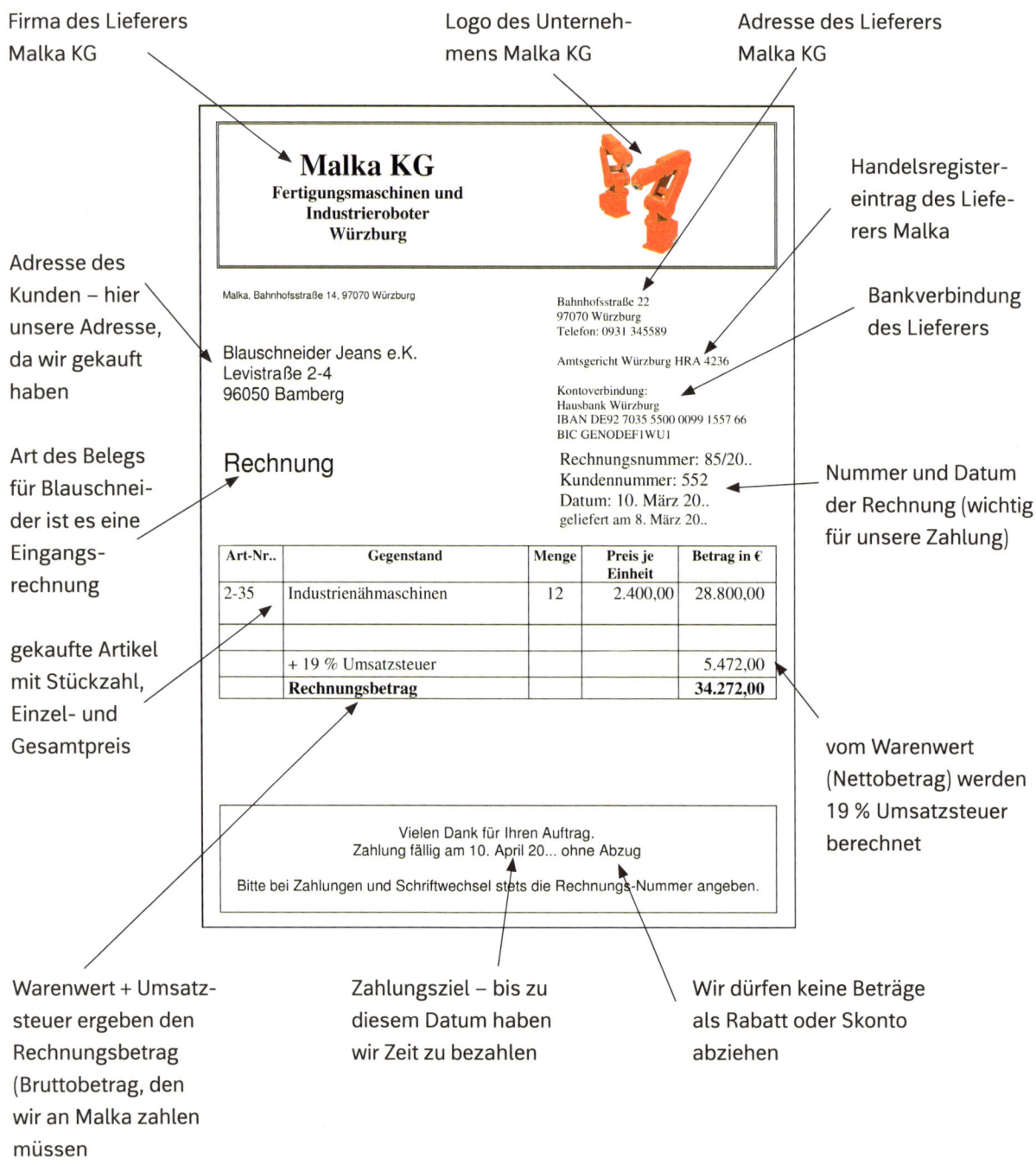

Firma des Lieferers Malka KG

Logo des Unternehmens Malka KG

Adresse des Lieferers Malka KG

Handelsregistereintrag des Lieferers Malka

Bankverbindung des Lieferers

Adresse des Kunden – hier unsere Adresse, da wir gekauft haben

Nummer und Datum der Rechnung (wichtig für unsere Zahlung)

Art des Belegs für Blauschneider ist es eine Eingangsrechnung

gekaufte Artikel mit Stückzahl, Einzel- und Gesamtpreis

vom Warenwert (Nettobetrag) werden 19 % Umsatzsteuer berechnet

Warenwert + Umsatzsteuer ergeben den Rechnungsbetrag (Bruttobetrag, den wir an Malka zahlen müssen)

Zahlungsziel – bis zu diesem Datum haben wir Zeit zu bezahlen

Wir dürfen keine Beträge als Rabatt oder Skonto abziehen